PUHUA BOOKS

我们一起解决问题

弗布克工作手册系列

行政管理职位工作手册

第4版

孙宗虎◎编著

人民邮电出版社
北 京

图书在版编目（CIP）数据

行政管理职位工作手册 / 孙宗虎编著. -- 4版. --
北京 : 人民邮电出版社, 2022.10
（弗布克工作手册系列）
ISBN 978-7-115-59601-7

Ⅰ. ①行… Ⅱ. ①孙… Ⅲ. ①企业管理－行政管理－
手册 Ⅳ. ①F272.9-62

中国版本图书馆CIP数据核字(2022)第110312号

内容提要

本书以事务和工作为核心，为企业的行政管理工作构建了一套完善的操作流程和管理体系，为行政管理人员推进流程与制定制度提供了实用的参考范本。

本书从行政管理人员的日常工作出发，涵盖行政管理的接待工作、会议工作、文秘工作、行政工作、后勤工作、办公室工作、信息管理工作、活动管理工作、公关策划工作、宣传工作、物资与服务采购工作、资产管理工作、法务管理工作、协助协同工作共 14 大类工作。本书力求帮助读者在工作中可以做到逻辑清晰、事项清晰、执行清晰、问题清晰、结果清晰。

本书适合行政管理人员、后勤保障人员、办公室人员、企业中高层管理人员阅读，也适合高等院校相关专业的师生、培训和管理咨询人员阅读与使用。

◆编　　著　孙宗虎
责任编辑　陈　宏
责任印制　彭志环
◆人民邮电出版社出版发行　　北京市丰台区成寿寺路 11 号
邮编 100164　　电子邮件 315@ptpress.com.cn
网址 https://www.ptpress.com.cn
大厂回族自治县聚鑫印刷有限责任公司印刷
◆开本：787×1092　1/16
印张：15　　2022 年 10 月第 4 版
字数：300 千字　　2022 年 10 月河北第 1 次印刷

定　价：79.80 元

读者服务热线：（010）81055656　印装质量热线：（010）81055316
反盗版热线：（010）81055315
广告经营许可证：京东市监广登字20170147号

“弗布克工作手册系列”序

“弗布克工作手册系列”图书旨在提升从业者的岗位技能、细化工作任务、明确工作规范。在书中，作者将岗位工作**目标化、制度化、流程化、技能化、方法化、案例化、方案化**，为相关从业者提供了各种可以借鉴的范例、案例、模板、制度、流程、方法和工具，可以帮助读者提升岗位技能和高效执行工作。

技能是人的立业之本。技能人才是支撑中国制造、中国创造的重要力量。在**“技能提升”**和**“技能强企”**行动中，企业每个岗位都急需一套可以拿来即用、学了能用的培训教材，以便企业通过提升人员技能提高各岗位人员的执行力和工作效能。而只有**落实到位、高效执行、规范执行、依制执行、依标执行**，才能确保企业合规运营，提高企业的运营效能，增强企业的核心竞争力。

但是，企业如果没有一套合理的**执行体系、标准体系、规范体系、制度体系**和**流程体系**，不将每项工作通过具体的方法、方案、方式落地，那么一切管理都会浮于表面、流于形式，沦为**“表面化”**管理和**“形式化”**管理。

本系列图书通过岗位**职责清晰化、工作流程化、管理制度化、执行方案化**，使**“人事合一”“岗适其人，人适其事”**。其中，通过明晰职责，让读者知道自己具体应当干什么事情，需要什么技能，需要哪些工具；通过细化执行，让读者知道自己应该怎么干，思路是什么，方案是什么，应该关注哪些关键环节和关键问题；通过制度、流程、方法、方案设计，让读者知道自己应该遵循哪些标准和程序，应该按照哪些规范去执行工作。

本系列图书具有以下三个鲜明的特点。

（1）拿来即用。本系列图书按照有思路、有规划、有方案、有方法、有工具的“五有原则”进行编写，读者可根据自己企业的实际情况，对适用的内容拿来即用。

（2）拿来即改。本系列图书提供的各种模板，包括但不限于制度、流程、方案、办法、细则、规范、文书、报告，读者可以根据自己企业的实际情况修改后使用。

（3）参照学习。对于不能拿来直接使用或者修改后使用的模板，读者可以将其用作自己工作的参考，学习这种设计的思路，掌握各种管理模板背后的设计思维，运用这种思维去解决工作中的实际问题。

因此，本系列图书不仅适合基层员工使用，也适合管理者使用。

弗布克咨询管理有限公司

2022 年 7 月

前　言

衷心感谢《行政管理职位工作手册》上市13年来广大读者的厚爱和支持！本次对《行政管理职位工作手册》进行了以具体事务和工作为中心的重新设计，更加全面地介绍了行政管理的8项主要事务、14大类工作。

《行政管理职位工作手册》（第4版）是“弗布克工作手册系列”中的一本。本书针对接待、会议、文秘、行政、后勤、办公室、信息管理、活动管理、公关策划、宣传、物资与服务采购、资产管理、法务管理、协助协同等具体工作，从制度、流程、方案、规范等方面进行了详细的描述，帮助读者在工作中可以做到逻辑清晰、事项清晰、执行清晰、问题清晰、结果清晰。

在充分研究读者反映的问题和意见的基础上，结合市场调研的结果，我们对《行政管理职位工作手册》（第3版）做了修订和补充，以使本书的内容更加符合读者的实际工作需求，更好地实现我们**“拿来即用”**的承诺。

1．重新梳理行政管理工作的主要事项

把行政管理工作梳理为8项主要事务、14大类工作，从宏观上对行政管理工作进行了事务性的梳理和划分。

2．对具体工作和管理工作进行了区分

对具体工作进行了细化，强化了关键点和问题点，提供了执行方案；对于管理工作，提供了制度、流程、规范，这样的区分更加符合行政管理工作的特点。

3．更新、细化了很多内容

本书删除了一些没有必要的表单和知识，强化了工作技能方面的内容；进一步细化了部分制度、规范，使内容更加贴近具体工作；增强了相关知识的实用性和针对性，便于读者阅读和使用。

4．提供附赠资源

本书大部分章节都提供了二维码，扫描二维码，即可获得相关制度、规范、方案和办法示例。

在实际工作中，读者可根据自己企业的实际情况和具体的工作要求，参考书中介绍的范例、制度、流程、方案、方法并加以适当地修改，制定出适合本企业的范例、制度、流程、方案、方法，不断提高行政管理工作的效率。

书中的不足之处，敬请广大读者指正。

孙宗虎

2022 年 7 月

目　录

第1章 行政管理的主要事务

第2章 接待工作

第3章 会议工作

第4章 文秘工作

第7章 办公室工作

第8章 信息管理工作

第9章 活动管理工作

第 10 章 公关策划工作

第 11 章 宣传工作

第12章 物资与服务采购工作

第13章 资产管理工作

第 14 章 法务管理工作

第15章 协助协同工作

第 1 章 行政管理的主要事务

1．1 行政事务

1．1．1 行政事务的六项工作

行政事务是指企业内部的日常管理事务。行政事务的六项工作如表 1-1 所示。

表 1-1 行政事务的六项工作

大项	细项
日常事务	制订行政办公室及后勤工作年度工作计划、季度工作计划和月度工作计划
	负责企业各项日常行政办公事务的计划、组织、协调和控制工作
	安排办公室文秘和领导的行程及差旅事宜
	建立、完善并维护办公自动化系统
档案合同印信管理	负责文书、公文的起草、收取、传达和处理工作
	负责行政事务合同的草拟和审定工作
	负责印信的刻制、保管和使用登记工作
	负责所管辖档案的编码、保存、借阅和保密工作
会议管理	制订行政办公室及领导安排的各项内外部会议计划
	根据会议计划做好会议通知、会议室安排、会议接待、餐饮住宿安排等前期准备工作
	负责会议主持、会议纪要与会中服务工作
	负责会议精神传达与议题落实的跟进工作

（续表）

大项	细项
资产管理	负责资产的购置、验收、登记和保管工作
	负责资产的投资、出租、出借和担保工作
	负责资产的评估、清查、监督和处置工作
法务管理	负责企业对外合同的审定，保障企业合法利益
	负责企业知识产权的注册、登记和管理工作
	负责企业内外部纠纷处理工作
	负责企业的诉讼案件处理工作
	负责企业的各项工作及事务的合规管理工作
规章制度管理	制定并适时修订行政办公相关的规章制度
	监督、检查各部门对行政办公规章制度的执行情况

1.1.2 行政事务的特点

1．综合性

行政事务涉及的业务领域广，工作内容庞杂，包括日常事务、档案合同印信管理、会议管理、资产管理、法务管理等，具有全面、综合的特点。

2．信息性

行政事务包括非常多的上传下达和传递内外部信息等工作，因此信息的及时、准确和传达到位对处理行政事务尤为重要。

3．沟通性

行政事务包括非常多的企业内部沟通和与外部单位的沟通等，因此及时、合理和有效的沟通对行政人员尤为重要。

4．计划性

行政事务烦琐且复杂，因此合理、清晰和有条理的计划对行政人员有序开展各项工作尤为重要。

1.1.3 做好行政事务需要的能力素质

1．组织协调能力

组织协调能力是指根据工作任务，对资源进行分配，同时控制、激励和协调群体活动过程，从而实现组织目标的能力。例如，行政人员在组织会议的过程中需要协调多方紧密配合，调配好人员，这需要行政人员具有很强的组织协调能力。

2．掌握法律知识

行政人员要具备一定的与企业管理相关的法律知识，并且能够适当地运用知识，以便更好地处理行政事务。例如，审定企业的规章制度，起草、审核一些经营合同、协议、重要文稿等，为员工提供法律咨询，处理日常生产经营过程中出现的法律纠纷，处理企业内部发生的违法乱纪行为，处理企业的产权纠纷等工作都需要具备一定的法律知识。

3．具备全局观念

行政人员应具备全局观念，能全面分析、观察企业的整体形势，分清主要矛盾和次要矛盾，不因小失大，遇到问题能做出快速反应和正确决策，使整体利益最大化。行政人员应深刻理解组织的战略目标，组织中局部与整体、长期利益与短期利益的关系，以及其他各种关键因素在实现组织目标中的作用。

1．2　办公事务

1．2．1　办公事务的九项工作

办公事务是指办公设备及用品的采购、入库保管、发放与使用、报废盘存工作，以及文书信息管理、办公经费预算和差旅安排等工作。办公事务的九项工作如表 1-2 所示。

表 1-2　办公事务的九项工作

大项	细项
采购	根据企业年度采购费用预算、行政办公事务的办公设备及用品等采购需求，合理制订采购计划
	做好办公设备的申购审批及采购工作
	做好办公用品的采购和零星采购工作
	做好办公事务采购的供应商筛选、日常关系维护等工作
入库保管	负责组织已购办公设备的入库验收，编制固定资产管理卡，并负责办公设备的日常维护保养工作
	负责办公用品及其他行政物品的验收入库工作
发放与使用	负责办公用品和其他行政物品的发放与领用管理
	负责监督管理办公设备的使用
报废盘存	定期组织对办公设备及库存办公用品、行政物品进行盘点，对盘亏盘盈进行账务处理
	对无法使用的办公设备进行报废处理
文书信息管理	负责内外部各项行政文书的撰写与发布
	负责企业的公文和档案资料的保管
	根据领导安排，负责企业内外部信息的传递

（续表）

大项	细项
办公经费预算	负责编制办公经费预算
	负责按办公经费预算控制使用经费
差旅安排	负责领导的年度、季度、月度、每日日程安排
	负责领导差旅的签证办理、酒店预订、票务预订等工作
	负责领导出差的差旅费用预申请和报销工作
办公印章和证照管理	负责企业各类行政相关印章的刻制、启用、保管和使用工作
	负责企业证照的日常保管工作
	负责印章和证照的使用申请及登记工作
协助编制管理制度	协助编制与办公事务相关的办公设备和用品等的采购、入库保管、发放与领用、报废盘存等相关制度
	协助编制文书信息管理、办公经费预算、差旅安排、办公印章和证照管理等相关制度

1. 2. 2 办公事务的特点

1．商务性

行政人员是企业对外接待与处理事务的第一窗口，因此行政人员在着装、行为举止、事务处理等方面都要体现商务性。

2．合规性

行政人员在传递和查阅文书信息的过程中，需要确保相关内容及手续的合规性，避免产生合规风险。

3．连接性

办公事务在企业中起着承上启下、协调内外的枢纽作用，在各部门之间的工作中发挥沟通、协调的功能。

1. 2. 3 做好办公事务需要的能力素质

1．保密能力

保密能力是指保护企业机密、不泄密的能力。行政人员在进行文书信息管理、办公印章和证照管理等工作时要有很强的保密观念，自觉遵守保密制度，不徇私情，防止失密、泄密给企业造成损失或产生不良影响。

2．关注细节能力

行政人员的重要任务包括处理公文、传递信息、办理公务、答复问题等。这些都是政策性很强的工作，行政人员在处理每一个问题时，要参考政策，不能粗心大意。尤其是重要公文，一字之差可能会造成重大差错。行政人员说话办事若稍有不慎，就有可能使一个部门乃至整个公司陷入被动。

3．变通能力

变通能力是指根据不同情况，进行非原则性的变动，如遇特殊情况，可以酌情变通处理的能力。变通能力贯穿在办公事务的全过程中，行政人员在工作时，很可能遇到一些超出预测的事情，这时就要发挥自己的主观能动性，巧妙地把原则性和灵活性结合起来，从而达到最佳的处理效果。

4．具备服务意识

办公事务旨在为员工和各业务部门提供服务，行政人员要以企业的经营管理目标为服务宗旨，向其他业务部门积极主动地提供各种服务。

1．3　后勤事务

1．3．1　后勤事务的七项工作

后勤事务是指保证企业正常运转的基础性工作。后勤事务的 七项工作如表 1–3 所示。

表 1–3　后勤事务的七项工作

大项	细项
车辆管理	负责购入车辆的定编工作
	负责登记车辆使用情况，明确车辆调度的要求
	制定车辆油耗标准，实施油耗考核
	负责对车辆进行检查、保养、维修
	负责对司机进行安全教育
	及时处理车辆肇事，将损失降到最低
	负责了解车辆保险种类，缴纳车辆保险
环境卫生管理	负责检查办公区域和生活区域的绿化工作
	负责定期对企业卫生工作进行检查，对各类问题提出解决办法
食堂宿舍管理	负责员工食堂和宿舍的日常管理工作
	负责妥善处理员工对食堂、宿舍服务质量问题的意见和建议
公共设施管理	负责企业公共设施、设备的采购和配置工作
	负责企业公共设施的维修保养工作，指导维修人员进行维修
	负责定期或不定期地对企业公共设施进行检查

（续表）

大项	细项
安全管理	负责安保人员的教育培训，明确巡逻与执勤要求
	负责对车辆出入进行检查与登记，对物资进行适当的查验
	负责消防安全的管理工作，明确相关要求
	做好防盗工作，检查防盗安全装置
成本费用管理	协助编制后勤费用预算，合理分配后勤管理资金，确保费用支出的合理性
	协助进行成本费用分析和核算工作，严格控制费用支出，节约成本
规章制度管理	制定绿化卫生及宿舍餐厅等后勤管理制度
	负责制定车辆调度要求、司机安全教育管理规范、消防安全管理办法
	负责对后勤相关制度的执行情况进行监督检查

1．3．2 后勤事务的特点

1．服务性

企业的环境卫生服务、食堂宿舍服务及公共设施的维修保养等服务是企业正常运行的基础保障，行政人员应重视这些基础服务。

2．突发性

后勤工作中会发生自然因素或人为活动导致的企业停电、停水、工伤事故、食物中毒等突发事件，行政人员要有很强的警觉性，及时应对各种突发事件。

3．及时性

行政人员应根据相关部门提出的合理需求，及时为相关部门解决问题，提供相关部门需要的服务，以保证企业的正常运行。

4．分工性

后勤的各项事务具有一定的专业性，如环境卫生管理、食堂宿舍管理等，因此行政人员要对后勤事务进行严格的分工，使后勤事务的各项工作落到实处。

1．3．3 做好后勤事务需要的能力素质

1．执行能力

执行能力是指能依照上级的要求或企业的相关规定执行各项任务，并对任务执行情况进行反馈的能力。执行能力主要体现在能够处理好环境卫生和食堂宿舍等相关的后勤事务。

2．应变能力

应变能力是指在外部环境发生变化时，快速做出反应的能力。对于一些突发性事件，

如重大的灾情、重大事故，有关部门和人员必须刻不容缓地处理。这就要求行政部门有严密的组织和制度；要求行政人员有丰富的经验，处变不惊、当机立断，能够在突发事件中组织协调有关部门的力量，共同努力，及时解决问题。

3．要有整体观念

行政人员必须树立大局观念。例如，某个部门或某位员工要求派车或领用物品等要求往往是根据其本身的工作需要提出来的，有的要求和全局利益一致，有的要求可能与全局利益不完全一致，所以这就需要行政人员综合考虑问题，进行相互协调。对那些不符合全局利益的要求，行政人员应及时提出否定意见，并做好解释工作，使对方放弃局部利益，服从整体利益。

1．4　保障事务

1．4．1　保障事务的四项工作

保障事务是企业工作的重要组成部分。保障事务的四项工作如表 1-4 所示。

表 1-4　保障事务的四项工作

大项	细项
环境卫生服务	制定环境卫生管理制度及相关工作规范
	负责监督执行环境卫生及例行检查工作
食宿管理服务	制定食堂、宿舍管理制度及相关管理、工作规范
	执行食堂管理制度，做好自营或外包管理，确保食品卫生、安全
	负责处理员工宿舍的安排、入住、退宿等相关事务
安全服务	制定安全保卫及消防安全等管理制度及规范
	负责做好来访人员的出入登记工作
	负责落实企业治安和消防安全检查工作
	负责处理安全事故、火灾、盗窃等事件
控制保障费用	在企业的费用预算下制定保障费用预算
	负责合理使用保障费用

1．4．2　保障事务的特点

1．时效性

企业各项资源要素的配置需要精确到分秒，保障事务更加强化了时间属性，尤其是对食宿、安全的保障，这就要求行政人员在配置资源时要注重时间管理，在工作中要有较强的预测性和计划性。

2．标准性

保障事务中的环境卫生标准、食品安全标准、消防标准都要有明确的规定，保障事务要做到高标准、严要求，确保质量。

3．连续性

连续性是保障事务的一个重要特征，它以保障企业的有效运转为目标，确保将企业的各项物资与服务连续不间断地供应给员工。

1．4．3 做好保障事务需要的能力素质

1．沟通协调能力

行政人员应及时与他人进行有效沟通，了解企业内部人员的相关需求。此外，在进行保障工作的过程中，行政人员能够接触到更多的人，需要经常在领导与部门、部门与部门之间进行协调。

2．具备服务意识

行政人员要为整个组织服务，为全体员工服务，这就要求行政人员要树立牢固的服务意识，主动热情地做好各项服务工作。

3．具备成本意识

行政人员应具备成本意识。保障事务作为企业的主要事务之一，是企业各种管理费用的重要出口，因此，行政人员在费用支付方面一定要具备很强的成本意识，严格按照预算标准，支付日常开支，控制企业的生产经营成本。

1．5 文秘事务

1．5．1 文秘事务的七项工作

文秘事务是指行政人员协助领导处理的日常工作。文秘事务的七项工作如表1–5所示。

表1–5 文秘事务的七项工作

大项	细项
商务沟通与谈判	负责与领导、同事、客户沟通相关商务事宜
	负责收集谈判信息、参与组织商务谈判工作小组、参与制定商务谈判方案
	负责做好商务谈判中的辅助性工作、协助主谈判人员处理谈判中的问题

（续表）

大项	细项
会议筹备	负责会议筹备等相关工作，拟定会议议题、时间、地点，制定会议经费预算
	负责进行会议管理，相关人员的接站、报到，会中服务工作
商务活动	组织协调大型商务活动、信息发布会，安排庆典仪式
	制订商务旅行计划及大型团队旅行计划
办公效率管理	编制与执行工作计划，进行工作日志管理
	负责掌握有效的时间管理方法，推进完成各项目标
信息管理	明确信息收集的范围、获取渠道及信息源，掌握信息收集方法并进行信息整理
	负责信息的传递及信息的利用与储存
文书管理	负责起草各类文书，并负责发文处理
	负责文书存档、文书立卷、文书清退、文书销毁工作
商务礼仪	制定各项商务礼仪管理规范
	负责日常工作中商务礼仪的执行和检查工作

1.5.2 文秘事务的特点

1．专业性

文秘事务的专业性体现在从业人员需要具备一定的专业知识，包括文秘专业知识、法律知识、商务知识等。

2．时间性

文秘事务具有很强的时间性。以参与协助领导决策为例：在领导决策前，行政人员要做好准备工作，收集决策需要的信息，提出可供参考的建议和办法；在决策执行过程中，行政人员要做好信息反馈工作，协助领导掌握全局，根据情况的变化，及时提出补充调整性意见。

3．保密性

文秘事务保密范围很广，如文件保密、会议保密、科技保密、外事保密、传真保密等，这是文秘事务的一个主要特点。

4．严谨性

行政人员无论是在草拟各类公文方面，还是在安排领导日程、差旅等方面，都要做到严谨、合理，尽可能不失误。

1.5.3 做好文秘事务需要的能力素质

1．写作能力

写作能力是行政人员必须具备的能力，因为撰写领导讲话稿、企业通知、上级调研时的汇报材料、企业开展活动时的计划等这些与文字相关的工作有时需要行政人员来做。

2．判断能力

为了落实领导的指示，行政人员需要准确地领会领导的意图，在日常工作中要从各个角度思考和分析问题，准确地做出判断，避免出现漏洞和失误。

3．组织能力

行政人员经常需要按照领导的意图组织各类活动，如果不具备科学和现代的组织管理能力，就很难把这项工作做好。

4．良好的职业道德

行政人员往往掌握企业的保密信息，知悉企业的领导行踪，也代表企业形象。因此作为一名合格的行政人员，应具备一定的职业道德，如忠于职守、严守机密、奉公守法、实事求是、恪守信用、文明礼貌。

5．良好的心理素质

文秘事务的职业特点决定了行政人员必须具备良好的心理素质。行政人员应具备的心理素质主要有心细、心态平衡、意志坚定、临危不乱、处事不惊等。

1.6 宣传事务

1.6.1 宣传事务的四项工作

宣传事务是指对内可以凝聚思想、鼓舞员工，对外可以提高企业知名度、树立企业良好形象的工作。宣传事务的四项工作如表 1–6 所示。

表 1–6 宣传事务的四项工作

大项	细项
企业宣传统筹管理	负责制定企业的宣传工作计划和年度总结
	统筹进行企业宣传文化舆论渠道管理工作
	负责企业的文化体系建设
	建立和完善对内和对外的宣传网络

（续表）

大项	细项
企业对外宣传	选择对外宣传渠道，扩大企业的社会影响力，提高企业知名度
	负责企业新闻媒体宣传文案的编写和审核，包括企业自有媒体的宣传稿件、社会新闻媒介的宣传稿件及以企业名义对外宣传的稿件
	负责对外宣传的报道和新闻媒体的采访接待工作
企业对内宣传	负责向员工传递企业相关信息，包括企业的生产进度，取得的荣誉、成果及经验教训等
	负责企业内部刊物的策划、内容编写和出版工作
	举办各种活动或评选，如挖掘优秀员工、树立标杆，培养员工的集体荣誉感
宣传素材的收集整理	企业经营活动的业绩和成果素材的收集整理
	企业确定的新经营方针、新经营计划、推出的新项目素材的收集整理
	企业人事组织制度的变动和高层经营者变动情况素材的收集整理
	企业举办的各种内外部活动素材的收集整理
	企业参与的社会公益活动素材的收集整理

1. 6. 2　宣传事务的特点

宣传事务的特点由其特定的工作对象决定。宣传事务的对象是人，其主要目的是端正人的思想、观点、立场。宣传事务有以下几个特点。

1. 目的性

在宣传事务中，无论何种形式、何种内容的宣传，都要通过影响受众，达到宣传的目的，因此目的性是宣传事务的重要特点之一。

2. 时效性

行政人员要对企业的重大事件迅速发声，对突发事件及时反应，及时、准确地对内、对外传递企业信息。特别是在新媒体迅速发展的时代，一旦行政人员反应延迟，就有可能给企业造成不可预知的后果。

3. 客观性

宣传事务是以客观存在的素材为载体，因此传播的观点应和材料保持统一，观点正确、鲜明，材料真实、典型是宣传事务客观性的体现。

4. 依附性

宣传事务需要依附传播媒介，如文字、图片、视频、音频等，因此具有依附性。

5. 互动性

互动性是新媒体时代宣传事务的一大特点，当企业的信息在某一个平台被发布，也很快会被其他的信息渠道转发和传播，在传播的过程中宣传事务就具备了互动的特点。

1.6.3 做好宣传事务需要的能力素质

1. 沟通协调能力

沟通协调能力是指正确倾听他人心声，理解其感受、需要和观点，并做出恰当反应的能力。

宣传事务是企业与员工沟通的桥梁与纽带，能够凝聚人心、弘扬正气、鼓舞士气，激发员工的工作热情，增强员工的归属感、责任感，使员工能够以更好的状态投入工作，因此行政人员具备较好的沟通协调能力是十分重要的。

2. 组织能力

组织能力是指对企业内外部产生的不和谐行为，能够通过沟通和协调发现隐藏的问题或矛盾，提出相应的解决方法或应对策略，并与企业内外部人员达成某种共识的能力。

企业的宣传事务面广线长，需要凝聚群众的智慧，调动员工的积极性，提高参与者的主动性和自觉性，组织协调好各方力量，进而形成大宣传格局。因此，组织能力是行政人员的必备能力之一。

3. 创新能力

创新能力是指不受陈规和以往经验的束缚，不断改进工作、学习方法，以适应新观念和新形势发展要求的能力。

宣传事务不是一成不变的，是不断发展的。做好宣传事务必须把握好时机，不仅要传播当前的信息，还要具备超前意识，要在实际工作中运用创造性的思维方法，不断发现新问题，探索新方法，开拓新思路。

4. 推广能力

宣传事务具有系统性、长期性和专业性，是企业的喉舌。建立正确的舆论导向，讲好企业的发展故事，目的是让宣传事务全方位地服务企业的生产经营，因此，推广能力对宣传事务十分重要。

5. 新媒体营销能力

在“互联网+”时代，新媒体营销能力是承担企业宣传职责的行政人员必备的能力之一，只有具备敏锐的新媒体嗅觉，才能结合时事新闻、舆论热点进行更好的内容传播。

1.7　公关事务

1.7.1　公关事务的四项工作

公关事务是企业日常运营中的常规工作。公关事务的四项工作如表 1-7 所示。

表 1-7　公关事务的四项工作

大项	细项
公共关系管理	负责制定与政府有关主管部门，行业有关管理机构、协会、商会、媒体及其他有关企业的公共关系管理制度
	负责政府公共关系和媒体公共关系渠道的拓展与维护
	协调内外部资源与关系，做好企业公共关系管理工作
公关事务的组织实施	负责政府公关日常事务对接、活动策划与组织、事务处理
	负责媒体公关日常事务对接、活动策划与组织、事务处理
	负责危机公关的预案与事件组织处理
公关内容输出	根据企业公关需求，编写公关策划方案
	评估企业开展的公关活动的效果，编写公关活动效果评估报告
	对公关相关的知识、技巧及成功案例进行分析，为企业提出相关公关的改善建议及方案
公关舆情监测	随时监测网络舆情，做出准确的行业洞察
	随时关注竞争对手，对竞争对手进行分析

1.7.2　公关事务的特点

1. 复杂性

公关事务是一个开放的、不断发展变化的过程，任何企业所面临的公众，其性质、形式、数量、范围等均会随着主体条件、客观环境的变化而变化，而公众环境的变化，必将导致公关事务的目标、方针、策略、手段发生变化，这也就意味着公关事务具有复杂多变的特点。

2. 广泛性

公众不是单一的群体，它涉及企业的内部和外部，以及社会的方方面面，而且相互关联、构成复杂。公关事务不能只关注其中某一类公众，而忽略其他公众。因此，企业首先应该将所面对的公众视作一个完整的环境，用全面、系统的观点分析公众。

3. 多样性

公众的存在形式不是单一的，而是复杂多样的。公关事务的日常对象包括个人、群体、团体、组织等。即使是同一类公众，也可以有不同的存在形式，公众形式的多样性，决定了公关事务沟通方式和传播媒介的多样性。

4．灵活性

公众不是抽象的，而是具体的。每一个公众群体的意见、观点、态度都具有实际或潜在的影响力，因此公关事务应分析事件的多面性和相关性，灵活运用多种公关手段，从而达成工作目标。

1．7．3 做好公关事务需要的能力素质

因为公关事务具有复杂性、广泛性、多样性和灵活性等特点，所以它需要行政人员具备以下几项能力和素质。

1．组织管理能力

公关事务的本质属性是管理，行政人员要通过公关事务促进企业目标的实现。公关事务千头万绪，行政人员如果没有良好的组织能力是很难顺利做好工作的。因此，行政人员应具备领导与控制能力，基本的策划与决策能力，协调各类公众关系、收集信息的能力，制定公关方案、组织实施各类公关活动及大型专题活动的能力，进行有效传播和沟通的能力等。

2．广泛的学科知识

公关事务包罗万象、千变万化，行政人员除了要熟悉公关理论知识、公关实务知识、与公关相关的专业知识，还要掌握广泛的学科知识，这有助于行政人员在复杂多变的社会关系中处理好各项事务。

3．专业技能

行政人员除了具备专业基础知识和能力，还应掌握计算机、制图制表、摄影等技能，以提高公关活动的层次与效果。

4．较高的思想和政策水平

思想和政策水平决定着公关活动的方向和质量，具体内容如下。

（1）思想觉悟

行政人员要有明确的政治方向和高度的政治觉悟，善于分析形势，把握社会环境的发展变化趋势；要能从普通的资料和数据中看出趋势，从平静的表象中看出潜伏的危机，帮助组织把握时机，运筹帷幄，做出科学决策。

（2）政策水平

行政人员要熟悉并掌握各项政策、法规、法律，以及与本组织相关的政策法令，保证

公关活动用对政策、用好政策、用活政策。

5．良好的表达能力

公关本质上是一个沟通的动作，良好的沟通能力和流畅的语言表达不但有助于帮助行政人员实现目的，而且能够为企业和个人树立正面的形象。

6．良好的心理素质

行政人员要和社会上各种各样的人打交道，常常需要面对各种难题、矛盾和困境，因此行政人员需要具备良好的心理素质，如心理承受能力、坚强的意志、成熟的思维方式、开放的性格、广泛的兴趣爱好等。

1．8　综合事务

1．8．1　综合事务的三项工作

综合事务的主要工作内容包括制定制度及工作计划、行政人事管理和网络管理等，综合事务的目的是保证企业各项经营活动的顺利开展。综合事务的三项工作如表 1-8 所示。

表 1-8　综合事务的三项工作

大项	细项
制定制度及工作计划	组织制定、修订和完善行政部相关管理制度
	组织制定行政部发展规划、工作计划与费用支出预算方案
行政人事管理	参与制定企业行政人事的各种规划，并监督实施
	根据部门工作计划，将计划细分为具体指标并交部门员工落实完成
网络管理	参与规划、指导企业网站及局域网的组建与调试工作，确保各项设施设备的顺利运行
	参与企业网络安全与运营管理工作

1．8．2　综合事务的特点

1．辅助性

综合事务的辅助性主要体现为辅助领导和其他部门的工作，理清工作思路，使领导或其他部门花最少的精力获得最佳的工作效果。

2．协调性

综合事务既有政务的一面，又有事务的一面，这两方面是与“服务”紧密地结合在一起的。由于各部门之间的业务是相互联系的，这决定了行政部门须对其他职能部门的工作给予关心与协调，因此行政部门的工作具有协调性。

3. 服务性

服务性是综合事务的基本特性之一，即提供优质服务，做好后勤服务保障。综合事务的基本服务内容包括三个方面：为上级领导和领导机关服务、为本级领导和领导机关服务、为其他部门和员工服务。

1.8.3 做好综合事务需要的能力素质

行政人员每天都面临大量、琐碎的综合事务，作为企业的“调研员”、上传下达的“宣传员”、帮助企业工作的“服务员”，行政人员应具备以下几项能力和素质。

1. 良好的规划和管理能力

综合事务大都是重复性、烦琐性的工作，工作内容涵盖广。除了常规工作，行政人员每天还会面临很多临时性工作，他们需要具备时间管理和规划能力，才能合理地处理这些零散琐碎的工作，进而提高工作效率，提升工作质量。

2. 良好的应变能力

企业的组织结构会根据企业的发展战略进行相应的调整，因此行政人员要适应工作范围的调整，要发挥各自的主动性，积极承担相应的工作任务。

3. 良好的沟通能力

行政人员需要具备良好的沟通能力，要能顾大局、识整体，实事求是、秉公办事，积极主动地做好协调工作，高效推动各项部署和决策的贯彻落实。

4. 良好的专业知识素养

行政人员应了解其他部门的工作流程和业务，掌握组织的整体情况和信息，要具有战略管理、人力资源管理、财务管理、生产管理等相关知识。

第 2 章 接待工作

2.1 计划与准备

2.1.1 接待计划

接待计划是指接待方对接待客人所进行的具体规划与安排。完整的接待计划应包括收集客人信息、确定接待方针、确定接待规格、拟定日程安排、安排接待人员、安排生活与保卫工作、拟定接待经费开支等内容。

1. 收集客人信息

企业在制订接待计划前，应尽快掌握客人的背景资料，这是做好接待计划的基础。客人的背景资料包括客人的具体人数和个人情况，客人抵达的时间及乘坐的交通工具，客人来访的目的、任务和行程等。

2. 确定接待方针

接待方针即接待工作的指导方针，是接待工作的总体要求和指导思想。为保证接待计划的合理性，企业行政人员应首先确定接待方针。

3. 确定接待规格

接待规格是指根据主接待人员与主要客人职位高低的不同而采取的规格，针对不同的客人要采用不同的接待规格，接待规格可以分为高规格（高格）、对等规格（对等）与低规格（低格）接待。

(1) 高格接待

高格接待是指当主接待人员比客人职务高时采用的一种接待方式。高格接待主要有以下三种形式。

① 上级企业派一般工作人员向下级企业领导口授意见或要求，下级企业领导要高格接待，出面作陪。

② 合作或协作的企业或单位的领导派人到本企业沟通、洽谈重要事宜，本企业要高格接待，本企业领导要出面作陪。

③ 下级有重要的事情向上级领导汇报，采用高格接待。

（2）对等接待

对等接待是指当主接待人员与客人的职务、级别大体相同时采用的一种接待方式。对等接待主要有以下两种形式。

① 对重要的客人，负责主接待的领导要自始至终地陪同。

② 在客人初到和告别时进行对等接待，中间部分可以让合适的人员进行陪同。

（3）低格接待

低格接待是指当主接待人员比客人职务低时采用的一种接待方式。低格接待主要有以下三种形式。

① 上级领导或主管部门的领导来本地视察、了解情况或做一些调查研究，采用低格接待。

② 外地人员来参观学习或旅游，采用低格接待。

③ 上级领导路过本地，采用低格接待。

4．拟定日程安排

接待日程安排是接待计划的重点内容之一，企业行政人员在拟定接待日程安排的过程中须注意图 2-1 所示的三个要点。

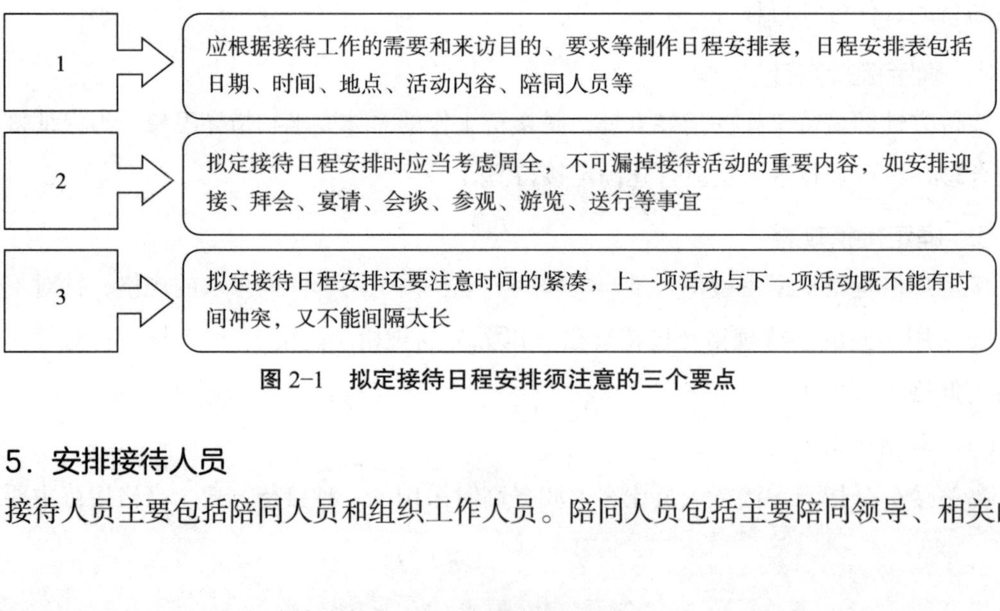

图 2-1　拟定接待日程安排须注意的三个要点

5．安排接待人员

接待人员主要包括陪同人员和组织工作人员。陪同人员包括主要陪同领导、相关的职能部门领导和有关的技术或其他人员，组织工作人员包括行政人员和后勤保障人员。

6．安排生活与保卫工作

（1）生活安排

生活安排包括饮食安排、住宿安排、交通工具安排。生活安排应注意三点：一是遵守有关规定，二是尊重客人习俗，三是尽量满足客人需求。

（2）保卫宣传安排

在接待重要客人时，行政人员还应该将安全保卫与宣传报道工作列入计划。

7．拟定接待经费开支

需要拟定接待经费开支的项目主要有食宿费、劳务费、工作经费、交通费、纪念品费、宣传公关费、其他费用等，具体内容如表 2–1 所示。

表 2–1　接待费用预算表

费用项目	说明	数量或规格	预计金额（元）
食宿费	客人的食宿、宴请费用及工作人员的餐饮费用		
劳务费	工作人员的加班费、专家的讲课和演讲费等		
工作经费	租借场所、办公用品、各种资料的准备费用等		
交通费	客人访问期间的交通费用		
纪念品费	赠送给客人的纪念品或礼品的费用		
宣传公关费	刊登新闻、纪念照片、记者招待会、新闻发布会等		
其他费用	组织宾客参观、旅游和娱乐等的费用		
合　计			

2．1．2　接待准备

接待准备主要按照图 2–2 所示的程序执行。

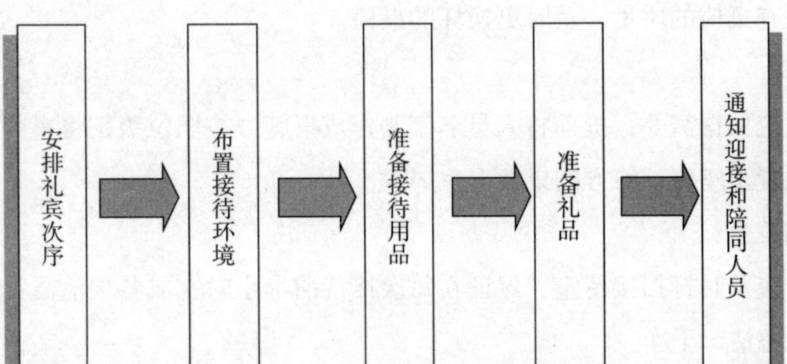

图 2–2　做好接待准备的程序

1．安排礼宾次序

礼宾次序，又被称为礼宾序列，它是指在同一时间或同一地点接待来自不同国家、不同地区、不同团体、不同单位、不同部门、不同身份的多方客人时，行政人员应依照约定俗成的方式，对其先后顺序或位次进行的具体排列，礼宾次序主要有以下三种。

- 按身份及职务的高低排列。
- 按英文字母的顺序排列。
- 按客人到达的时间先后排列。

2．布置接待环境

行政人员应尽量将接待室布置得整洁、雅致，这样才能使客人产生舒适、温馨的感觉。布置接待环境要注意以下几点。

（1）电源及照明设施

行政人员要仔细检查接待室和接待地点的电源是否被接通，照明设施是否齐全完好，电源插座是否可用及照明效果是否良好等。如有问题，行政人员应及时安排相关人员进行维修。

（2）空调

如需使用空调，行政人员应检查空调是否完好，电源是否被接通，遥控器是否可用，提前对空调进行试用并将其调试到最佳状态。

（3）音响和投影设备

如在接待中需使用音响、投影设备，行政人员应提前接通电源，将音响和投影设备调试到最佳位置，准备话筒、投影仪、计算机和幕布等设备。

（4）桌椅

行政人员应针对所接待的客人人数，结合陪同人员，计划桌椅数量，保证人人都有座位；同时要检查桌椅的质量，及时更换坏的桌椅。

（5）桌牌

行政人员应根据需要，提前将人员名字制作成桌牌，按职位级别将桌牌摆放到相应位置，并将其放置于座位正前方的桌面上。

（6）清洁卫生

行政人员应及时打扫接待室，保证在每次接待前半小时完成各项清洁工作，确保房间内或接待地点整洁、干净。

3. 准备接待用品

(1) 茶、水、饮料

① 应将茶杯整齐摆放于每个座位右前侧适当位置，应使用茶叶盒将茶叶摆放于固定位置。

② 如需使用饮水机，应提前半小时将饮水机打开。

③ 如需放置饮料，应将饮料整齐地摆放于每个座位右前侧的桌面上。

(2) 文件资料

在接待中如果需要准备相关文件资料，行政人员应提前准备好，最好将其装袋，并放置于座位正前方、桌牌外侧的桌面上，文件封面向上，文件下部对向座位。

(3) 水果、水果刀

① 在接待中如果需要准备水果，应提前把水果洗干净，摆放整齐，并将其放置于桌面中央不影响翻阅文件和记录的位置。

② 如果是长方形桌子，应将各类水果混合摆放，分盘放置；如果是茶几等分散桌子，则应将水果分为小盘，按桌放置。

③ 应在水果盘内放置水果刀，将刀把对向座位。

(4) 报纸、杂志等阅读材料

行政人员应在接待室内准备一些报刊或介绍本企业历史、宗旨及服务范围的资料，供客户在等待时阅读。报刊最好是最近出版的，不要摆放破旧且过时的报刊。

4. 准备礼品

赠送商务礼品是一门艺术，有一定的规矩，送给谁、送什么、怎么送都有讲究。在准备见面礼时，行政人员应做到礼物轻重得当、送礼间隔适宜、了解风俗禁忌、送的礼品有意义。

5. 通知迎接和陪同人员

（1）根据客人的活动内容，应事先拟出各个项目陪同人员的名单，将名单报领导审批，审批通过后，立即通知有关人员不要外出并做好准备。

（2）根据客人的身份和抵达的时间、地点，通知并安排有关领导或迎接人员到车站、机场和码头迎接。

（3）在合适的时机，按照大体对等的礼仪原则，安排有关领导去看望客人，事先通知并安排好地点和陪同人员。

（4）根据客人的要求，安排体育活动，事先通知体育场馆做好场地、器材等准备工作，并通知和安排陪同人员。

（5）在客人离去时，通知和安排有关领导或工作人员到客人住所或车站、码头、机场为其送行。

2．2 执行与解决

2．2．1 接待执行的流程

接待执行是根据接待计划执行具体的接待工作，接待执行的流程如图 2–3 所示。

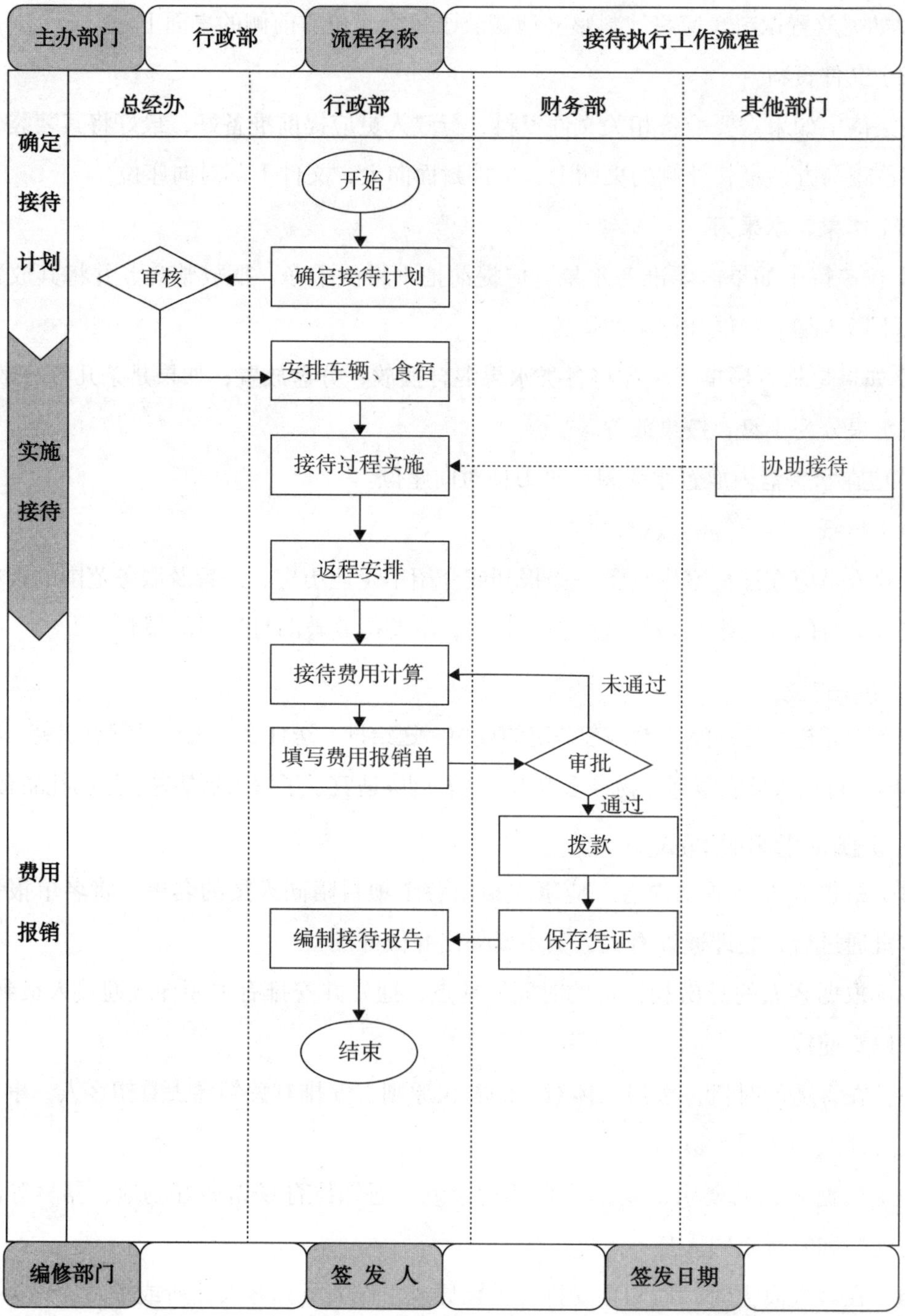

图 2–3 接待执行流程图

2. 2. 2　接待问题的处理

1．常见接待问题

客人来访的接待工作好坏，能够直接反映企业的工作作风和外在形象，同时也能够反映行政人员的素质、能力、水平。在接待过程中容易出现的问题如图 2–4 所示。

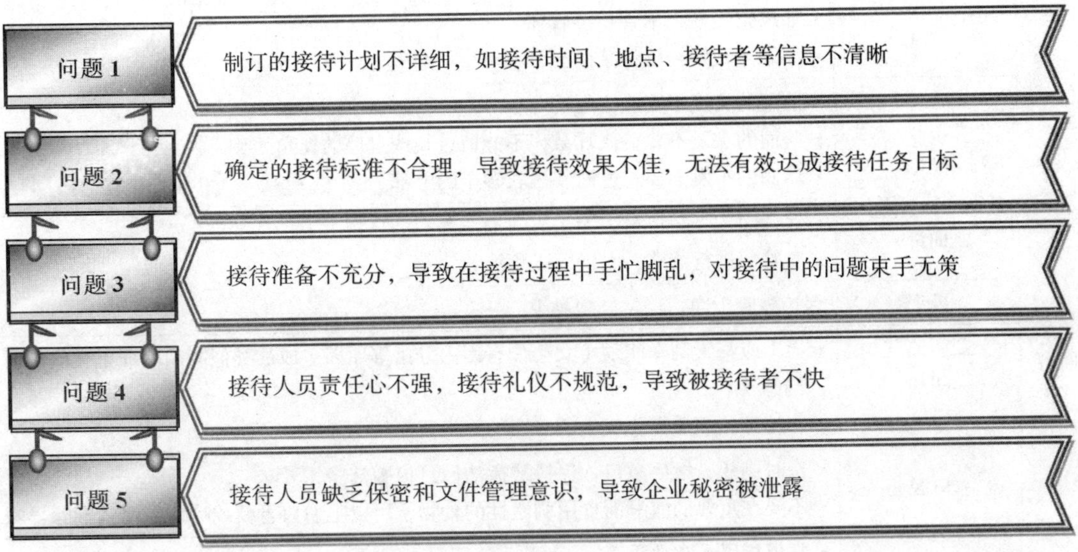

图 2–4　常见接待问题

2．接待问题的处理

对于常见接待问题，行政人员可使用表 2–2 所示的方法和工具加以解决。

表 2–2　接待问题的解决方法和使用工具

解决方法	使用工具
制订详细的客人来访接待工作计划，明确接待的规划与具体日期安排	客人来访接待计划 来访客人接待规范 客人接待程序及标准 接待工作日记表 接待工作总结表
根据接待费用预算情况，确定不同级别人员的接待标准，如需提高或降低接待标准时，必须报行政总监及以上级别人员审批	
精挑细选接待人员，并在进行重要接待前做好培训工作和应急预案，以保证接待工作质量	
注重培养接待人员的保密管理意识，并从技术上确保企业重要信息的安全，防止发生泄密事件	

2. 2. 3　接待礼仪的知悉

企业在接待过程中要规范行政人员的接待礼仪，接待礼仪主要分为个人礼仪与商务礼仪。

1. 个人礼仪

仪容是个人礼仪的重要组成部分，是指头、脸等直接裸露在外的身体表面。仪表是指着装及着装礼仪。行政人员仪容仪表的具体要求如表 2-3 所示。

表 2-3 仪容仪表要求

<table>
<tr><th colspan="3">项目</th><th>具体要求</th></tr>
<tr><td rowspan="2">发式</td><td colspan="2">女士</td><td>• 如果是短发，不宜超过肩部
• 如果是长发，可将其挽起，不可梳披肩发</td></tr>
<tr><td colspan="2">男士</td><td>• 前部的头发不要遮住眉毛
• 侧面的头发不要盖住耳朵，不能留过长或过厚的鬓角
• 后面的头发不要长过西装衬衣领子的上部</td></tr>
<tr><td rowspan="4">面容</td><td colspan="2">面部</td><td>• 保持面部干净清爽，无污渍、油渍等不洁之物
• 对脸部进行清洁，女士可以化淡妆</td></tr>
<tr><td colspan="2">鼻毛</td><td>保持鼻腔干净，经常修剪鼻毛</td></tr>
<tr><td colspan="2">胡须</td><td>• 男士应每天刮净胡须（女士如有因内分泌等原因造成的类似胡须的汗毛也应及时清除）
• 有特殊的职业需要或生活习惯的男士留胡须的除外</td></tr>
<tr><td colspan="2">口腔</td><td>• 按时刷牙，饭后漱口，保持牙齿洁白且口腔洁净无异味
• 不要在重要的应酬前食用刺激性的食物，可以咀嚼口香糖或喷口腔清洁剂除异味</td></tr>
<tr><td colspan="3">手部</td><td>• 常剪指甲，常洗手
• 适时、适度地保护与美化手部</td></tr>
<tr><td rowspan="5">着装</td><td colspan="2">肤色与色彩的搭配</td><td>• 服装的色彩主调与搭配应合乎礼仪的标准和要求，使个人的整体形象和谐、美观，同时要注意服装色彩与肤色相适应，如皮肤偏黑的人尽量少穿深色的衣服
• 不能穿太过鲜艳的服饰，不能出现红色配绿色等不协调的搭配</td></tr>
<tr><td colspan="2">质料、款式、配饰的搭配</td><td>• 质料的选择要与服装的穿着用途相适应，与服装的格调品位相适应
• 面料组配应依据厚重与厚重、粗糙与粗糙、光滑与光滑的原则搭配
• 要注意装束的配件，如帽子、围巾、手套、鞋袜质料的整体搭配</td></tr>
<tr><td rowspan="3">搭配方法</td><td>统一法</td><td>使用同一色系，根据着装的明暗、深浅不同来搭配，如天然色衬衣配深蓝色或藏青色裤子</td></tr>
<tr><td>调和法</td><td>• 用相近的颜色搭配，如红与橙、绿与蓝
• 搭配的明度、纯度要有所区别，可以一种颜色深一些，也可以一种颜色浅一些</td></tr>
<tr><td>对比法</td><td>用对比色来搭配，如黄与蓝、黑与白</td></tr>
<tr><td rowspan="3">着装礼仪</td><td colspan="2">个性化展示</td><td>• 不要与同伴穿一模一样的衣服（工装除外），以免引起比较
• 不要与同伴穿反差太大的衣服
• 与到场的领导和客人相协调，不可太突出，不可喧宾夺主
• 穿与自己体形协调的衣服，才能让自己充满自信，充分展示自己的身材</td></tr>
<tr><td colspan="2">简洁大方</td><td>简洁的服饰给人明快干练的感觉，有利于人际沟通</td></tr>
<tr><td colspan="2">整体和谐</td><td>• 穿着要适体，衣服不可过紧、过肥或过大、过小，避免高跟鞋过高
• 穿着要入时，冬天的衣服应厚实和保暖，春秋的衣服要薄一些
• 穿着要随俗，要体现新时代的新风貌，要与场合的气氛和特点相符</td></tr>
</table>

（续表）

项目		具体要求
举止礼仪	坐姿	坐姿文雅、坐得端庄可以传递给对方自信、友好、热情的信息，同时也能展示行政人员高雅庄重的良好风范
	站姿	良好的站姿要求行政人员头正、肩平、臂垂、直立、躯挺、腿并
	走姿	行政人员在走路过程中尽量保持目光平视，挺胸收腹，表情自然平和；保持两肩平稳，防止肩部上下前后摇摆；保持步伐稳健，步履自然，两臂自然下垂，前后自然协调摆动；保持步幅适当，步速平稳

2．商务礼仪

常见的商务礼仪要求如表 2-4 所示。

表 2-4　商务礼仪要求

礼仪		要求
称谓礼仪	姓名	• 全姓名称谓即直呼其姓和名：一般用于正式场合，有一种庄严感、严肃感 • 名字称谓：既礼貌又亲切，使用场合比较多 • 姓氏加修饰称谓：一般用于一起工作、劳动和生活中互相比较熟悉的人之间
	职务	即用所担任的职务作为称呼，这种称谓方式表示行政人员对对方地位的熟知和肯定，也表示对对方的尊敬和礼貌
	职业	• 在比较正式的场合中，行政人员要用职业称谓，这带有尊重对方职业和劳动的意思 • 直接以被称呼者的职业作为称谓，如“老师”“教练”“医生”等
	通称	不区分人的职务、职业、年龄等而被广泛使用的称呼是通称，最常见的是“同志”“先生”“女士”“小姐”等
	谦称	对自己进行谦称，“我”“我们”是最常使用的
会面礼仪	握手礼	• 一般情况下，在握手之前双方要先打招呼，而且不同性别与关系之间的人员的握手次序不同 • 握手时间一般以 2 ~ 4 秒为宜，握手时双方一定要用右手，五指齐用，两人的手掌最好处于垂直状态，两人的眼睛要注视对方，不能东张西望，握手力度要适度
	鞠躬礼	适用于喜庆欢乐或庄严肃穆的仪式
	点头礼	适用于比较随便的场合，或与一面之交、交往不深的相识者碰面，或在同一场合碰上已经多次见面的人，但遇上多个人无法一一问候时
	举手礼	适用于向距离较远的熟人打招呼
	拥抱礼	拥抱礼是西方国家通用的一种礼节，在人们表示慰问、祝贺、欣喜时，拥抱礼十分常用
	亲吻礼	亲吻礼是西方国家常用的会面礼，在行亲吻礼时，应注意身份及亲吻的形式，亲吻形式主要有贴脸与吻手两种

（续表）

礼仪		要求
介绍礼仪	自我介绍	• 在进行自我介绍时应镇定而充满自信，清晰地报出自己的姓名，并善于使用体态语言表达自己的友善、关怀、诚意和愿望 • 自我介绍的内容要真实，应控制好介绍时间，采用标准的形式，掌握自我评价的分寸
	介绍他人	• 应遵守介绍的顺序，即先把身份低的人介绍给身份高的人，先把晚辈介绍给长辈，先把客人介绍给主人，先把男士介绍给女士 • 在介绍时，介绍人和被介绍人一般都应站起来，以示礼貌和尊重，但在宴会桌、会谈桌上可不必站起来 • 可介绍双方姓名、工作单位、共同爱好、共同经历等
	介绍集体	在介绍集体时，要按照先卑后尊的规则进行介绍
问候礼仪	问候次序	• 当问候一个人时，通常应遵循“职级低者先行”的问候次序 • 当问候多人时，既可以笼统地加以问候，也可以逐个加以问候 • 行政人员在与客户见面时，应先主动问候客户
	问候态度	态度应主动、热情、自然、专注
	问候形式	• 直接式问候：直截了当地以问好作为问候的主要内容。直接式问候适用于正式的人际交往，尤其是在宾主双方初次相见时 • 间接式问候：以某些约定俗成的问候语，或者当时条件下的某些话题为问候的主要内容。间接式问候适用于非正式交往，尤其是经常见面的熟人之间
	问候禁忌	忌问涉及个人隐私的问题，如收入、健康、婚姻等
名片礼仪	适用场合	在初次见面时，应主动出示名片，以表明与对方继续保持联络或业务往来的意向；如果本人不能亲自前往，可以送上名片来代表自己
	携带	名片要足量适用、完好无损
	交换	交换名片时应选择合适的时机，遵循“客先主后、先低后高”的顺序，并做到谦逊有礼、态度谦和，交换名片后应做到认真阅读、及时回应
	索要	行政人员可用互换法或暗示法向对方索要名片
	存放	• 名片要放置在固定的位置，名片应统一置于名片夹、公文包或上衣口袋内，在办公室时还可将名片放于名片夹或办公桌内 • 在接到对方的名片后，行政人员要精心存放
拜访礼仪	拜访时间	• 最好将拜访时间选在工作时间内，尽量避免占用对方的休息时间 • 在拜访之前，行政人员最好提前通知对方，并约定时间
	准时赴约	严格遵守约定时间，提前 10 分钟或准时到达，以免对方久等
	尊重对方	在拜访过程中应充分尊重对方
	友好告辞	告别是拜访活动的结尾，双方应在友好的气氛和心情下结束拜访，以利于未来继续交往和合作

2．3　商务与公务接待

2．3．1　商务接待

商务接待是企业行政事务和公关活动的重要部分，为使企业的商务接待工作规范有序、塑造企业统一的对外形象、合理控制接待费用，行政人员需要遵照相应流程，按照相关要求执行商务接待。

1．商务接待流程

商务接待流程主要包括明确接待对象，制订接待计划，确认费用预算，安排相关事项，迎接安排和看望、商议日程。

（1）明确接待对象

负责接待的行政人员需要事先了解接待对象的情况，如表 2-5 所示。

表 2-5　接待对象情况

客人情况	具体内容
个人情况	姓名、性别、年龄、身份、职务、民族、宗教信仰、生活习惯、国家、地区、所代表的机构或组织等
来访事由	明确接待对象的来访目的、意图和任务
其他情况	具体人数、抵达时间和地点、离开的时间、乘坐的交通工具、行程路线及其日程安排

（2）制订接待计划

一个完善的接待计划应包括接待规格、活动日程等内容，负责接待的人员在做好计划后，要根据接待规模的大小报相应领导审批后实施。

① 接待规格

接待规格是指接待工作的具体标准，基本内容包括接待规模的大小、主要陪同人员职务的高低及接待费用的多少等。接待规格一般分为高格接待、对等接待和低格接待三种方式。

② 活动日程

活动日程，即根据接待对象的来访目的、日程安排等确定其在来访期间的各项工作和活动的时间安排，接待人员要周密地部署日程，安排好下列四项内容。

a．接待的日期和具体的时间。

b．具体的接待活动内容及每一项活动的具体时间安排，如确定主持人、介绍重要客人、组织领导或重要客人致辞、安排合影、重要客人留言题字等。

c．确定各项接待、活动的场地，如接待室、休息室、住宿地点、会议场所、宴会地点等，还要备好各场地所需的音响、照明设备、录像机、花篮等。

d. 行政人员的各项工作安排。一般陪同、接送、剪彩、留言、题字等活动都要预先安排专人负责。其中陪同人员包括主要陪同领导、相关的职能部门领导和有关的技术或其他人员，公关人员应根据客人的情况事先拟订出各个项目的陪同人员及工作人员的名单，报请领导批准，以便相关人员做好时间安排。

（3）确认费用预算

行政人员应以接待计划为基础，提前做好接待费用预算。一般费用预算包括招待费、食宿费、交通费、材料费、纪念品费等。接待人员最好估算出大概数额，以便领导审批、申领费用等。

（4）安排相关事项

接待计划还应体现如下安排，行政人员应仔细斟酌客人情况，做出合理的计划安排。

① 安全保卫：若接待重要客人，接待人员应将安保工作列入计划。

② 宣传报道：若客人的访问活动对企业有重要影响，要事先做好宣传准备，确定出席新闻媒体或记者的名单并联络出席人员。

③ 礼品或纪念品：确定礼品或纪念品的种类、数量及代表的意义等。

（5）迎接安排

行政人员应根据客人的身份、人数、性别，预订招待所或宾馆，安排好伙食标准、进餐方式、时间、地点，并按抵达时间派人派车迎接。

（6）看望、商议日程

客人到达后，接待人员应根据计划安排其入住预定的招待所或宾馆，并安排企业有关人员前往看望，表示欢迎和问候，了解客人的来访日程和目的，与客人商定活动日程并将结果通知有关部门。

2. 商务接待中的具体事项要求

（1）接待规格及陪同人员的要求

接待规格及陪同人员的要求如表 2-6 所示。

表 2-6 接待规格与陪同人员要求

接待类型	接待规格与陪同人员要求
经常性商务接待	对于与企业经常发生业务往来的单位，一般由行政部经理或相关业务部门经理陪同接待，采用对等接待
重点业务往来单位商务接待	由行政总监或总经理指定的其他高层领导出面陪同接待，采用对等或高格接待

（续表）

接待类型	接待规格与陪同人员要求
特殊客人商务接待	对于与本企业有密切联系的特殊客人，一般由总经理亲自出面或指定专人陪同接待，采用高格接待

（2）接待地点的选择

接待地点的要求如表 2-7 所示。

表 2-7　接待地点划定表

接待类型	接待地点
经常性商务接待	一般在企业会议室接待
重点业务往来单位商务接待	由企业高层领导陪同在专用会客室接待
特殊客人商务接待	由企业总经理临时指定宾馆或酒店接待
参观、访问的接待	根据来访对象的情况确定入住的宾馆

（3）会场安排

行政人员须事先精心安排会见或会谈的场所、座位，留定座位。如果双方人员较多、场所较大时，宜安装扩声系统；如果有外宾，应在桌上放置中外文座位卡。

会见的座位排列：客人坐右边，我方人员坐左边。

（4）用餐及住宿标准

在商务接待的过程中，用餐及住宿标准应遵循的要求如表 2-8 所示。

表 2-8　用餐及住宿标准表

招待对象	酒店标准	用餐标准	审批权限
经常性商务接待	一般酒店	__元～__元 / 天 / 人	行政总监
重点业务往来单位	星级酒店	__元～__元 / 天 / 人	总经理
特殊客人	星级酒店	__元～__元 / 天 / 人	总经理
其他参观、访问客人	视来访人员酌情安排	视来访人员酌情安排	行政总监或总经理

（5）交通及车辆安排

对于需要企业派车进行接送的商务接待活动，行政人员须提前确定用车计划，调配车辆。选择车辆应按照以下顺序。

① 经常性商务接待，由行政部调拨一般性公务车辆接送。

② 重点业务往来单位和特殊客人接待，由企业派专门的迎宾车辆接送。

③ 如果需要接送的人员过多，企业可以向出租车公司租赁中巴车接送。

（6）参观旅游安排

企业在进行商务接待的过程中，原则上不安排旅游活动，特殊情况须经总经理批准后方可执行。在商务接待过程中如果需要参观企业，行政人员可以安排合适的时间由专人陪同参观，参观之后请参观者留下宝贵意见，但要注意企业核心工作区不在开放参观之列，特殊情况须经总经理批准。

（7）宴请

宴请的目的是多种多样的，如为欢迎或欢送某代表团或个人、回访、答谢等。行政人员应对宴请类型做出不同的安排，从而达到宴请的目的。企业在不同场合可采用便宴、茶会、酒会、客饭、自助餐、工作进餐等宴请类型，行政人员可根据活动目的、对象、经费开支等确定宴请类型。

（8）迎送安排

行政人员应根据客人意见，预定车、船、机票，协助客人结算食宿账目；安排话别送行；派人派车将客人送至车站、码头或机场。行政人员应向初次到访的客人赠送纪念品，但要注意遵守赠送礼品的相关规定。

2.3.2 公务接待

企业的公务接待可参考《党政机关国内公务接待管理规定》，严格在年度接待费用预算的范围内安排接待。

1．接待费用预算

（1）企业应当加强对公务接待经费的预算管理，合理限定接待费预算总额。公务接待费用应当全部纳入预算管理，单独列示。

禁止在接待费中列支应当由接待对象承担的差旅、会议、培训等费用，禁止以举办会议、培训为名列支、转移、隐匿接待费开支；禁止向子公司及其他企业、个人转嫁接待费用，禁止在非税收入中坐支接待费用；禁止借公务接待名义列支其他支出。

（2）企业应当根据当地经济发展水平、市场价格等实际情况，按照当地会议用餐标准制定公务接待工作餐的开支标准，并定期进行调整。接待住宿应当按照差旅费管理的有关规定，执行接待对象在当地的差旅住宿费标准。

（3）接待费报销凭证应当包括财务票据、接待清单等。

2．确定接待原则

国内公务接待应当坚持有利公务、务实节俭、严格标准、简化礼仪、高效透明、尊重少数民族风俗习惯的原则。

（1）企业不得对企业内部接待场所进行超标准装修或装饰、超标准配置家具和电器。企业应推进企业内部接待场所的集中统一管理和利用，建立资源共享机制。

（2）企业不得超标准接待，不得组织旅游和与公务活动无关的参观，不得组织到营业性娱乐、健身场所活动，不得安排专场文艺演出，不得以任何名义赠送礼金、有价证券、纪念品和土特产品等。

3．确定到访者信息

到访者信息包括到访者姓名、年龄、职务、单位等，是参加会议还是考察访问，所参加的会议或考察的主题是什么。企业应明确到访者的到达时间、车次或航班号、访问或考察的具体天数等。

4．制定接待方案

接待方案包括可能的迎接仪式、欢送仪式、会见或访问的接待地点、接送人员安排、陪同人员安排、住宿安排、车辆司机安排、车票或机票预订安排等。具体的接待方案应遵循以下内容。

（1）企业应加强公务外出计划管理，科学安排和严格控制外出的时间、内容、路线、频率、人员数量，禁止以各种名义和方式变相旅游，禁止违反规定到风景名胜区举办会议和活动。

（2）企业应严格控制国内公务接待范围，不得用公款报销或支付应由个人负担的费用。

（3）企业应根据规定的接待范围，严格控制接待审批，统筹安排能够合并的公务接待，不接待无公函的公务活动和来访人员。

公务活动结束后，企业应如实填写接待清单，并交由相关负责人审签。接待清单包括接待对象的单位、姓名、职务和公务活动的项目、时间、场所、费用等内容。

（4）国内公务接待不得在机场、车站、码头和辖区边界组织迎送活动，不得跨地区迎送，不得张贴悬挂标语横幅，不得铺设迎宾地毯。

企业安排的活动场所、活动项目和活动方式，应有利于开展公务活动。安排进行外出考察调研的人员，应当深入基层，不得走过场、搞形式主义。

（5）接待住宿应严格执行差旅、会议管理的有关规定，在定点饭店或机关内部接待场所安排接待，执行协议价格。出差人员应回本企业凭据报销住宿费，与会人员的住宿费须按会议费管理有关规定执行。

（6）接待对象应按照规定标准自行用餐。确因工作需要，企业可以安排工作餐一次，并严格控制陪餐人数。如果接待对象在 10 人以内，陪餐人数不得超过 3 人；如果接待对象超过 10 人，那么陪餐人数不得超过接待对象人数的三分之一。

工作餐应供应家常菜，不得提供鱼翅、燕窝等高档菜肴和用野生保护动物制作的菜肴，不得提供香烟和高档酒水，不得使用私人会所、高消费餐饮场所。

（7）国内公务接待的出行活动应安排集中乘车，合理使用车型，严格控制随行车辆。

5．执行接待方案

执行内容包括相关人员到车站或机场迎接客人；由陪同人员引导客人到住宿地点；按照会议或到访计划开会或访问；在会议或访问结束后，或举行欢送仪式，或直接将客人送达车站或机场等。

2. 3. 3 特殊接待

1．特殊客人的确定

企业需要进行接待的特殊客人一般包括国家党政机关领导人、著名企业领导、企业团体、涉外人员与团体、著名人士等，对于这些特殊的或重要的来访人员，企业需要为其制定特殊接待方案。

除了由企业总裁或其他高级管理人员亲自负责接待特殊客人，总经理办公室也要配合有关部门负责安排接待工作。

2．特殊客人接待管理

（1）对于特殊客人的接待工作，企业必须按照有关规定和统一部署安排办理。

（2）当特殊客人来访时，总经理办公室要准确掌握客人乘坐的交通工具和抵离的时间，提前通知有关部门和人员做好接送准备。

（3）当特殊客人来访时，接待者要根据来访者的目的、规格及兴趣、意愿等选择并安排参观项目，确定活动内容，拟定接待方案，报请总经理批准。

总经理办公室要根据批准的接待方案，认真做好政务接洽和业务洽谈，在洽谈中若遇到非权限内的事情，要向总经理请示。

（4）在安排特殊客人用餐时，除特殊情况外，原则上陪同人员不超过 2 名；在安排娱乐活动时，企业也应控制好陪同人员的人数，避免高消费、大吃大喝等现象。

（5）对于对方级别较高或对企业的业务开展具有重要意义的特殊客人，行政人员必须将接待方案报集团总裁审批。

（6）在接待客人的过程中，企业要认真做好安全保卫工作。

第 3 章 会议工作

3．1 会议策划与会前筹备

3．1．1 会议需求与会议计划

1．会议需求

行政人员应做好会议需求的收集与确认工作，妥善安排会议室，准备好会议相关设备及物品。行政人员可通过会议需求表完成会议需求的收集工作，会议需求表的样式如表 3-1 所示。

表 3-1 会议需求表

会议需求人				需求部门				
预定会议时间				电话				
会议主题								
拟参会人员及数量								
会议现场协调人								
设备及物品的需求信息								
桌面物品	水		桌牌		纸			
	激光笔		录音笔		其他			
会议设备	投影仪		幕布		麦克风		摄像机	
会议服务	车辆		照相		其他			
特别说明								

备注：（1）请在会议所需的项目后填写所需设备及物品的数量；

（2）请在特别说明一栏填写会议准备的特别要求；

（3）如需使用会议设备，请于会前一小时到行政部协调并完成调试。

2．会议计划

制订会议计划能够使会议的筹备更具目的性，这有利于顺利开展会议。会议计划的制订主要包括选择会议形式、确定会议规模、明确会议时间、拟定会议议程与日程等。

（1）选择会议形式

只有确定了会议形式，才能确定会议的规模、时间、会址等。企业会议形式可以分为八种，如表3–2所示。

表3–2 企业会议形式

会议形式	适用情况
两方会议	• 仅有两方参与会议 • 一般适用于共同筹备的活动 • 双方就彼此的关系或利益进行谈判 • 利用某个偶然的机会讨论业务
非正式会议	• 由一个高层人士提出问题，由与其关系紧密的另外几方加入并进行研讨 • 召开这种会议的目的往往是"聚在一起研讨解决问题的办法"
集思广益会议	• 临时的非正式会议的发展，其目的是要产生创造性、改革性的思想 • 参会人员不仅限于临时的非正式会议中彼此关系紧密的参与方，还包括一些思维灵活、视野宽广或经营经验丰富的参与者
紧急委员会	• 目的是解决紧急发生的问题 • 会议要讨论的内容相对比较深入且具体，往往会涉及具体的实施细则 • 相对常设委员会更灵活，不需要事先考虑很多框架，如会议日程和会议时间等 • 往往在匆忙间召开，但一般都能在短时间内达成决议，所以效率通常很高
常设委员会	• 覆盖面较广，通常有特定的组成名目，如董事会、财务管理委员会等各种名目 • 由于是一种常设会议，并且其成员任期也较长，所以显得比较正式 • 召开会议前需要做好事先准备，议程相对固定，内容的变化也只与时间有关 • 一般说来，企业中高层的例会都可以以这种形式进行
正式会议	• 标准的会议模板，准备充分，议程严密，参与者众多 • 其目的一般趋于处理重要的、非争议的问题，提供最终决策，设计实施方案，并将方案具体落实到每一个参与者头上 • 在商业活动中正式会议很常见，企业的员工大会、股东大会等法定会议或管理层的全体会议都必须使用这种会议形式
展示会议	• 主要目的是少数人向大多数与会者传递灌输信息，双方并不是平等的交流关系，展示会议互动性虽然较差，但可以起到信息传播的作用 • 一般适用于一部分人向其他人展示或汇报自己的研究报告或工作成绩
公开会议	• 主要目的是吸引公众的注意，以扩大自身的影响力 • 准备充分，设计严密，但往往并不需要参与者交流和讨论，决议一般已经被确定，参会人员只是借此机会公开而已 • 适用于新闻发布会、商业展示会等公众性会议

（2）确定会议规模

确定会议规模的主要内容是控制会议出席人员、列席人员、工作人员和服务人员的数量。在决定与会人数时，应避免会议负担过重。确定会议规模应注意以下三点。

① 确定会议人数必须以法定人数为依据，要坚持能少则少的原则。

② 特邀嘉宾、列席人员和其他客人的人数不可过多，以免喧宾夺主。

③ 对会议工作人员和服务人员的限定，应参照会议登记的标准来执行，不得超过标准，以避免加重会议负担。

（3）明确会议时间

会议时间既包括召开会议的时间、实际进行会议的时间，也包括在进行会议过程中的休会时间。会议时间通常会根据会议类型、与会人员的工作情形确定。

通常情况下，日常例会的时间最好安排在周二至周四的早上或下午，以免与会人员受到假日活动的影响，在开会时不容易集中注意力。临时性会议可以将与会人员按照重要程度大小进行排列，跳过必须参加的与会人员不能出席的时间段，再从其他时间段选择大家的共同空闲时间，特殊情况下，可允许缺席者派代表参加。

（4）拟定会议议程与日程

会议议程是对会议议题的顺序安排，一般情况下由会议领导或主办者确定。

会议日程是会议的具体时间安排，它细化了围绕会议议题的全部活动内容。

拟定会议议程与日程是重要工作之一，是会议取得成功和达到预期目的的前提。

（5）选择会议地点

会议地点的选择要根据会议类型、与会人员的人数及会议效果来考虑，要方便与会者到会、离会，且能够达到会议目的。会议地点的选择标准如表 3-3 所示。

表 3-3　会议地点选择一览表

会议类型		选择召开地点
企业内部会议	企业例会	• 选择一个固定会议场所，要求房间独立、宽敞、明亮，使会议显得正规、严肃 • 会议室要有必要的布置和一定数量的设备，这可以让企业员工严肃认真，精神集中，并且有一定的归属感
	企业高层会议	• 企业高层领导主办的会议可以使用企业内部的场地 • 企业董事会会议室和股东会议室可以提高会议的地位和声望，吸引不能到企业外的地方参加会议的高层管理者来参加会议

（续表）

<table>
<tr><th colspan="2">会议类型</th><th>选择召开地点</th></tr>
<tr><td rowspan="3">企业间会议</td><td>对方代表来本企业谈判</td><td>选择本企业最好的会议室进行协商或谈判，可以令对方通过会议室的豪华程度来间接了解本企业的实力，并通过主场优势向对方施加压力</td></tr>
<tr><td>双方一般交流</td><td>• 选择郊区的一个度假村或一家雅致的茶馆等轻松的地方比较合适
• 使双方卸下彼此的戒备心，从而实现较为真诚的交流</td></tr>
<tr><td>双方平等磋商</td><td>选择处于双方中间地带的饭店作为协议磋商的会议室</td></tr>
<tr><td rowspan="3">大型会议</td><td colspan="2">• 选择专门的会议中心
• 会议中心一般拥有各种规格的会议厅、完备的会议设备和训练有素的各种人员，可以给主办者提供全面而完善的优质服务
• 收费标准相应较高，适用于一些高规格的正式会议</td></tr>
<tr><td colspan="2">• 选择在图书馆、纪念堂等各种公共建筑举行会议
• 可以借助公共建筑声势显赫的社会地位来扩大会议的社会影响力，例如，在人民大会堂举行会议，无形中提高了会议的档次</td></tr>
<tr><td colspan="2">• 在高等院校会堂召开会议可以在一定程度上降低费用支出
• 高校可以突出会议优秀的文化氛围
• 应注意会议时间的安排，最好定在假期或公共假日</td></tr>
</table>

（6）会场布置和会场座位布局

会场布置是一项有明确目的的工作，其根本目的在于创造一个与会议主题、性质相适应的会场氛围，从而帮助实现会议目标。

会场座位布局要根据会议的规模、性质和实际需求来确定。不同的会场座位布局会体现不同的意义、气氛和效果，体现不同的会议目的。

（7）准备会议资料及用品

会议资料包括与会人员使用的资料如会议手册、宣传资料、笔、本等，会议用品包括必备用品和设备如灯光、音响、空调、录像设备等。

（8）安排餐饮与住宿

行政人员应确定与会人员的餐饮与住宿条件并进行检查，检查房内的家具、电器、卫浴等硬件设施及卫生条件，检查食品与饮料安全，严控质量，保证食品和饮品的安全。

3. 1. 2 会议安排与会议策划

1. 会议安排

行政人员在安排会议时主要安排三个方面的内容：会议时间、会议室、领导时间，会议安排如表 3–4 所示。

表 3-4　会议安排表

序号	会议名称	会议主持	会议地点	参加人员	会议时间	备注
1	年终总结会	总经理	五楼会议室	全体人员	____年__月__日 9:00	
2	半年总结会	总经理	四楼会议室	全体人员	____年__月__日 9:00	
3	季度总结会	总经理	四楼会议室	全体人员	____年__月__日 9:00	
4	月度总结会	总经理	四楼会议室	全体人员	____年__月__日 9:00	
5	月度经济分析会	财务总监	四楼会议室	全体人员	____年__月__日 9:00	

2．会议策划

会议策划是指围绕会议活动的目标，在全面、深入分析会议信息的基础上，制定最佳会议活动方案的过程。会议策划贯穿会议整个流程的始终，会议策划的步骤如图 3-1 所示。

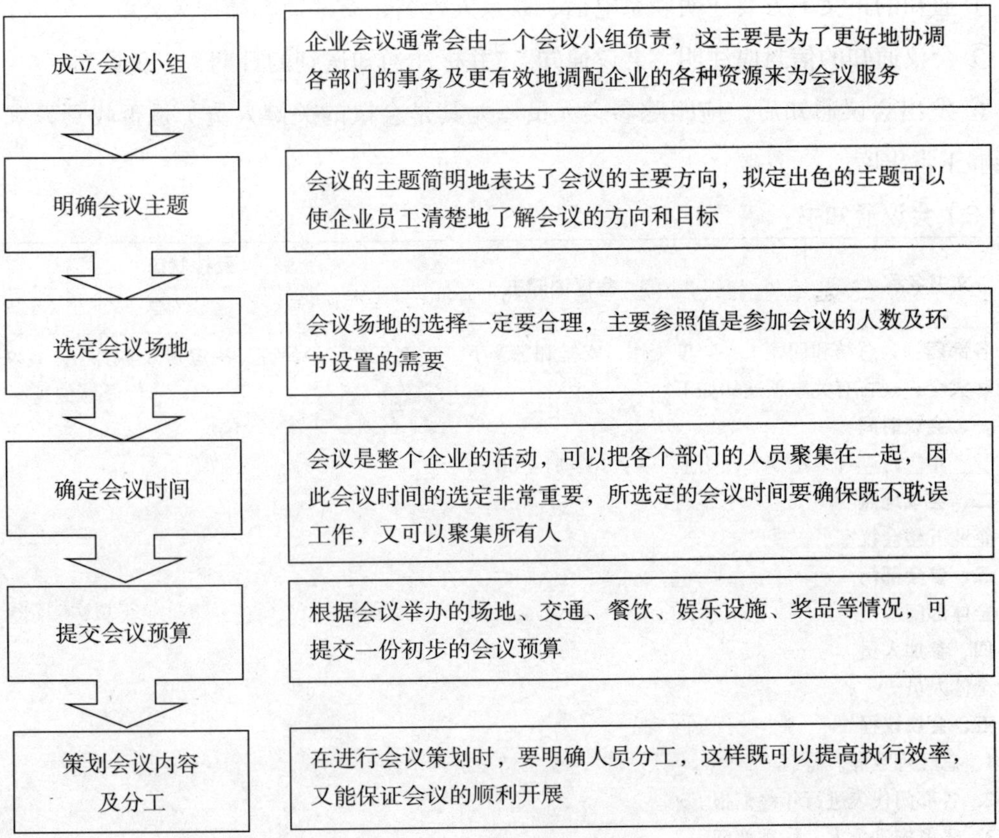

图 3-1　会议策划步骤

3．1．3　会议通知与会前准备

一旦决定召开会议，行政人员就应尽早发出会议通知。对于大中型会议，行政人员均应发出书面通知，避免因口头通知而造成差错。

1. 会议通知

（1）会议通知的撰写要素

完整的会议通知应包括会议名称，会议议程，参会人员，会议的时间、地点等。参会人员应携带的文件资料及其他特殊要求（如回执要求）也应被写入。

（2）会议通知的撰写要求

会议通知一般采取书面形式，分为标题和正文两部分，撰写要求主要有以下六条。

① 文字表达清楚、明白、无歧义；内容全面、周到、无遗漏。

② 要写明白参会人员范围、职务等信息，切忌含糊不清。

③ 根据会议需要，可在正式通知前先发预备通知，以确保参会人员（尤其是重要岗位人员）可以提前安排好工作。

④ 通知的正文下方要注明联系电话、联系人姓名，有些通知须加盖公章。

⑤ 会议通知的信封应注明“会议通知”，并标注通知送到的日期，以免误事。

⑥ 发出会议通知后，应跟踪参会人员（尤其是会议的关键人员）是否收到，确保他们能够正常出席。

（3）会议通知书

<table>
<tr><td rowspan="2">文书名称</td><td rowspan="2">会议通知书</td><td>受控状态</td><td></td></tr>
<tr><td>编　　号</td><td></td></tr>
<tr><td colspan="4">各部门：为总结和回顾上一年度工作，安排和部署下一年度工作，经研究，决定召开年度工作会议暨职工表彰大会，现将有关事项通知如下。
一、会议时间
____年__月__日　星期（四）上午 9：30～11：00。
二、会议地点
企业五楼会议室。
三、参会部门
全体部门。
四、参加人员
全体人员。
五、会议议程
1. 总经理致辞。
2. 各部门代表进行年终汇报。
3. 表彰先进个人、优秀部门。
4. 颁奖典礼。
六、会议要求
1. 要求所有参会人员统一打印书面材料。
2. 所有参会人员必须带好笔和笔记本，做好会议相关记录。</td></tr>
</table>

（续）

<table>
<tr><td colspan="6">3．所有参会人员要将开会期间的通信工具统一调整为静音模式。
4．禁止迟到、早退、无故缺席会议。
联系人：　　　　　　　　　　　　　　　　　　联系电话：</td></tr>
<tr><td>执行部门</td><td></td><td>监督部门</td><td></td><td>编修部门</td><td></td></tr>
<tr><td>执行责任人</td><td></td><td>监督责任人</td><td></td><td>编修责任人</td><td></td></tr>
</table>

2．会前准备

会议开始前，行政人员应做好以下四项工作。

（1）会议报备，大型会议或特殊类型会议应按国家或地方要求进行报备。

（2）会场布置，会场布置物料清单如表 3-5 所示。

表 3-5　物料清单

序号	名称	具体内容	尺寸 / 要求	具体需求（数量、规格等）	备注
1	指引牌	会议信息	根据会场需求		
2	背景板	主题会议背景板	根据会场需求		
3	签到台	会议签到处	根据会场需求		
4	横幅	会议欢迎标语	根据场地大小		
5	客人签名墙	留名、合影	根据会场需求		
6	会议用品	文件袋、笔记本等	能保存会议资料		

（3）确定空调、音响、麦克风、投影仪、计算机等设备是否正常。

（4）与主持人确定流程，与相关人员确定职责分工。

3．2　会议开场与会中服务

3．2．1　人员报到与会场接待

1．人员报到

对于大型会议，行政人员一般应提前一天在会场设立报到处，安排专人接待。在与会人员报到时行政人员要做好以下工作。

（1）查验参会信息

查验参会信息的目的是确认与会人员的资格。查验的证件包括会议通知书、邀请函和能证明是本人参会的相关证件。

（2）确认登记信息

请与会人员在参会登记表上签字确认。

（3）分发文件

将会议相关资料提前分发给与会人员。对于保密文件和需要清退的文件须履行签收手续。

（4）安排食宿

要根据与会人员的身份和要求，在现有条件下尽可能合理地安排食宿。

（5）报告情况

在会议报到结束时，行政人员应向会议的负责人报告有关情况，如应到人数、实到人数、缺席人数及缺席原因。

2．会场接待

（1）人员接送

行政人员应事先核对与会人员乘坐的交通工具，以及到达的确切时间和地点，并组织工作人员前往接站。接站人员对与会人员要热情，面对不熟悉的领导或代表，首先做自我介绍，再询问对方信息，待确认对方身份后方可引导其上车。

（2）入场

为方便与会人员尽快就座和保持会场的秩序，行政人员应安排工作人员以适当的方式引导座次。无论是采取对号入座、随便入座或划分区域入座，行政人员都可设立指示坐标或派工作人员直接引导与会人员入座。

（3）会场引导

行政人员应提前备好茶水，打开音响，播放轻音乐。对于大型会议，行政人员应在停车场和电梯口安排指挥和引导的人员。

3.2.2 开幕主持与会中服务

1．开幕主持

由于主办单位的级别、参会人员的身份及会议目的不同，因此会议类型有多种，主要包括工作总结、述职报告、例行会议、讨论或会谈、学术交流会、颁奖仪式、表彰仪式、庆功会等。

不同的会议类型决定了会议开幕主持的事项也不同。下面以大中型会议和小型会议为例，介绍开幕主持的内容事项。

（1）大中型会议

① 引起参会人员注意，维持现场秩序，根据会议类型提出参会注意事项，如不得喧哗、手机关机或静音、不得擅自出入，对于保密级别的会议还会要求不得带手机进入会场或不得擅自拍照等。

② 开场白，说明会议的名称、主题，明确会议的指导思想。

③ 介绍嘉宾（企业内部会议可根据情况省略此项）。

④ 主办单位领导致辞、参会上级领导讲话等（根据会议的不同，顺序可能发生变化）。

⑤ 简要介绍会议议程，宣布会议正式开始。

（2）小型会议

① 引起参会人员注意，维持现场秩序，提出会议要求。

② 简要介绍会议的主题及目的。

③ 引导会议第一发言人发言。

2．会中服务

会中服务包括会场服务、会议记录、其他服务等内容，会中服务的好坏将直接影响会议的效率。

（1）会场服务

① 维持会场秩序

在召开会议期间，工作人员应组织做好会场秩序维护工作，如制止与会议无关的人员进入会场、制止和调解会议过程中的纠纷，保证会议安全等。特别是对于重要的、保密级较高的会议，要防止在混乱中发生意外情况。

② 内外联系、传递信息

在召开会议期间，会议并不是与外界隔绝的，会议工作人员需要进行内外联系，传递信息，如遇紧急情况要及时将信息转达给与会人员，传递信件或文件等。在内外联系、传递信息的过程中，会议工作人员应该注意对会议内容进行保密，不可泄露任何保密的会议内容。

③ 处理临时交办事项

在会议召开期间，可能发生一些意想不到的临时变动，会议工作人员应及时向领导请示，并按照领导的指示采取应急措施，妥善处理。

（2）会议记录

行政人员应安排专人记录会议。会议记录包括两部分内容，第一部分是会议的组织情况：会议名称、时间、地点、参会人员、主持人等，第二部分是会议的内容：会议议题、讨论发言、形成的决议等。

会议记录人员要真实地记录会议的情况，客观地反映会议的内容和进程。会议记录是重要的档案材料，也是撰写会议简报、会议纪要的重要素材，还是会议执行情况的凭证。因此认真做好会议记录，具有十分重要的意义。

（3）其他服务

行政人员应及时准备好会议所需的物品，如笔、纸张等，保证会场光线充足，保持会场清洁卫生，及时进行会场摄影留念等。

3.2.3 会议记录与问题处理

1．会议记录

在召开会议期间，行政人员须指派专人将会议的组织情况和具体内容记录下来，形成会议记录，为日后开展工作提供客观依据。

（1）会议记录方法

会议记录方法一般有两种，一种方法是摘要记录，另一种方法是详细记录，详细说明如表 3-6 所示。

表 3-6 会议记录方法

记录方法	详细说明
摘要记录	• 摘要记录是抓住重点，摘录要义，如发言要点、会议的决定等。摘要记录多适用于企业内部的日常工作会议 • 摘要记录需要记录人员在召开会议的过程中，迅速做出分析概括，抓住要点、明白缺失，因此对记录人员的素质要求较高
详细记录	• 详细记录是有言必录，包括发言中的插话等，都要被详细记录在案。详细记录一般适用于特别重要的会议 • 详细记录要求速度快，要求记录人精神集中；为保证所记录的信息全面、准确，记录人员可采取符号速记或借助录音机，然后在会后整理记录内容

无论是摘要记录还是详细记录，均应在记录过程中，重点记录好以下内容。

① 会议开始前的定调性言论。

② 围绕会议中心议题开展的活动情况。

③ 会议讨论、争论的焦点及其各方的主要见解。

④ 企业主要领导、权威人士、主要代表的言论。

⑤ 对会议产生较大影响的其他言论或活动。

⑥ 会议通过的决定、决议。

⑦ 会议悬而未决的事项。

⑧ 会议结束前的总结性言论。

（2）会议记录要求

行政人员在开会前要提前到达会场，并选择尽可能靠近主持人、发言人或扩音设备等的位置，以便于聆听会议内容，做好会议记录。

① 会议记录内容要求

一份完整的会议记录至少应符合图 3-2 所示的要求。

1　准确写明会议名称（要写全称），开会时间、地点，会议性质

2　详细记下会议主持人、出席会议应到和实到的人数，缺席、迟到或早退的人数及其姓名、职务，记录者姓名；如果是全体员工大会，则只需记录总人数、重要领导即可

3　如实记录会议上的发言和有关动态，会议发言的内容是记录的重点；发言中的插话、掌声、临时中断及其他重要会议动态也应予以记录

4　记录会议的结果，如会议的决定、决议或表决等情况

图 3-2　会议记录内容要求

② 会议记录规范要求

对企业而言，一份合格的会议记录除了符合以上的内容要求，还必须满足规范要求，如图 3-3 所示。

1　记录内容要忠实原意，不得添加记录人的观点、主张，不得断章取义；尤其是会议决定之类的内容，更不能有丝毫出入

2　无论是详细记录还是摘要记录，对会议要点的记录都应详细、准确

3　会议记录的书写要清楚规范，记录的内容要条理清晰、重点突出

4　要符合会议记录的格式要求

图 3-3　会议记录规范要求

2．问题处理

在筹备、召开会议的过程中，可能会发生各种紧急和意外的事件，因此行政人员要具有处理突发事件的能力，以便问题出现时能够有条不紊地解决，使会议能够按照原计划顺利进行。

（1）会中突发事件的类型

在会议进程中，人员问题、健康与安全问题、行为问题等可能引起突发事件，具体内容如下。

① 人员问题。会议中常见的人员问题是发言人、关键代表的缺席，或无法按时到会。

② 健康与安全问题。会议中有时会出现意想不到的情况，如突发性的火灾等各种灾害，或因某种原因导致参会人员出现食物中毒等。

③ 行为问题。会议中偶尔会出现参会人员的言行不符合会议要求，甚至行为偏激扰乱会场秩序等问题。

（2）处理会中突发事件的原则

① 对会议中出现的突发事件，行政人员要第一时间向相关领导报告，听从领导的指示。一般情况下，在未得到领导指示前，行政人员无权做出处理事件的决定。

② 何时发生意外事件，发生什么样的意外事件都是不可估计和预测的。行政人员在面对意外事件的发生时应冷静分析，保持清醒的头脑，并对意外事件迅速做出反应，就事件情况采取相应措施，争取把事件带来的危害和损失降到最低。

③ 对于意外事件特别是较重大的意外事件，仅仅依靠一两个人的力量是远远不够的，大家必须团结协作，在领导的统一指挥下，步调一致地处理和解决好意外事件。

（3）处理会中突发事件的方法

处理会中突发事件的方法如表3-7所示。

表3-7 处理会中突发事件的方法

突发事件类型	处理方法
人员问题	• 对于不能按时到会的发言人，可以考虑替代者 • 如果缺少替代的发言人，可以修改议程。例如，主持人可以临时额外给每一位发言人10分钟的提问时间，以弥补缺席发言人的时间
健康与安全问题	• 加强会前的安全检查，必要时要组织应对火灾等突发事件的演习 • 要派出专门人员负责把守安全通道，对于有条件的地方要充分利用好会场所在地的摄像监控系统，以便随时掌握会场情况 • 大中型会议要事先安排医护人员在场 • 加强会议值班工作和应急车辆的安排
行为问题	• 加强审核发言人的以往情况，并加强发言前的沟通 • 提前做好准备避免出现这种问题，如果发生该问题请行为不当者暂时离开会场

（4）处理会中突发事件的程序

处理会中突发事件一般按照以下程序进行。

① 在会议中一旦发生意外事件，行政人员要根据事件情况立即向领导报告，请示领导处理方法。

② 行政人员要按应急方案的措施处理意外事件，按应急方案的人员分工对事件进行控制、补救和处理，按应急方案的预案做好善后工作。

③ 对于重大的突发事件，特别是涉及安全、健康的事件，如火灾、疾病、交通事故等，必要时行政人员要向公共应急机构请求支援。

④ 突发事件在一定程度上会给人员带来伤害或损失，善后工作是一项极复杂的工作，包括协助有关部门调查事件的真相和原因、安抚受害人员、向领导汇报、与新闻媒体沟通等。

⑤ 对于重大的突发事件，行政人员要将事件的基本情况、救助过程、结果、处理决定等完整记载下来，使记载结果独立成卷，并存档备查。

3．3　会后工作与会议评估

3．3．1　客人送别与会议善后

1．客人送别

（1）客人送别程序

“出迎三步，身送七步”是迎送宾客最基本的礼仪，行政人员做好客人送别工作可为接待工作画上圆满的句号。通常，客人的来访活动结束后，行政人员要安排送行，做到善始善终。客人送别程序如图 3-4 所示。

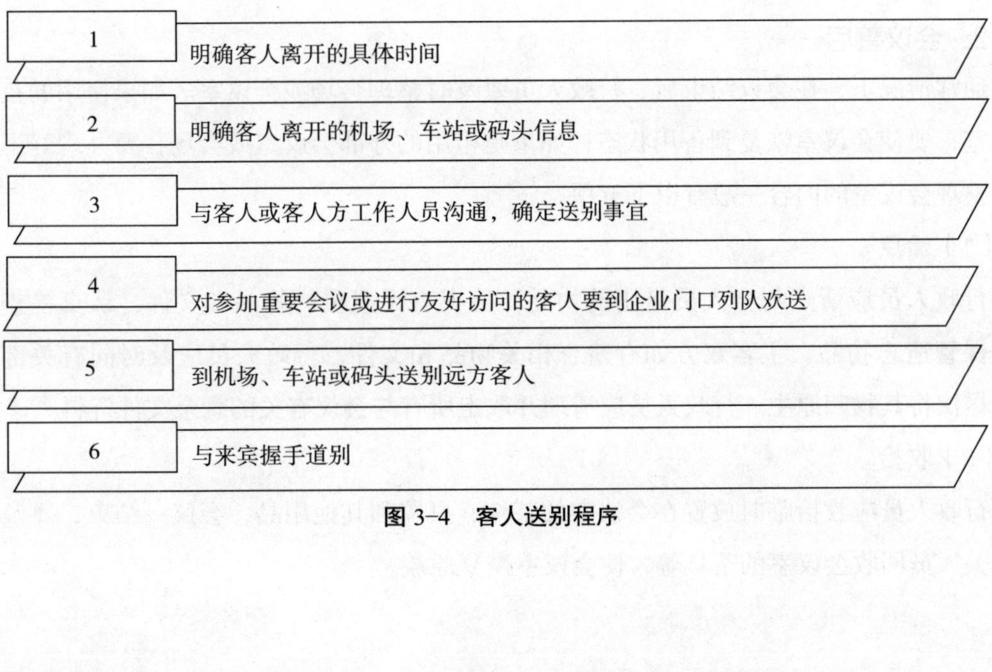

图 3-4　客人送别程序

（2）客人送别注意事项

客人送别是接待工作的最后一步，如果客人对送别工作不满意，可能会导致整个接待工作前功尽弃。所以，行政人员需要明确客人送别的注意事项，妥善安排送别工作。客人送别的注意事项如下。

① 客人提出告辞时，行政人员要等客人起身后再站起来相送，切忌没等客人起身，自己先于客人起立相送，这是很不礼貌的行为。

② 若客人提出告辞，行政人员仍端坐办公桌前，嘴里说着再见，而手中却还忙着自己的事，甚至连眼神都没有转到客人身上，这更是不礼貌的行为。

③ 通常当客人起身告辞时，行政人员应马上站起来，主动为客人取下衣帽，帮他穿上，与客人握手告别，同时选择最合适的语言送别，如“希望下次再来”等礼貌用语。

④ 当客人带有较多或较重的物品，行政人员送客时应帮客人代提重物。

⑤ 与客人在门口、电梯口或汽车旁告别时，行政人员要与客人握手，目送客人上车或离开，要以恭敬真诚的态度，笑容可掬地送客，不要急于返回，应鞠躬挥手致意，待客人离开视野后，才结束告别仪式。

⑥ 在送别客人时，行政人员应目视客人，不要东张西望，眼看别处。

⑦ 行政人员要根据接待规格和以往惯例确定送客人员。

⑧ 如果是远方的客人，行政人员应为客人预定好返程车票或机票，并安排好交通工具，陪同客人前往机场、车站或码头。

⑨ 注意乘车的座次安排。乘小轿车送客人时通常后座右位为首位，左位次之，中间位再次之，前座右位最后，因此，行政人员应请客人坐在轿车后排的位置。

2. 会议善后

通常情况下，在会议结束后，行政人员要及时整理会场或会议室。如果使用的是内部会议室，要使会议室恢复到备用状态；如果是租用的外部会议室或会场，要办理好退租手续。整理会议室的内容一般有以下五项。

（1）清点

行政人员应清点与会人员借用的物品，检查有无遗漏的物品和文件，认真检查、联络、保管遗忘物品。主客双方如有遗忘相关物品和文件，行政人员应及时同有关部门联系，尽快将其物归原主。行政人员应清理并取走所有与会议有关的剩余文件资料。

（2）收拾

行政人员应收拾临时放置在会议室的茶杯、桌椅和其他用品，会议一结束，要及时通知有关人员回收会议室的茶具等，使会议室恢复原貌。

（3）清还

行政人员应有条理地检查、清还各种视听设备及用品。会议结束后，行政人员要将为布置会场特意租用或借用、安装的有关视听设备、器材及时还给租用或借用的单位，及时将物品放回原处或办理归还手续，以避免丢失物品或物品归还不及时而带来不必要的麻烦。

为了安全起见，在归还设备前行政人员要将设备放置于专门的储物柜，并安排专人保管。如果设备或器材丢失，行政人员应及时向领导汇报丢失情况并进行协商处理。

（4）整理

行政人员应揭去会场、会议室中的标示物，将会议室的设备整理恢复到备用状态。

（5）收尾

行政人员应锁好会议室门窗，向会场、会议室管理部门做出使用完毕的报告，如需支付费用，应及时办理付费的有关事宜。

3.3.2 纪要整理与纪要发布

会议纪要是在会议记录的基础上，经过分析和整合，对会议的基本情况和主要精神进行概括、提炼而形成的一种下行公文。

1．会议纪要整理

（1）会议纪要标题

会议纪要标题的编制方法有四种。

① 会议名称与文种组合。

② 召集会议部门名称、会议内容与文种三者相互组合。

③ 有固定形式的会议。

④ 将会议决议概括成一句话作为正标题，将会议全称加“纪要”二字作为副标题。

（2）会议纪要的内容

会议纪要的内容可以分为两部分。

① 第一部分是会议的情况简述，是指用精练的语言介绍会议的时间、地点，参会人员，开会的目的，会议讨论的问题及会议结果。

② 第二部分是会议主要精神，具体阐述会议讨论的问题、基本结论、会议所做出的正式决定等，这是会议纪要的主体部分。

可将会议纪要编制为表以方便有关人员进行管理。具体表单如表3-8所示。

表 3-8 会议纪要表

编号：　　　　　　　　　　　　　　　　　　　　　　　　　　　　　　使用日期：　年　月　日

会议主席			会议主持	
出席人员名单				
列席人员名单				
会议决议内容				
决议事项	决议提出人	负责人	完成时间	其他说明
记录人： 日期：		核准人： 日期：		

2．会议纪要发布

为了完整准确地传达贯彻会议精神，使会议决定的事项得到认真落实，在日常工作会议后，一般都应印发会议纪要。组织印发会议纪要有两种方式。

（1）将会议纪要全文印发给参会人员和有关部门。

（2）只摘录有关部分印发给参会人员和有关部门。

会议纪要的印发范围应根据纪要的内容确定。绝密级的会议纪要只印发给与会领导。一般会议纪要可印发给参会人员，并视情况决定是否加印会议纪要给涉及的部门。有些会议的保密性强，可以不印发会议纪要全文，只摘录有关部分印发给参会人员和有关部门，以防泄密。会议纪要应标明保密级别，并对其进行编号。

3.3.3 会议评估与会议总结

1．会议评估

为了提高会议的质量，行政人员不仅要做好会前筹备和会中管理工作，而且要做好会后的评估工作。在会议结束后，行政人员要对活动效果、活动人员和方案进行评估。

（1）活动效果评估

行政人员可以从以下四个方面评估活动效果。

① 客人的发言、提问、讨论、留言的主要观点和倾向。

② 参会人员的知名度和代表性，会场气氛，新闻媒体报告的侧重面。

③ 在会议进行期间是否出现预想不到的问题，或没做好的工作等。

④ 会议决议落实的情况。

（2）活动人员与方案评估

行政人员应按照以下程序评估活动人员和方案。

① 明确会议评估对象。会议评估对象包括对会议整体管理工作、会议主持人及会议工作人员的评估。

② 确定会议评估因素。不同会议评估对象的评估因素说明如表 3–9 所示。

表 3–9　会议评估因素

评估因素	因素说明
会议整体管理工作的评估因素	• 会议整体管理工作的评估因素应该覆盖会议工作的各个方面，包括会议方案、会场、时间、参会人员范围、接待安排、会议经费和各项其他活动内容 • 一般根据会议的性质决定调查、评估的内容
会议主持人的评估因素	• 主要侧重于对主持能力、修养、业务水平、工作作风、会议进程的控制能力和引导会议决议形成的能力的评估 • 可请与会人员和观察员记录填写
会议工作人员的评估因素	主要侧重于对工作人员的行为表现、工作态度、业务水平和工作效果的评估

③ 设计评估表格。行政人员在设计评估表格时应注意以下四点，即表格长度要适度、问题难易要适当、问题内容要相关、提问方式要合理。

④ 收集、分析数据，得出结论。行政人员应该根据会议类型和目的来收集、分析数据并得出结论，且应以适当的格式整理、展示数据和结论，以便有关人员能进一步分析。展示数据的格式包括柱状图、饼图、散点图等，它们可以使数据更容易被呈现在会议的最终报告中。

2. 会议总结

（1）会议总结的基本要求

会议总结应满足图 3–5 所示的基本要求。

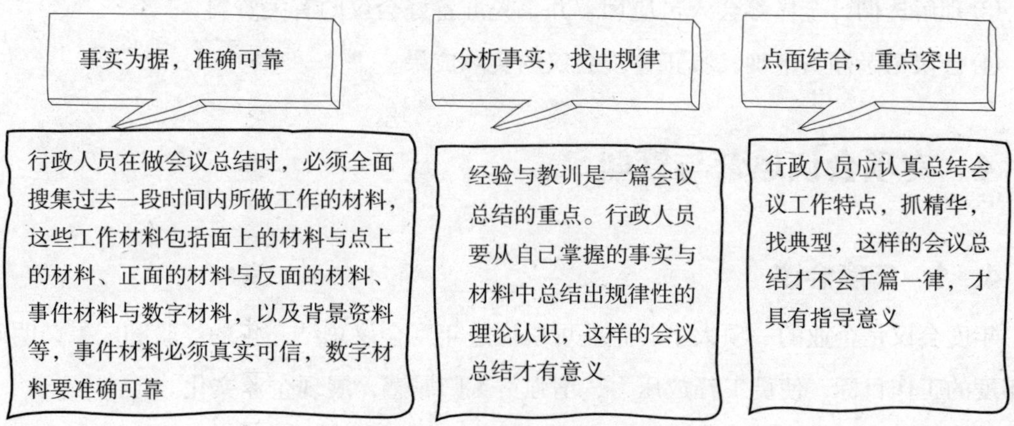

图 3–5　会议总结的基本要求

（2）会议总结的方式

会议领导人员或行政人员可以组织有关人员总结会议。

（3）会议总结的撰写内容

会议总结的撰写项目和具体内容如表 3-10 所示。

表 3-10　会议总结的撰写内容

撰写项目	具体内容
会议简介	会议简介包括会议名称、召开地点、主办单位、参会人员、会议议题、会程安排、召开的背景、会议预期效果等
会议工作要点	• 会议小组成员名单，会议工作安排，本次会议主要抓的工作 • 本次会议的关键要素（要针对本次会议的特点进行分析和安排） • 本次会议与其他会议的不同之处
会议满意度调查情况	会议满意度调查情况包括会议组织满意度调查反馈情况、各要素得分统计、评价最好与最差的问题集中点等
问题分析	参考会议满意度调查结果对整个会议过程进行分析，归纳本次会议存在的问题、会议小组工作的不足之处、从此次会议中得到的教训、相关改进意见等
经验总结	• 本次会议工作的成功之处 • 可以推广或可供他人借鉴的地方

（4）会议总结的注意事项

行政人员在进行会议总结时，应注意以下四个事项。

① 组织得当，行政人员应避免会议组织不周密，对会议目标失去控制，使会议其他人员控制进程。

② 程序安排得当，行政人员应对会议议事日程做出合理的计划安排，避免议题太多太杂，难以控制。

③ 理解透彻，全体参会人员应理解并事先准备好会议的有关资料，

④ 会议记录翔实准确，真正体现会议的实际成果。

3.4　专项会议运营与管理

3.4.1　年度会议

年度会议是企业的一项大事，企业可以通过年度会议总结一年的经验和成果，明确下一年度的工作目标，使员工释放压力，增强员工归属感，展现企业文化。

1. 年度会议的形式

根据内部和外部的分类标准，企业年度会议一般有六种常见形式，如表 3-11 所示。

表 3-11　企业年度会议的常见形式

分类标准	形式	内容
内部	部门年度总结会	各部门进行年终总结或述职报告，制定下一年度的工作目标
	企业年度总结会	企业所有部门进行年终总结报告，并由总经理阐述企业年度经营计划及目标
	员工表彰会	对企业的优秀员工进行表彰，提高员工忠诚度
外部	客户答谢年会	邀请合作伙伴参加年会，促进双方形成共识，加深彼此的感情
	供应商年会	邀请优秀供应商，使企业和供应商共同成长
	经销商年会	建立与经销商紧密沟通的平台，拉近与经销商的距离

企业若开展简单的年度会议，如部门年度总结会，行政人员只需根据以往经验与相关案例，进行简单的策划，明确会议的议程即可。企业若开展大型的、隆重的年度会议，行政人员则需要进行周密的策划与准备，并对活动过程进行管理，以保证会议的顺利开展。

2．年度会议的策划

（1）组建年度会议服务团队

因为年度会议需要全员参加，所以涉及的部门较多，企业须组建年度会议服务团队，以便更好地协调各部门事务，以及更有效地调配企业的各种资源。由于年度会议服务团队是从各部门临时抽调的人员，因此团队总负责人需要合理组织并支配团队人员的工作内容与时间，使团队成员发挥身上的特长。

（2）明确年度会议的形式与主题

企业可根据自身的实际情况，选择合适的年度会议形式，确定年度会议主题。年度会议服务团队成员首先需要对企业的市场状况、品牌状况及活动目的进行充分的了解，尤其要了解企业想通过此次年度会议传递的信息。其次，年度会议服务团队还须留意拟定的活动主题与企业品牌定位的吻合度。

（3）制定年度会议方案

制定年度会议方案具体包括以下三个环节。

① 选择场地：年度会议服务团队要依据预算及想要达到的主题创意有针对性地选择场地，根据不同的主题，选择不同的场地和环境。

② 选择时间：固定日期如元旦、企业的创办日等都适宜召开年度会议，员工可以在活动中放松自己。

③ 选择环节：年度会议服务团队要根据年度会议的形式，选择合适的环节。以员工表彰会为例，可供设计的环节有汇报、表演和颁奖等。

3．年度会议的准备

（1）人员分工

年度会议服务团队须确定年度会议的总指挥，现场指挥，主持人，后勤保障人员，以及音响设备、服装、餐饮负责人等，从而提高工作效率，避免工作出错，保证问题能够被及时解决。

（2）嘉宾邀请

年度会议服务团队可以邀请领导、客户、政府单位、同行等作为嘉宾，须提前制作并发出邀请函，明确受邀嘉宾名单，提前制作嘉宾卡座。

（3）节目预演

节目预演是年度会议的重要一环，总指挥必须提前了解全部活动，以便提前预知哪些环节需要注意，哪些环节需要增删，从而保证现场活动能够被有序推进。

（4）道具采购

与会人员在表演时难免会用到一些道具，年度会议服务团队需要根据节目需要及时采购道具。

（5）现场布置

年度会议服务团队通常应在年度会议的前一天开始进行现场的搭建，如舞台区、嘉宾区、餐区、等候区等的搭建和布置。

4．年度会议的宣传

行政人员可以制作简短的宣传片传达会议的相关信息，在企业内部进行宣传；还可以通过社交平台、短视频平台等进行网络宣传，营造气氛，提高年度会议的热度。

5．活动管理

行政人员在活动开始前，需要对所有设备进行调试。在活动期间，行政人员应保持手机或对讲机的开通，以便互相及时联络。一场活动的顺利进行需要各个方面的配合，更需要对现场环节的控制及管理。演出的催场、候场，舞台上的道具提供，对整体活动节奏的把握等都是非常重要的环节。

6．会后工作

年度会议结束后，行政人员须进行扫尾工作，如清理餐饮垃圾等。企业须进行会议总结，将整个年度会议的过程进行复盘，总结经验教训，将相关文件存档以备今后参考。

3．4．2 项目会议

项目会议是指通过一个临时性的会议项目组织，对会议项目进行高效率的计划、组织、指导和控制，以实现项目会议全过程的动态管理和项目目标的综合协调与优化。

1．项目会议的类型

项目会议的类型具体如表 3-12 所示。

表 3-12　项目会议类型

<table>
<tr><th colspan="2">会议类型</th><th>会议内容</th><th>召开频率</th><th>主持部门</th></tr>
<tr><td rowspan="3">部门级会议</td><td>部门计划会议</td><td>讨论年度计划、半年度计划及专题计划</td><td>• 一般年度和半年度
• 专题计划发生时</td><td>行政部</td></tr>
<tr><td>部门工作安排、贯彻会议</td><td>计划工作之外的业务工作及其他管理工作</td><td>必要时</td><td>行政部</td></tr>
<tr><td>部门人事有关会议（招聘、考核评价）</td><td>• 部门员工的转正、晋级考核评价
• 年度或半年度考核评价</td><td>• 年度、半年度
• 转正、晋级时
• 必要时</td><td>行政部</td></tr>
<tr><td rowspan="4">项目会议</td><td>项目启动会议</td><td>在项目立项、分析、启动时讨论项目的可行性及立项准备</td><td>项目启动时</td><td>项目小组</td></tr>
<tr><td>项目月度会议</td><td>月度工作完成情况的检查、评价</td><td>每月</td><td>项目小组</td></tr>
<tr><td>项目里程碑会议（阶段会议）</td><td>需求分析、概要、详细设计等</td><td>阶段完成时</td><td>项目小组</td></tr>
<tr><td>项目完成总结会</td><td>在项目完成时总结项目实绩与计划差异，分析原因，找出对策，为下一个项目的启动做准备</td><td>项目完成时</td><td>项目小组</td></tr>
<tr><td rowspan="4">项目小组会议</td><td>日例会</td><td>检查每天的进度情况，做出对策意见</td><td>每日</td><td>项目内部小组</td></tr>
<tr><td>周例会</td><td>检查每周的进度情况、人员情况，做出对策意见，部署下周工作</td><td>每周</td><td>项目内部小组</td></tr>
<tr><td>月度总结会议</td><td>月度业务工作的总结和次月度计划（对照项目计划书进行计划的修正和对策处理）</td><td>每月</td><td>项目内部小组</td></tr>
<tr><td>问题对应会议</td><td>当问题发生时及时召开对策处理会议</td><td>问题发生时</td><td>项目内部小组</td></tr>
<tr><td rowspan="2">专题会议</td><td>专题讨论会议</td><td>• 申报基金项目专题讨论会
• 项目专题检讨，解决项目开发的难点，确定项目的可行性
• 判定项目是否能被成功开发或取消项目开发</td><td>每半年定期召开一次或不定期召开</td><td>行政部</td></tr>
<tr><td>专题论证会议</td><td>项目立项讨论、论证</td><td>项目立项时</td><td>行政部</td></tr>
<tr><td rowspan="2">其他会议</td><td>临时突发会议</td><td>突发事项的检讨</td><td>突发事项发生时</td><td>行政部</td></tr>
<tr><td>其他事项会议</td><td>相关内容</td><td>其他事项发生时</td><td>行政部</td></tr>
</table>

（续表）

会议类型		会议内容	召开频率	主持部门
备注	（1）各项目根据会议需要可增加相关列席人员。 （2）行政部负责项目会议运营管理，做好各项准备工作。 （3）项目小组会议结束后，各小组会议记录者须整理会议记录，将其及时提交给行政部。			

2．项目会议的准备

项目会议准备包括定期会议准备和不定期会议准备，具体内容如下。

（1）对于定期召开的项目会议，组织人应在会前明确此次会议的主题和临时出席人员。

（2）对于不定期召开的项目会议，组织人须准备会议筹备报告，报告一般包括以下内容。

① 会议名称、议题、目标。

② 会议时间、地点、议程、事项。

③ 会议主持人、出席人员名单。

④ 会议财务预算。

⑤ 接待工作说明。

⑥ 当前筹备情况及进展、存在的问题、解决方案。

⑦ 会议时间进度表。

3．项目会议的召开

（1）发出会议通知

根据会议要求，行政部拟定会议通知单，并做好每轮的通知工作，应通过电话、邮件等方式确认会议的重要人员是否出席，并做出相应的安排。

（2）会场准备

行政部根据会议规模及要求及时准备会议场所、会议文件或资料，并进行会场布置、设备调试，确保会议能够顺利进行。

（3）会议变更

已列入会议计划的会议如需改期，或遇到特殊情况需要安排新的其他会议时，行政部须按规定提前发出通知。

4．会后管理

（1）会议文件的编制与分发

会议记录人员应在一天内整理完会议记录，并将其送交会议主持人核阅，会议主持人核阅后将其交由项目部经理签字确认，项目部经理确认后将其分发至参会人员，以备查阅。

（2）落实会议决议

行政部负责督办和催办会议形成的决议或决定，将会议决议事项的催办通知单于会后一周内发到相关负责人处，并收取相关人员的反馈意见。

（3）归档会议资料

行政部做好会议总结，整理会议资料并将其进行归档。

3．5　线上会议运营管理

3．5．1　电视电话会议

电视电话会议一般应该用在政府会议、商务谈判、紧急救援、远程教育、远程医疗等方面，具有高效性、实时性等优势。电视电话会议可以节省与会人员的参会费用、时间、场地等，也适合某些特殊情况，能够提高参会效率。

1．电视电话会议要求

（1）场地要求

电视电话会议对环境要求较高，需要较高的语言传播清晰度，所以应选择较为安静的室内环境，同时要注意控制外界与室内的噪声，以达到最大的声音扩散效果。

（2）人员要求

行政人员在进行会议前要及时通知参会人员，提醒参会人员不要出现迟到早退等情况。

2．设备运行管理

（1）会议准备阶段

在会议开始前，行政人员要提前进行设备测试，确保设备的运行状态良好；提前安排好麦克风、音响等设备的摆放位置；提前进行信号测试，由于电视电话会议对网络的要求较高，所以要避免出现网络卡顿现象。

保证会场干净整洁，通风良好；保证环境光符合会场要求，环境光既不能太强，影响本地观看效果，也不能太弱，影响远端观看效果。

（2）会议进行阶段

在会议进行时行政人员要确保设备联结通畅，会议各方系统操作人员要实时监控设备的运行情况。会议中如出现系统故障，技术人员要及时排除故障或采取应急预案，保证会议顺利进行。会后技术人员要详细记录会议故障与应急措施，并生成会议报告。

（3）会议结束阶段

会议结束后，行政人员要及时切断设备，对设备进行测试，使设备归位。

3．会议安全管理

（1）设备安全

行政人员要定期对设备进行维护与保养，及时排除设备故障，安装不间断电源设备，安装监控设备等。

（2）保密安全

为避免会议内容泄密，在会议进行过程中行政人员要严禁参会人员携带具备录音录像功能的电子设备进入会场，还应在会场安装移动信号屏蔽器以保障会议内容安全，并在会场醒目位置粘贴禁止标识。

3.5.2 远程视频会议

远程视频会议是指位于两个或多个地点的多个用户之间双向实时传送语音和动态彩色画面的视听会话型会议。

与电视电话会议相比，远程视频会议的系统布置条件更灵活，依靠互联网线路可实现数据的传输，会议多方用户之间的互动性更强。大型远程视频会议系统在行政机构、社会企业和公共事业等方面具有广泛的应用。

1．组建会议系统

远程视频会议的操作系统一般由网络服务器、会议室终端设备、计算机、视频会议软件、互联网数据接口等部分组成。

远程视频会议的操作系统一般需要支持PPT、WORD、PDF、EXCEL、TXT等多种格式的文件共享，适用于Windows、Mac、iOS、Android等系统。

2．设置会议功能

远程视频会议除了能够呈现动态画面和声音，还要满足会议的相关管理需求，所以需要设置对应的管理功能。具体功能如下。

（1）全体静音与指定发言

在会议进行过程中如果声音嘈杂，全体静音功能可以使会议恢复正常秩序。全体静音和指定发言功能可以维护会议过程中的秩序。

（2）会议身份转换

主持人可以灵活分配各种会议角色，使参会人员与主持人进行角色转换。

（3）会议录制

会议录制功能可以满足记录会议与回放会议的需求，能够为撰写相关文件、资料等提供数据采集入口。

（4）聊天管理

聊天管理功能可以对会议过程中的互动、成员之间的聊天，以及远程视频会议的发言秩序等进行管理。

（5）会议房间管理

会议房间管理功能可以通过“锁门”、剔除成员等维护会议的正常进程。

（6）会议密码

会议密码是维护会议安全的基本功能。参会人员通过使用密码进入会议，可以避免会议内容外泄。

3．应对会议常见问题

（1）网络数据传输延迟与中断

在进行远程视频会议期间，最常见且最影响会议质量的问题就是网络数据传输问题。

当网络数据传输延迟时，与会各方都会出现视频画面、声音卡顿和延后的现象，从而造成发言者与其他与会者的沟通障碍。当网络数据中断时，远程视频会议的画面和声音将直接停止，从而造成会议中止。

要解决网络数据的传输延迟与中断问题，首先要提高带宽，保证网络数据的传输质量。其次，通过与运营商合作，架设视频会议专线，保证数据传输的优先级。

（2）会议进程拖延

远程视频会议进程拖延的问题受到多种因素的影响，包含召开会议前成员的召集、时间的规定、会议程序的安排等。

为解决远程视频会议进程拖延的问题，在召开会议前行政人员要对各与会成员进行预约通知，向各与会成员的操作终端发送包括会议主题、时间、内容概述等的信息，并要求与会成员回复参会确认结果。

（3）会议效果不佳

远程视频会议难以达到预期效果的问题也时常发生，由于时空要素的影响，各与会方的协同性容易受到影响。要提高远程视频会议的效果，就要注意硬件设施与会议环境两个方面。

① 硬件设施，维护、检查远程视频会议硬件设施，确保各类设施功能完整、运转正常。

② 会议环境，确保各会场环境安静，各与会人员整齐，以及会议时间和内容安排等信息传达到位，保证会议顺利举行。

扫码查看会议管理制度示例

扫码查看会议运营规范示例

扫码查看会议实施方案示例

第 4 章 文秘工作

4.1 文书分类与公文

4.1.1 文书分类

按照不同的分类标准，文书可以分为不同的类别，具体内容如表 4-1 所示。

表 4-1 文书分类

划分标准	类别	详细说明
使用范围	通用文书	指各类国家机关及其他组织在处理工作事务的过程中普遍使用的文件，如公文
	专用文书	指根据特殊需要，由专业机构制作或者在一定的领域内应用的文书，如审计文件、会计文件等
	科技文书	指在科研活动、生产活动、基建活动中形成的用于反映活动流程及结果的文书，如设备文件、科研文件、产品说明文件和医药文件等
行文关系	上行文	指下级机关向上级机关报送的文件
	下行文	指上级机关向下级机关送达的文件
	平行文	指向无隶属关系、无指导关系的其他机关送达的文件
机密程度	对外公开类文书	此类文书不包含国家秘密，可直接对外公开
	国内公开类文书	此类文书不包含国家秘密，但是不宜或不必向国外公开
	内部使用类文书	此类文书不包含国家秘密，但是不宜或不必向社会公开
	秘密类文书	此类文书包含一般的国家秘密，保密期一般为 10 年
	机密类文书	此类文书包含重要的国家秘密，保密期一般为 20 年
	绝密类文书	此类文书包含最重要的国家秘密，保密期一般为 30 年

（续表）

<table>
<tr><th>划分标准</th><th colspan="2">类别</th><th>详细说明</th></tr>
<tr><td rowspan="3">缓急程度</td><td colspan="2">平件文书</td><td>指无特殊时间要求的文书</td></tr>
<tr><td colspan="2">急件文书</td><td>指内容重要且紧急，需要优先处理的文书</td></tr>
<tr><td colspan="2">特急件文书</td><td>指内容至关重要且特别紧急，需要随到随即优先迅速传递并处理的文书</td></tr>
<tr><td rowspan="6">性质和作用</td><td colspan="2">规范性文书</td><td>指属于法律范畴内的立法性文书和除此以外的由国家机关和其他团体、组织制定的具有约束力的非立法性文书的总和</td></tr>
<tr><td colspan="2">指示性文书</td><td>指由上级机关制发，用于颁布政策、规章，指导、指挥、布置工作，阐明指导原则和意见等的文书</td></tr>
<tr><td colspan="2">公示性文书</td><td>指需要广大群众周知的文书</td></tr>
<tr><td colspan="2">陈述性文书</td><td>指下级机关向上级机关呈送的文书，其内容一般为汇报工作、陈述情况、答复询问、提出建议、请求指示或批准等</td></tr>
<tr><td colspan="2">商洽性文书</td><td>指各种函件，它是平行机关、部门及不相隶属的机关之间进行联系、商洽、询问或提出请求而制发的文书</td></tr>
<tr><td colspan="2">说明性文书</td><td>指作为专门凭证的文书，如各种证明、协议和证书等</td></tr>
<tr><td rowspan="5">稿本</td><td rowspan="2">文稿</td><td>草稿</td><td>又被称为草案、初稿、征求意见稿、送审稿等，是文书的原始稿件或在草拟过程中形成的中间件，供讨论、修改、审批之用</td></tr>
<tr><td>定稿</td><td>指经领导人审阅签发或经会议讨论通过的最后完成稿，是缮印正本的依据</td></tr>
<tr><td rowspan="3">文本</td><td>正本</td><td>指根据定稿缮印的、用于向外发出的正式文本</td></tr>
<tr><td>存本</td><td>指发文机关印制一份文书的正本后留在本机关的除草稿、定稿以外的印制本</td></tr>
<tr><td>副本</td><td>指正本的复份或复制本，其形式与正本完全相同或部分相同，供抄送、传阅和存档备查之用</td></tr>
</table>

4.1.2 通用公文

根据中共中央办公厅、国务院办公厅印发的《党政机关公文处理工作条例》规定，公文种类主要有15种，分别是决议、决定、命令（令）、公报、公告、通告、意见、通知、通报、报告、请示、批复、议案、函、纪要，如表4-2所示。

表4-2 公文种类及说明

种类	说明
决议	适用于会议讨论通过的重大决策事项
决定	适用于对重要事项做出决策和部署，奖惩有关单位和人员，变更或撤销下级机关不恰当的决定事项
命令（令）	适用于公布行政法规和规章，宣布施行重大强制性措施，批准授予和晋升衔级，嘉奖有关单位和人员

（续表）

种类	说明
公报	适用于公布重要决定或重大事项
公告	适用于向国内外宣布重要事项或法定事项
通告	适用于在一定范围内公布应当遵守或周知的事项
意见	适用于对重要问题提出见解和处理办法
通知	适用于发布、传达要求下级机关执行和有关单位周知或执行的事项，以及批转、转发公文
通报	适用于表彰先进，批评错误；传达重要精神和告知重要情况
报告	适用于向上级机关汇报工作、反映情况，回复上级机关的询问
请示	适用于向上级机关请求指示、批准
批复	适用于答复下级机关请示事项
议案	适用于各级人民政府按照法律程序向同级人民代表大会或人民代表大会常务委员会提请审议事项
函	适用于不相隶属的机关之间商洽工作，询问和答复问题，请求批准和答复审批事项
纪要	适用于记录会议主要情况和议定事项

4.1.3　常用公文

对企业来说，公文泛指各级各类机关、社会团体、企事业单位制定和使用的公务文书。企业的常用公文包括通知、通报、规定、请示、报告、批复、函、会议纪要、讲话稿、简报、计划、总结等。

4.2　公文格式与写作

4.2.1　公文格式

公文格式，即公文规格样式，是指公文中各个组成部分的构成方式。公文中各个组成部分的格式如下。

1. 标题

公文标题由发文机关、发文事由、公文种类三部分组成，这三部分被称为公文标题的三要素。

2. 主送机关

上级机关对下级机关发出的指示、通知、通报等公文，叫普发公文，凡下属机关都是收文机关，也就是发文的主送机关；下级机关向上级机关报告或请示的公文，一般只写一个主送机关，如需同时报送另一机关，可采用抄报形式。

主送机关一般顶行写，写在正文之前、标题之下。

3．正文

这是公文的主体，负责叙述公文具体内容，为公文最重要的部分。正文内容须准确地传达发文机关的有关方针、政策；正文写法力求简明扼要、条理清楚、实事求是、合乎文法，切忌冗长杂乱。

4．发文机关

发文机关应该写在正文下面偏右处，又称落款。发文机关一般要写全称，也可盖印。发文机关印章应该盖在公文末尾年、月、日的中间，作为发文机关对公文生效的凭证。

5．发文日期

公文必须注明发文日期，以表明公文从何时开始生效。发文日期位于公文的末尾、发文机关的下面并稍向右错开，发文日期必须写全称。

6．抄送单位

抄送单位是指需要了解此公文内容的有关单位。

7．文件版头

正式公文一般都有版头，标明是哪个机关的公文。版头用大红套字印上“某（机关）文件”，版头下面要加一条红线（党的机关要在红线中加一个五角星）来衬托。

8．公文编号

公文编号一般包括发文机关代字、年份、顺序号。

9．签发人

许多文件尤其是请示或报告，需要印有签发人名，以示对所发文件负责。签发人应排在文头部分，即在版头红线右上方，公文编号的右下方，字体较公文编号稍小。

10．机密等级

机密公文应根据机密程度划分机密等级，分别注明“绝密”“机密”或“秘密”等字样。

11．紧急程度

这是指公文送达和办理的时限要求，紧急程度分为特急和加急。标明紧急程度是为了引起有关人员的特别注意，以保证公文的时效，确保紧急工作问题能够得到及时解决。

12．阅读范围

阅读范围通常写在发文日期之下，抄送单位之上偏左的地方，并需要加上括号。

13．附件

这是指附属正文的文字材料，它也是某些公文的重要组成部分。但不是每份公文都有附件，附件一般作为正文的补充说明或参考材料。

14．印章

上行文要加盖印章，用印端正、着色均匀，印章上不压正文或附件名称，下不压版记；党政机关联合行文的，左右用印，两个印章中间约空开 3 毫米。

15．印制版记

印制版记由发文机关名称、印发日期及两条横线组成。

4．2．2 公文拟写

下面以通知、通报、请示为例，进行公文拟写。

1．通知

（1）通知的类型

依据具体内容，通知可分为以下六种类型。

① 发布性通知，用于发文单位发布相关规章制度等重要文件。

② 批转性通知，一般用于上级单位批转下级单位的公文，从而达到让收文单位或人员能够了解并执行的目的。

③ 转发性通知，一般用于转发上级单位和无隶属关系单位的公文给收文单位或人员，使其了解事项或执行事项。

④ 指示性通知，用于上级单位对下级单位进行指示，使下级单位更好地开展工作。

⑤ 任免性通知，用于任免和聘用职工。

⑥ 事务性通知，用于处理日常工作中的相关事务，常把有关信息或要求用通知的形式传达给有关机构或群众。

（2）通知的写作要点

通知的内容多为重要事项或重要活动，一般较为严肃，且其效用一般限制在收文单位内部。通知的格式和内容没有太多的约束，只需要把内容清晰明了地表达出来即可。通知的内容及撰写要求如表 4-3 所示。

表 4-3 通知的内容与撰写要求

组成	内容及撰写要求
标题	一般为“通知”二字或加人相关事项内容等
称呼	收文单位或个人的名称

（续表）

组成	内容及撰写要求
正文	包括发出通知的原因、背景介绍和通知的具体内容
结束	对通知内容的下一步安排或执行方面的指导性语言
落款	通知发文单位的名称和发文时间

（3）通知的范例

通知的具体范例如图 4-1 所示。

××市人民政府办公厅2019年春节放假通知

根据省政府办公厅通知，本市人民政府办公厅对2019年春节放假时间及注意事项通知如下。

1. 2019年春节放假调休日期为：2月4日至10日放假调休，共7天。2月2日（星期六）、2月3日（星期日）上班。

2. 在节假日期间，请各单位、各部门妥善安排好值班及安全保卫等工作，如有重大突发事件，有关人员要按规定及时报告并妥善处置，确保人民群众祥和平安地度过节日假期。

最后，祝愿全体员工新春快乐，万事如意！

××市人民政府办公厅

××××年××月××日

图 4-1 通知范例

2. 通报

（1）通报的类型

总的来讲，通报可以分为典型通报和传达通报两种。其中典型通报又包括表彰通报和批评通报。

① 典型通报

典型通报主要用于表彰下级机关的先进集体或先进个人，或者批评下级单位或个人所犯的错误或不良倾向，典型通报的类型具体如下。

a. 表彰通报，用以表彰先进集体和先进个人事迹的通报。表彰通报的主要内容包括表彰先进集体和先进个人，评价典型经验，宣传先进思想，树立学习榜样，号召人们学习等。

b. 批评通报，用以批评错误、警戒的通报。批评通报的主要内容包括批评重要违法违纪事件，揭露问题，处分错误，总结事故教训，要求人们吸取教训等。

典型通报正反两个方面的事例、单位或个人须具有一定的代表性。无论是正面的经验还是反面的教材，必须具有示范、指导或教育警示作用。典型通报的行文目的也不能只停留在事例、单位或个人的叙述层面，而是要以事说理，借此达到宣传教育群众的目的。

② 传达通报

传达通报主要用于领导机关在一定范围内传达某些重要决策或情况，指出工作重点或具有倾向性的问题、情况和动向，使上情下达，方便领导机关协调和指导工作。

（2）通报的拟写要点

通报的结构为“标题 + 主送机关 + 正文（+ 附件）+ 落款 + 成文日期”。在通报的各结构要素中，落款与成文日期的写法与其他公文相同，下面主要介绍标题、主送机关与正文的拟写要点。

① 标题

通报的标题一般有两种形式：一种形式为“发文机关 + 事由 + 文种”，另一种形式为“事由 + 文种”。

② 主送机关

正式发文的通报应说明主送机关，主送机关应为一个或多个下级机关。

③ 正文

通报正文的构成为“通报缘由 + 通报事项 + 分析及决定 + 号召要求”。

a. 通报缘由

通报缘由包括通报的背景、意义、根据或事项提要，以及对所通报事项的态度等，通报缘由并不局限于上述项目，应视具体的行文内容而定。

b. 通报事项

通报事项是通报正文的主体，主要内容可以是表彰的事迹，可以是所通报的错误事实与事故经过，也可以是要通报的重要情况。通报事项部分要详尽、具体。

无论是表彰通报还是批评通报都要写明事项发生的时间、地点、当事人或单位、事情经过及最后的结果。表彰通报事项的重点应是阐述先进事迹，批评通报事项应重点说明主要的错误事实或事故过程，传达通报事项应传达主要的精神、决策或情况。

c. 分析及决定

对通报事实进行分析评价，即指明被通报事件的原因、性质，分析其精神实质，说明其意义和影响等。分析应自然中肯、观点鲜明、语言简洁、具有说服力，同时应紧扣主题，切忌脱离通报事项本身并借题发挥。

d. 号召要求

通报正文最后应根据不同的通报内容向主送机关提出号召要求，或希望学习先进个人，做好工作；或要求吸取教训，改进工作，防止类似事件再次发生。

通报正文的结构大致由以上项目组成，但在具体写作中可根据情况调整上述项目的排列顺序。

（3）通报的范例

具体通报范例如图 4-2 所示。

×× 市政府表彰 ×××× 年度政务信息工作先进单位和先进个人的通报

各事业单位：

××××年，各事业单位紧紧围绕市政府的中心工作，充分发挥服务大局的作用，拓宽信息渠道，提高信息质量，信息服务的功能和作用不断增强，信息服务的内容和方式不断创新，信息服务的针对性和有效性不断提高，为促进全市经济社会发展提供了大量有重要参考价值的信息。为鼓励先进，推动全市政务信息工作再上新台阶，市政府决定对 ×× 等 26 个单位、×× 等 26 名个人予以通报表彰（名单附后）。

希望受到表彰的单位和个人戒骄戒躁，再接再厉，开拓进取，争取在新的一年里取得更大的成绩。同时号召各地区、各单位要向先进单位和先进个人学习，认真做好政务信息报送工作，努力为全市经济社会又好又快地发展做出新的贡献。

×× 市人民政府

×××× 年 ×× 月 ×× 日

图 4-2　通报范例

3．请示

（1）请示的撰写条件

撰写请示公文应遵循以下四个条件。

① 必须为下级向上级行文。

② 请示的内容必须是请示者无权做出决策或实施处理的事项。

③ 请示的内容为需要获得上级明确指示的事项。

④ 所请示事项的决定权属于上级的职权范围。

（2）请示的结构

请示是指下级请求上级对某项工作、问题做出指示，对某项政策或职权界限予以明确，或对某事予以审核批准时使用的一种请求性公文，是行政应用文写作中的一种常见文体。请示的结构及写作要求如表 4-4 所示。

表 4-4　请示的结构及写作要求

组成	结构及写作要求
标题	可直接使用“请示”二字，也可加入相关事项
称呼	上级的称谓
正文	包括请示的缘由、对具体事项的说明、提出的建议等内容
结束	用简洁的文字概括所请示的事项和目的
落款	如使用带有红头文件的纸张，可直接写日期；使用普通纸张应写出请示者

（3）请示的范例

具体请示范例如图 4–3 所示。

××市审计局关于请求召开审计工作新闻发布会的请示

××市政府新闻办：

为认真贯彻落实市政府《关于做好重点领域政府信息公开新闻发布会工作的通知》精神，保障社会公众对最新的审计动态、财政"同级审"工作情况、相关政府投资建设项目审计情况及经济责任审计情况等方面的知情权和监督权，提高审计工作的透明度和公信力，打造"阳光审计"，我局拟于××月××日（本周×）上午 10 点整在市审计局六楼会议室召开审计工作新闻发布会。

妥否，请批示。

××市审计局

××××年××月××日

图 4–3　请示范例

4．3　文书发布流程与注意事项

4．3．1　发布流程

发文处理工作是指行政人员为了向外发出本机关制发的各类公务文书所进行的一系列工作。发文处理由制文和制发两个阶段组成。

1．制文阶段

制文阶段处理程序如下。

（1）拟稿

拟稿是起草文件的行为过程，是行政人员发文的第一道程序，也是核稿、签发的基础。

（2）会签

会签是指当由两个或两个以上的机关、部门联合行文时，在文稿拟出之后，主办机关与有关机关或部门对文稿进行征求意见并签字的行为过程。

（3）拟定主题词

拟定主题词是指行政人员寻找并确定反映文件主要内容的规范化名词或名词性词组的行为过程。

（4）核稿

核稿也称审核，又称校核或把关。核稿是指在公文草稿被送交领导签发前，对文稿的格式、内容等进行全面审核检查的过程，是对文稿进行政策把关和文字加工的处理过程。

核稿一般由部门负责人、办公室主任或行政人员负责。

（5）呈批

呈批也称送审或选签。它是将核稿人员审核的欲发文稿，报送给本部门主管领导或主要领导进行最后审阅的行为过程。

（6）签发

签发是指领导最后审定呈批的文稿，认为其可发，并签署意见的行为过程。

（7）注发

注发是指对经领导同意发出的文件，行政人员批注其如何被印发的行为过程。注发的任务是对领导签发的文件如何印制、发出，以及发多大范围等提出具体意见。

2．制发阶段

制发阶段主要包括以下八个程序。

（1）编公文编号

公文编号是指发文机关按照发文顺序编排的顺序号。公文编号由发文机关代字、年份和顺序号组成。

（2）登记

登记即行政人员将欲发出的文件按照规定的项目进行文字登记的行为过程。行政人员在发文之前，需要对所制发的文件标题、公文编号等进行记载，以备查证。

（3）打字

打字包括录入和排版。

（4）校对

校对是指行政人员以签发文稿为依据，对缮印文件的底版或清样进行校正、核对的工作，校对是保证文件质量的重要环节。

（5）缮印

缮印是指行政人员对签发文稿的誊抄和印制。行政人员采用的缮印形式一般包括缮写、打印、复印等形式。行政人员的缮印工作必须以签发文稿为依据，做到严肃认真、细致准确、清晰规范，确保文稿质量。

（6）用印

用印也称加印、盖印。它是指行政人员在缮印的文件落款处加盖发文机关印章的行为过程，是文件生效的标志。

（7）封发

封发，也称分发、分装和装送。它是指行政人员把印制好的文件装封发出的行为过程。

（8）传递

传递是指行政人员通过一定的方式把分发好的文件传送到收文单位。传递一般分为区域内传递与区域外传递。

4.3.2 注意事项

行政部在发布文书时应注意以下问题。

（1）电子文件不需要落款，成文时间必须使用中文格式。

（2）公文如有附件，应当在正文之后空一行再空两格，在成文时间之前注明附件的顺序和名称，并把附件放在附件栏中。

（3）签批人应当明确签署意见，并写上姓名。

（4）需要抄送多个单位时，中间用逗号隔开，结尾用句号。

（5）印发前，应再次检查文件的正确性和完整性，查看是否注明文件的发送范围、份数和密级。

（6）部门对上级文进行转发行文时，发文字号要保持一致。

（7）公文的主送机关应当使用全称或者规范化的简称、统称。

（8）行文时，除法规等文件名称需要加书名号外，公文标题一般不用标点符号。

4.4 公文管理与归档

4.4.1 公文管理流程

公文管理流程主要包括收文、登记、审阅、学习、归档等流程，具体流程如图 4-4 所示。

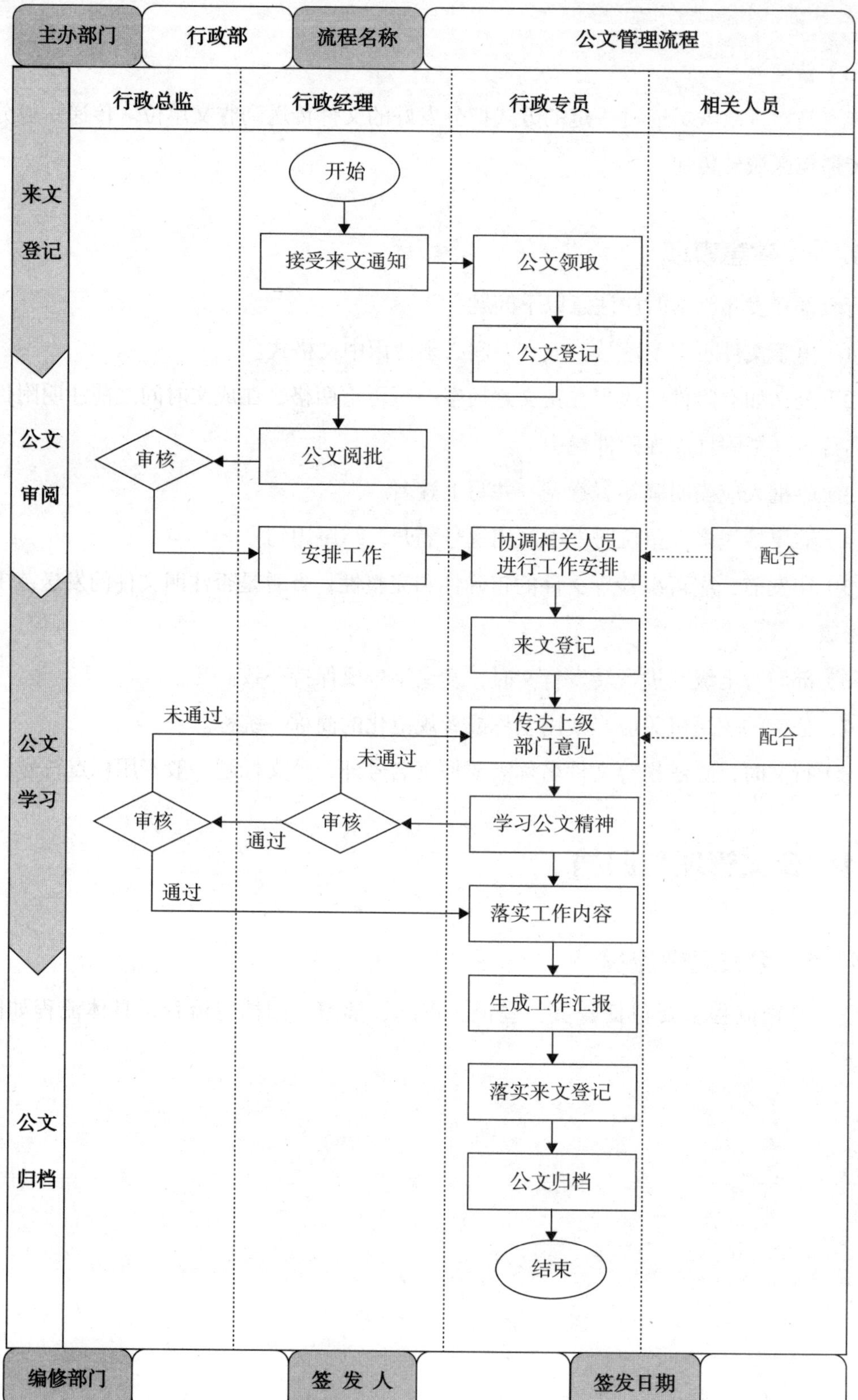
主办部门
行政部
流程名称
公文管理流程
行政总监
行政经理
行政专员
相关人员
来文登记
公文审阅
公文学习
公文归档
开始
接受来文通知
公文领取
公文登记
公文阅批
审核
安排工作
协调相关人员进行工作安排
配合
来文登记
传达上级部门意见
配合
未通过
未通过
审核
审核
通过
学习公文精神
通过
落实工作内容
生成工作汇报
落实来文登记
公文归档
结束
编修部门
签 发 人
签发日期

图 4-4 公文管理流程图

4．4．2　公文管理制度

<table>
<tr><td rowspan="2">制度名称</td><td colspan="3" rowspan="2">公文管理制度</td><td>受控状态</td><td></td></tr>
<tr><td>编　　号</td><td></td></tr>
<tr><td>执行部门</td><td></td><td>监督部门</td><td></td><td>编修部门</td><td></td></tr>
<tr><td colspan="6">

第 1 章　总则

第 1 条　为提高本企业的工作效率，切实减少企业公文沟通中的各种问题，充分发挥文件在各项工作中的指导作用，特制定本制度。

第 2 条　本企业公文由行政部负责管理

本企业公文主要包括以下 15 种，即决议、决定、命令（令）、公报、公告、通告、意见、通知、通报、报告、请示、批复、议案、函、纪要。

第 3 条　文书的保密等级划分

1．绝密文件是指极为重要且不得向无关人员泄漏内容的公文。

2．秘密文件是指重要且不能向无关人员透露内容的公文。

3．机密文件是指不宜向企业外人员透露内容的公文。

4．普通文件是指非机密公文。如果附有其他调查问卷之类的重要东西，则另当别论。

第 2 章　收文管理

第 4 条　凡来企业的公文均应由前台行政人员登记签收后，分别交各部门相关人员拆封。在签收和拆封时，行政人员均需注意检查封口和邮戳。对开口或邮票被撕毁的函件应查明原因，对开口密件和邮票被撕毁的国外信函应拒绝签收。

第 5 条　对上级发来的公文，行政人员要对信封、文件、公文编号、机密编号进行“四对口”检查，如果发现问题，应立即报告上级相关部门，并登记差错文件的公文编号。

第 6 条　行政人员对上级来文拆封后应及时附上文件处理传阅单，并分类登记编号、保管。

第 7 条　本企业外出人员开会带回的公文及资料应被及时、分别送交行政部进行登记编号保管，不得进行个人保存。

第 8 条　正式公文均需由行政主管根据文件内容和性质签阅后，由行政人员分送承办部门进行阅办，重要公文应被呈送总经理亲自阅批后，分送承办部门进行阅办。为避免积压公文而误事，一般应在当天签阅完公文，对于紧急文件要即阅即办。

第 9 条　一般函、电等公文，分别由前台行政人员直接分转处理。

第 10 条　为加速公文运转，行政人员应在当天或第 2 天将公文送到承办部门，如关系到两个以上业务部门，应按批示次序依次传阅，最迟不得超过两天（特殊情况例外）。

第 11 条　传阅公文应严格遵守传阅范围和保密规定，任何人不得将有密级的公文带回家、宿舍和公共场所，也不得将文件转借其他人阅看。对尚未传达的公文不得向外泄露内容。

第 12 条　阅读公文应抓紧时间，当天阅完后应在下班前将文件交至行政部，阅批公文一般不得超过两天，阅后应签名以示负责。如有领导“批示”“拟办意见”，应责成有关部门和人员按照文件所提要求和领导批示办理有关事宜。

第 13 条　阅文时不得抄录全文，不得任意取走文件夹内的任何文件及附件，如确系工作需要，要办理借阅手续，以防止文件丢失及泄密。

第 14 条　行政人员对公文负有催办、检查、督促的责任，承办部门接到文件、函电时应立即指定专人办理，不得将文件压放分散，如需备查，应按照有关保密规定，并征得行政总监同意后，予以复印或摘抄。

第 3 章　发文管理

第 15 条　本企业上报下发正式公文的工作集中在行政部，各部门一律不得自行向上、向下发送正式文件。

</td></tr>
</table>

（续）

第16条　各部门如需向上反映汇报重要情况或向下安排布置重要工作，应向行政部提出发文申请，并将公文底稿分别交行政部审核。

第17条　凡是以行政部名义发出的文件、通告、决定、决议、请示、报告、编写的会议纪要和会议简报，均属发文范围。

第18条　行政部的下发公文主要用于以下六个方面

1．公布本企业的规章制度。

2．转发上级公文或根据上级公文精神制定的企业公文。

3．公布企业体制机构变动或干部任免事项。

4．公布企业性的重大生产、技术、经营管理、政治工作、生活福利等工作的决定。

5．发布有关奖惩决定和通报。

6．其他有关企业的重大事项。

第19条　发文程序

1．各部门需要发文时，应事先向行政部提出申请。

2．行政部同意发文时，各部门要草拟文件初稿。

（1）草拟文稿必须从企业角度出发，做到情况确实、观点鲜明、条理清楚、层次分明、文字简练、标点符号正确、书写工整。严禁使用铅笔、圆珠笔、红墨水和彩笔书写。

（2）文稿拟就后，拟稿人应详细写明发送范围、份数和密级。

3．行政部对文稿进行审查和修改。

（1）对涂改不清、文字错漏严重、内容不妥、格式不符的文稿应退回重新拟稿。

（2）对经审查修改后的文稿，应送部门主管领导或主要领导核稿。

4．会签与签发。

（1）对需经会签的文稿，应在交付打印前送会签部门会签。

（2）文稿审核会签后，应按批准权限的规定将其呈领导审定和批准签发。

5．印发。

（1）经领导批准签发后的文稿由行政部统一编号、打印。

（2）公文由行政部按数打印、分发。

第4章　公文的归档与保存

第20条　凡有关企业经营的公文统一由行政部负责归档。

第21条　公文归档

1．对于全部完结的公文，在结办后3天内，要交行政部保存。行政部按照完整、有序的原则对文件进行整理、检查，按类别、年代立卷，按所属部门、文件机密程度、整理编号和保存年限进行整理与编辑，并在文书保存簿上做好登记，归档保存。

2．在进行公文归档时，要把文件的批复、正本、底稿、主件、附件收集齐全，保证文件、材料的完整性。

第22条　公文保存

1．永久保存公文。

2．保存10年公文。

3．保存5年公文。

4．保存1年公文。

第5章　公文的借阅与销毁

第23条　各部门人员如因工作需要须借阅一般公文，经其部门负责人同意后方可借阅，对有密级的公文须总经理同意后方可借阅。

（续）

第 24 条　借阅公文应严格履行借阅登记手续，就地阅看，按时归还。任何人不得将公文带走或进行全文抄录，不允许拆卷，不允许在公文上进行勾画。

第 25 条　对于多余、重复、过时和无保存价值的公文，行政部应定期清理造册，并按有关规定，办理申请销毁手续。

第 6 章　附则

第 26 条　本制度由行政部编制，解释权归行政部所有。

第 27 条　本制度自下发之日起执行。

编制日期		审核日期		批准日期	
修改标记		修改处数		修改日期	

4.4.3　公文归档

行政人员对各企业在工作活动中形成的具有保护价值的文件材料进行整理立卷，将其定期移交给档案室或负责管理档案的人员集中保存，这项工作被称为归档。

行政人员在进行公文归档时，应按照以下操作步骤进行。

1．检查案卷质量

行政人员应认真检查案卷的质量，案卷不得有缺页、掉页和不按规定立卷的现象，不得出现账外文件现象，不得出现重份文件立卷现象，案卷的装订应符合规范。

2．形成案卷目录

行政人员应将系统排列好的案卷逐一编号登记，形成案卷目录。

3．填写移交目录

行政人员应按实际整理的案卷种类和数量填写移交目录。行政人员应核查案卷种类是否完整齐全，以及将要移交的档案数量是否与移交目录上的数量保持一致。

4．档案员核查移交清单

行政人员和档案员在交接案卷时，档案员应当面认真核查案卷的种类和数量，保证案卷的类别数、件数、总数与案卷目录、移交目录完全一致。

5．填写移交（接收）登记簿

行政人员移交案卷时应按项目要求填写档案移交登记簿，档案员应按项目要求填写档案接收登记簿，档案移交登记簿和档案接收登记簿所填项目的数字应一致。

6．排列案卷

案卷的排列是指案卷的上架排列，案卷的上架排列方法有以下两种。

（1）先将案卷按分类方案类目分开，再按保管期限和重要程度排列。

（2）先将案卷按保管期限分开，然后再按分类方案类目和重要程度排列。

第 5 章
行政工作

5．1　事务助理

5．1．1　助理职责

事务助理的具体职责如图 5-1 所示。

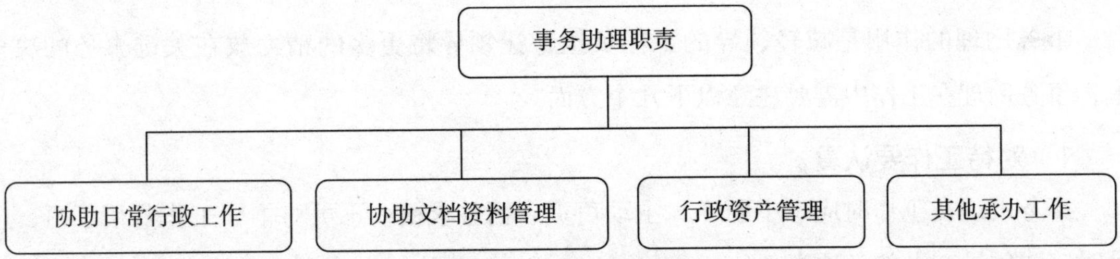

图 5-1　事务助理职责

5．1．2　相关事务

事务助理的相关事务主要包括行政事务处理、文档资料管理、行政资产管理。

1．行政事务处理

（1）协助主管或经理完成日常工作，准备会议文件报表等。

（2）根据企业的相关工作要求，制订相关工作计划，将计划文件传达到企业的各个部门。

（3）协助行政主管完成企业相关规章制度的制定和审核，并协助执行。

（4）根据企业领导要求，传达相关通知，给企业员工分发相关文件。

（5）在节假日，负责企业礼品的订购、分发，与人力资源部、财务部等合作组织相关聚会、聚餐和娱乐活动。

（6）当访客来临时，做好接待工作，并通知行政主管或经理进行洽谈。

（7）协助组织企业的各种活动和会议。

（8）协助行政经理监督相关工作的执行情况并定期汇报。

（9）整理企业档案、会议记录和员工管理手册等。

2．文档资料管理

（1）汇总、统计企业的重要文档资料。

（2）做好文档资料的存档、保管等工作，以便有关部门查阅调用。

（3）做好文档资料的保密工作（包括企业内部信息、资料、文件、人事、档案、会议资料、计算机信息、财务资料等）。

3．行政资产管理

（1）协助完成办公设备、办公用品的采购。

（2）做好企业办公设备设施的定期维护，确保其正常运转。

5.1.3 注意事项

事务助理的作用是减轻领导的工作负担，让领导将更多的精力放在关键事务的决策上，事务助理在工作中需要注意以下几个方面。

1．对待工作要认真

事务助理在工作时应忠于职守、主动负责、精益求精，不可对本职工作敷衍了事，应及时完成领导交办的各项事务。

2．处理问题要及时

事务助理应有处理突发事件的能力，在意外事件发生时，事务助理应及时找出原因并提出解决问题的方法。

3．部门配合要协调

事务助理是一个综合的职能型岗位，需要在各个部门之间进行协调配合。因此事务助理要协调相关部门，保证各个部门的员工可以有条不紊地推进工作。

4．完成工作要主动

主动完成工作即能预见该做的事，不需要别人指使，也能主动地做事。事务助理要主动地完成所有工作。

5．工作内容要准确

高效的事务助理每天都要保证工作内容的准确性。做不准确的工作比不做还糟，不准确的工作内容会带来很多的麻烦，这可能需要事务助理花费更多的时间去处理。

5．2　证照管理

5．2．1　办理证照

1．企业证照的种类

企业证照是指政府职能部门核发给企业的，证明企业合法经营的有效证件。企业证照的种类如表 5–1 所示。

表 5–1　企业证照种类

证照类别	说明
基础证照	营业执照、土地使用证、房产证、商标证书等
专业证照	卫生许可证、建筑业企业资质证书、安全生产许可证、专项工程设计证书、质量体系认证证书、职业健康安全管理体系认证证书、专业资格证书等
获奖证照	企业在经营过程中获得的荣誉证书、专利证书、软件著作权等

2．企业证照的办理

办理企业证照一般是指根据相关行政机关及单位的证照办理流程准备相关资料，在网上填报或在现场提交资料以供审核。

一般情况下，企业在办理相关证照时常用的材料如表 5–2 所示。

表 5–2　办理相关证照时常用的材料

序号	材料内容
1	营业执照
2	企业章程
3	企业公章
4	法人身份证原件
5	如果有代办人，需要带上经办人身份证原件、复印件和《指定代表或者共同委托代理人授权委托书》

5．2．2　管理证照

1．证照使用申请与审批

相关人员在使用证照前，应按要求填写证照使用申请表，将其报相关领导审批，审批通过后，相关人员方可到行政人员处办理使用登记。

证照使用申请表如表 5-3 所示。

表 5-3　证照使用申请表

使用证照名称		申请部门	
申请人		使用期限	
原件份数		印件份数	
使用事由			
部门经理意见	签字：____年__月__日		
行政部意见	签字：____年__月__日		
总经理审批	签字：____年__月__日		

2．证照保管

行政人员应妥善保管证照，保证其完好。证照保管工作主要有以下四个要点。

（1）专人保管

① 证照必须由了解企业情况的人负责保管。

② 企业财务相关证照可由财务部保管，其他证照一般应由行政部指定专人保管。

（2）安全放置

① 证照一般应被放在保险柜或可上锁的铁柜内，相关人员做到随用随开，用完随时上锁。

② 保管人员应妥善保管保险柜或铁柜钥匙。

（3）规范使用

① 证照使用人员在使用前应填写证照使用申请表，将其报相关领导审批，审批通过后，可以到保管人员处办理使用登记。

② 保管人员应仔细核对证照使用申请表，确保其符合要求后再将相关证照借阅复印。

（4）日常维护

保管人员应定期检查与清点证照，确保证照无损坏、无缺失。

3．证照停用

证照均具有法律效力。当出现以下四种情况时，企业应停止使用证照，并及时收回封存或销毁证照，以免对后期经营造成损失。

（1）企事业名称改变。

（2）经上级主管部门审定，证照已损坏、无法使用。

（3）证照遗失、被窃、过期。

（4）企业破产、变革。

扫码查看证照管理制度示例

5.3　印信管理

5.3.1　印章管理

印章管理包括印章的刻制、启用、停用、保管及使用管理。印章具有权威、信誉和证明作用。印章的启用、停用和使用都要有相关规范。

1．印章刻制

印章是企业经营活动的主要凭证，任何人禁止私刻企业印章，否则将追究其法律责任及造成的经济损失。当企业需要刻制印章时，须由行政部提出申请并附上需刻制的印章图案报总经理审批。

2．印章启用

印章启用是指印章从何时开始生效使用。印章启用应遵守以下三个程序。

（1）受印单位在收到上级单位颁发的印章后，应明确启用印章的时间。

（2）受印单位提前向有关单位发出正式印章启用通知，并注明印章的正式启用日期，附印模，报上级单位备案。启用通知可用大字头文件，也可用小字头文件。启用通知上的印模应使用蓝色印油，以表示第一次使用。启用通知的发放范围视该印章的使用范围而定。

（3）印章颁发机关和使用机关、使用单位都要把印章启用日期的材料和印模立卷归档，永久保存。

3．印章停用

《国务院关于国家行政机关和企业事业单位社会团体印章管理的规定》（国发〔1999〕25 号）第二十四条规定：“国家行政机关和企业事业单位、社会团体的印章，如因单位撤销、名称改变或换用新印章而停止使用时，应及时送交印章制发机关封存或销毁，或者按公安部会同有关部门另行制定的规定处理。”

4．印章保管

印章应由具备较强的责任意识、保密观念及原则性的人保管。另外，印章负责人在出差、休假时，应将其交由其他人员进行临时保管，并将印章交接的相关事项向办公室主任报告，行政经理应对临时掌管印章的人员进行适时检查，及时发现并纠正存在的问题。

印章一般存放在办公室里存取方便且安全可靠的地方。印章负责人应及时对存放印章的文件柜上锁，随身携带文件柜钥匙，禁止外借。因特殊情况，需要将印章拿出办公室时，印章负责人应始终不离开印章。如因工作变动等情况离开岗位时，印章负责人应与接收人做好交接工作，并填写交接记录。

5．印章使用

印章有不同的盖章形式，它加盖在文书的不同位置，具体如图 5-2 所示。

1 落款章：在文书的作者落款处加盖落款章，用以说明法定作者及文书的有效性

2 更正章：对文书书写中有误的地方进行更正后，要加盖更正章，以作为法定作者自行更正的凭证

3 证见章：对以他人名义出现的文书盖证见章作证

4 骑缝章：必须在介绍信和存根相连接处加盖骑缝章，以便在必要时进行核查

5 骑边章：将重要材料的多页沿边取齐后均匀错开，从首页至末页，骑各页之边加盖骑边章

6 弥封章：在公文封套的封口处加盖弥封章，以确保公文在传递中无私拆之弊

7 封存章：在封条上加盖封存章，以封存文件橱、财物、仓库等

图 5-2 印章的盖章形式

为保证印章使用的规范性，企业制定了印章使用登记表。印章使用登记表如表 5-4、表 5-5 所示。

表 5-4 ×× 公司印章使用登记表（一）

用印类别		用印数	
用印事由			
经办人		部门负责人	

（续表）

办公室审核		领导签批	
日　期	年　　月　　日	备　注	

表 5-5　××公司印章使用登记表（二）

序号	时间	使用科室	事由	数量	审批人	是否外带	归还时间	经办人签字	备注

扫码查看印章管理办法示例

5.3.2　信证管理

信证主要是指介绍信和证明信。

1．介绍信使用规定

介绍信使用规定如下所示。

制度名称	××公司介绍信使用规定			受控状态	
				编　号	
执行部门		监督部门		编修部门	

第 1 章　总则

第 1 条　目的

为加强对公司介绍信签发使用的管理，避免出现乱用、盗用介绍信的现象，特制定本规定。

第 2 条　适用范围

本规定适用于介绍信的应用范围、开具使用等工作。

第 3 条　职责分工

1．行政办公室负责根据各部门或员工提出的申请，开具员工介绍信。

2．各部门经理负责根据实际工作需求，开具员工部门介绍信。

3．介绍信使用员工负责根据本规定及相关信证管理制度，妥善使用介绍信。

第 2 章　介绍信的种类

第 4 条　业务介绍信

1．公司对外进行业务联系时，需要使用业务介绍信。

（续）

2. 业务介绍信通常是为某件需要进行业务联系的事情而开具的，所需的文字较多，因此通常采用信笺抄写或打印，并将其封入信封。

第5条　专用介绍信

1. 专用介绍信用于某种特定事务办理，如办理出国手续介绍信等。

2. 公司的各业务部门也常有自己的专用业务介绍信，对本部门经常需要办理的业务进行介绍办理。

3. 专用介绍信有特定的内容和式样，一次可印制多张，使用时填号、盖章后即生效。

第6条　存根介绍信

1. 存根介绍信一般是铅印的，共两联，其中一联为存根，另一联为外出使用的介绍信。

2. 存根介绍信的两联都有号码，可用以查对，两联之间有一条缝。在开具存根介绍信时，应在缝上盖章（骑缝章），以便核对。

第3章　介绍信的开具使用

第7条　介绍信的格式

介绍信的格式包括标题、称呼、正文、礼仪性用语。

第8条　介绍信的填制

1. 出具介绍信单位的落款、出具时间和生效期限。

2. 存根介绍信应加盖骑缝章，存根部分除和持出部分有相同内容外，还应有领导签字和经办人两项内容。

3. 介绍信应注明具体用途，不得用"联系业务"等模糊字眼代替。

4. 在写介绍信时，持出部分和存根部分的内容要一致。

5. 应使用钢笔或签字笔写介绍信，字迹要工整、美观，不得涂改。如有涂改应加盖公章，以示非私自改动。

第9条　严格遵守开具介绍信的手续。需要开具介绍信者，应先在介绍信签批单上填写好各项内容，再报主管领导批准。行政办公室据此写介绍信并盖章，然后发给需用人。

第10条　介绍信用印控制

1. 在开具介绍信时，要先填写内容，后用印；不得在空白介绍信上预先盖印，也不得把空白的介绍信发给外出人员自行填写。

2. 对非开空白介绍信不可的，应控制空白介绍信张数，并将期限填写上。待出差人员返回后，应及时收回未使用完的空白介绍信。

3. 无领导同意，任何人不得私自为他人开具介绍信。

第11条　开出介绍信，但因情况变化未能使用时，应及时收回该介绍信，并注明未使用的情况。

第12条　妥善保管介绍信存根，及时将其归档。

第13条　对于填错的介绍信，应标注作废符号。

第14条　对于事关重大的介绍信或证明信，除履行上述手续外，还要经行政总监审核。

第15条　不得邮寄介绍信，介绍信须由相关人员妥善携带。

第16条　公司不得为非本公司人员办理介绍信。

第17条　如介绍信丢失，责任人应及时向行政办公室报告。

第4章　附则

第18条　本规定由行政部负责制定和解释，并报总经理审批。

第19条　本规定自公布之日起实行。

编制日期		审核日期		批准日期	
修改标记		修改处数		修改日期	

2. 证明信使用规定

证明信使用规定如下所示。

制度名称	××公司证明信使用规定			受控状态	
				编　　号	
执行部门		监督部门		编修部门	

第 1 章　总则

第 1 条　目的

为进一步规范证明信的使用和管理，现根据相关管理规定，特制定本规定。

第 2 条　适用范围

本规定适用于证明信的开具、使用及保管等工作。

第 3 条　职责分工

1. 行政办公室负责开具证明信，并保存证明信存根。

2. 各部门经理负责根据员工实际需求，对员工身份及证明信申请进行审核。

3. 员工负责按照规定正确使用及保管证明信。

第 4 条　相关说明

证明信是员工身份的证明。员工外出参加会议、学习进修、借调工作、办理公务、休假探亲等，可根据实际需要向公司申请开具证明信。

第 2 章　证明信的开具

第 5 条　证明信使用统一制发的样式，须用签字笔或钢笔填写，要求字迹清楚、不得涂改，如需更正，须加盖更正章。

第 6 条　证明信上应写明员工的姓名、性别和身份证号，落款处由行政办公室加盖公章，证明信和存根的连接部位加盖骑缝章。

第 7 条　证明信办理程序

1. 员工向所在部门报告外出去向、事由、时间等，提出开具证明信的申请。

2. 所在部门主管对员工的申请进行审核，提出是否同意开具证明信的意见；如同意，在申请表上签署意见并加盖部门印章。

3. 行政办公室根据员工所在部门主管的意见，开具员工证明信。

第 3 章　证明信的使用及保管

第 8 条　证明信应在有效期内使用。员工要在规定时间内到所去地方或单位报到。对于逾期不报到的员工，证明信自行作废。

第 9 条　证明信由员工本人携带，不得由他人或物流公司转递。

第 10 条　员工应妥善保管证明信，一旦丢失，要及时向行政办公室报告。行政办公室应对丢失证明信的情况进行审查，如确系员工本人丢失，要进行补开，并立即通知所去单位原证明信作废。

第 11 条　对丢失证明信的员工，应予以批评教育。

第 12 条　使用后的证明信及存根、回执，由行政办公室存档备查。

第 13 条　在证明信使用和管理中，如有徇私舞弊、弄虚作假的情况，由行政办公室严肃处理。

第 4 章　附则

第 14 条　本规定由行政办公室负责制定和解释，并报总经理审批。

第 15 条　本规定自公布之日起实行。

编制日期		审核日期		批准日期	
修改标记		修改处数		修改日期	

5．4 行政经费

5．4．1 行政经费预算流程

行政经费预算流程如图 5-3 所示。

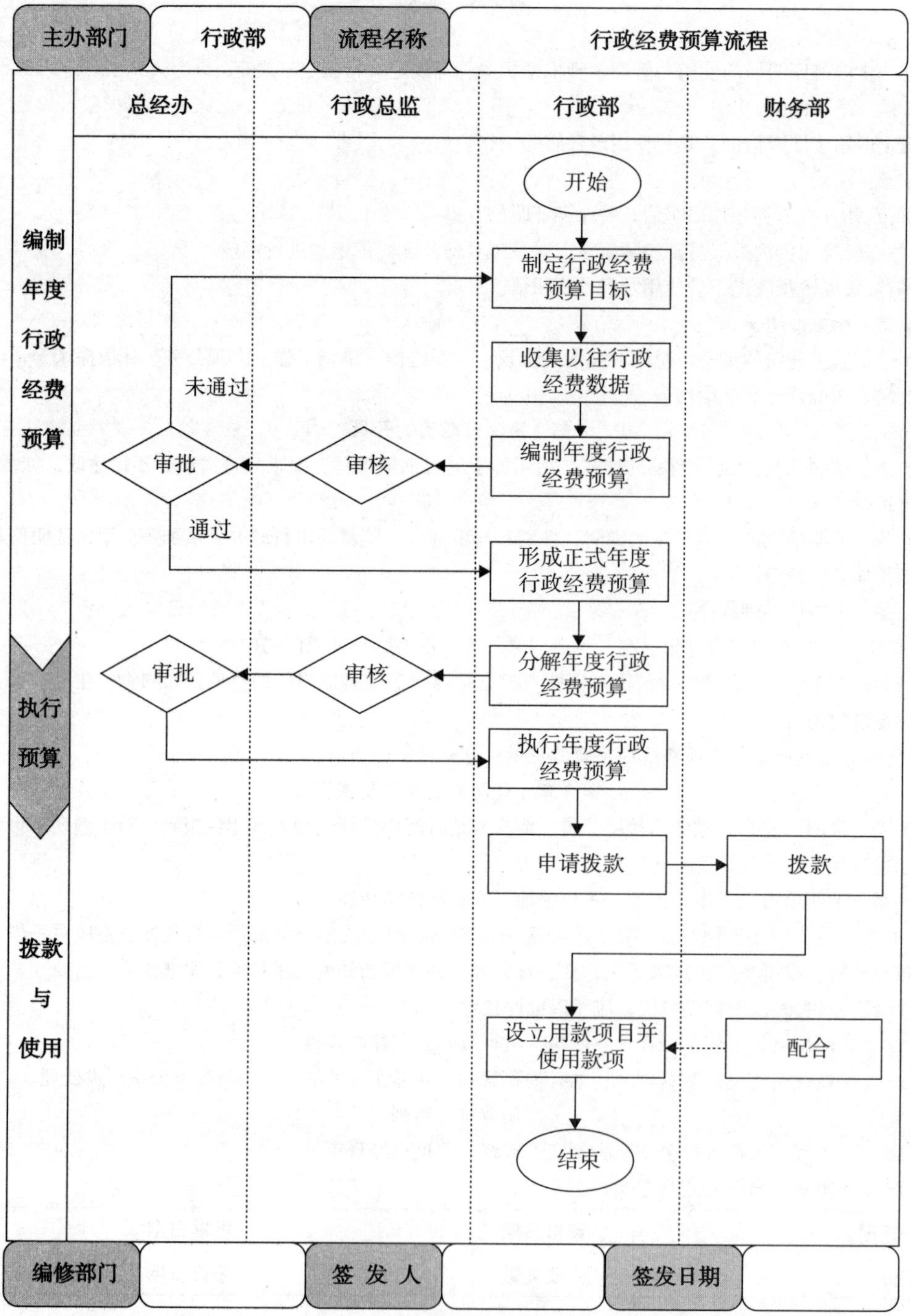

图 5-3 行政经费预算流程

5．4．2　行政经费审批制度

<table>
<tr><td rowspan="2">制度名称</td><td colspan="3" rowspan="2">行政经费审批制度</td><td>受控状态</td><td></td></tr>
<tr><td>编　号</td><td></td></tr>
<tr><td>执行部门</td><td></td><td>监督部门</td><td></td><td>编修部门</td><td></td></tr>
</table>

第 1 章　总则

第 1 条　目的

为了规范企业行政经费预算、审批管理，提高预算编制水平，严格控制企业的行政经费开支，确保行政经费使用更加合理，效率更高，特制定本制度。

第 2 条　适用范围

行政经费预算、审批管理各项工作均参照本制度执行。

第 3 条　职责分工

1．行政部职责。

（1）负责行政经费预算的编制，并对各部门提交的行政经费草案进行审核。

（2）负责监督行政经费开支的合理性，对必须发生的超预算行政经费提出申请。

（3）负责对行政经费开支预算的总量进行控制。

（4）负责说明行政经费预算项目使用情况，特别是超预算项目的发生原因。

2．财务部职责。

（1）负责对行政经费进行审批。

（2）负责对行政经费的使用情况进行汇总。

第 4 条　术语定义

行政经费是指办公费、修理费、租赁费、物料费、邮电费、物业管理费、水电费、总务费、车辆费、宣传费、会议费、书报杂志费、档案工作费、业务招待费、差旅费、交通费、常年顾问费、董事会费用及各部门制定的其他经费预算。

第 2 章　行政经费的审批

第 5 条　行政经费审批权限

1．部门负责人负责审批__元以内的费用支出。

2．行政部主管负责审批__元以内的费用支出。

3．企业副总经理负责审批__元至__元的费用支出。

4．企业总经理负责审批__元以上的费用支出。

第 6 条　行政经费审批程序

1．经办人填写请款单并签字。

2．部门经理审核。

3．提交行政部进行汇总，并进行初步审核。

4．按照行政经费审批权限进行审批。

第 7 条　行政经费审批要求

1．部门经理对本部门行政经费支出的真实性、必要性和合理性负责。

2．审批人应当根据行政经费审批权限的规定，在授权范围内进行审批，不得越权审批。

3．对越权审批的，要追究责任人的经济责任和行政责任。

4．行政经理应以各部门行政经费预算的历史数据为依据，仔细审核各部门的行政经费使用情况，若发现行政经费差距过大，应将行政经费预算表退回制定人员重新进行制定，并由其做出合理的书面解释。

5．行政经费预算的制定人员修改预算的时间不得超过两个工作日，预算的总审批应在每年 12 月 29 日或每月的 29 日前完成。

（续）

<table>
<tr><td colspan="6">6. 经总经理审批后所形成的正式行政经费预算表由行政部保存原件，由财务部保存复印件。
第 3 章　行政经费的使用
第 8 条　企业各部门的行政经费开支应根据合法的程序执行（具体的程序根据实际情况随时调整，在每年年初下达当年行政经费预算计划的同时一并下达）。各项行政经费开支必须按规定进行审批，不得越级审批。
第 9 条　每月底，行政部、财务部将各部门的行政经费预算与实际情况进行汇总，填制行政经费使用情况，并通报各部门及企业主管领导。
第 10 条　当行政经费使用达到预算计划的__% 时，由行政经费管理部门（行政部、财务部）发出预警。
第 11 条　企业制订行政经费预算计划后，可根据实际执行情况进行修订与完善，并说明预算发生偏离的原因。
第 12 条　修订后的行政经费预算计划应由企业董事会议决策后，方可执行。
第 4 章　附则
第 13 条　本制度由行政部负责制定和解释。
第 14 条　本制度自下发之日起执行。</td></tr>
<tr><td>编制日期</td><td></td><td>审核日期</td><td></td><td>批准日期</td><td></td></tr>
<tr><td>修改标记</td><td></td><td>修改处数</td><td></td><td>修改日期</td><td></td></tr>
</table>

第6章
后勤工作

6．1　后勤管理工作

6．1．1　物业管理

物业管理一般包含四大部分：房屋维修管理、公用设施设备维护管理、公共秩序管理、基础建设工作。

1．房屋维修管理

房屋维修管理的要点如下。

（1）每年按企业物业管理的相关规定对房屋建筑物进行安全检查，据此制订维修和管理计划，报行政部审批后组织实施。

（2）对房屋建筑物进行日常管理和维修养护，保证房屋建筑物的使用功能完好，杜绝安全事故的发生，填写检修记录和保养记录并确保记录的完整性和真实性。

（3）根据房屋建筑物的实际使用年限，适时检查使用状况。属于小修范围的情况，及时组织修复；属于大、中修范围或需要更新改造的情况，向行政部报告并提出建议，并按有关规定办理。

（4）按照巡视计划每日巡查园区、楼梯通道及其他公共部位的门、窗、玻璃等，做好巡查记录。

（5）根据城市管理相关规定，定期对房屋避雷设施进行检查，及时维护维修，确保房屋符合避雷规范要求。

2．公用设施设备维护管理

公用设施设备维护管理的要点如下。

（1）对公用设施设备进行日常管理和维修养护（依法应由专业部门负责的除外），保证公用设施设备的正常运行和使用，杜绝安全事故的发生。

（2）建立公用设施设备清册档案，记录设施设备的运行、检查、维修、保养情况，按设施设备操作规程及保养规范开展工作。

（3）定期对公用设施设备进行巡查，并做好巡查记录。属于小修范围的情况，及时组织修复；属于大、中修范围或需要更新改造的情况，向行政部提出申请，按企业有关规定处理。

（4）公用设备房要保持整洁、干净，安全设施要符合规范，无鼠害，无跑、冒、滴、漏现象，无杂物；设施设备铭牌、标识要规范、统一、完整；保证操作规程、维护规范、管理制度上墙。

（5）各类管线有分类标识和流向标识，各类记录本、登记本（如运行、维修、保养、交接班等记录）齐全，记录完整；监控视频数据记录按规定保存，确保监控视频在数据保存周期内能够正常回放。

（6）针对企业园区内有安全故障的设施设备、变压器、燃气调压站（箱）、水系沿岸等危及人身安全的部位，设置警示标志，制定防范措施；针对可能发生的各种突发设备故障，制定应急方案。

（7）定期对公共区域内的雨水、污水管道进行检查、疏通；定期对雨水、污水井进行检查、清掏；定期执行化粪池清掏工作，定期检查化粪池，防止外溢。

（8）建立公用设施设备巡视制度，保证有专人巡视。配电室、排污泵等每日至少巡视两次，且要做好巡视记录，空调机房、高压配电室、中控室等要有专人值守。

3. 公共秩序管理

公共秩序管理的要点如下。

（1）企业园区主出入口设有园区平面示意图，主要路口设有路标。保持园区各组团、座、栋标识清晰。有机动车辆和非机动车辆的行驶方向、限速标识，交通指示标识应规范、清晰，对进出园区的车辆进行引导，保证车辆有序通行、停放。

（2）按照企业管理要求进行出入管理，园区出入口有专人24小时值勤，对访客出入施行登记管理，禁止无关人员进入园区，在危及人身安全处设有明显标识。

（3）对企业园区进行巡视。巡视要有计划，有巡视路线图，有巡视项目内容和要求，有记录。

（4）门岗及巡视服务人员要形象端正，着装整齐、干净，行为举止规范且有礼貌，保证门岗服务设施完好、标识醒目。

（5）监视控制中心要设专人24小时值班，负责园区监控的值守，发现问题后立即发出预警，保证监视控制中心各类制度上墙。

（6）针对自然灾害、治安、公共卫生等突发事件，制定应急预案，事发后及时将相关情况报行政部和管理层，对企业无法处理的突发事件要及时报政府有关部门，并协助其采取相应措施。

4．基础建设工作

基础建设工作是指企业因生产经营发展需要建设基础设施，如厂房、食堂、宿舍及通水、通电等，这些工作不仅涉及组织施工，还需要向行政部申请、报备等。

6．1．2 食宿管理

1．食堂管理

为了保证企业员工的身体健康，行政人员在食堂管理方面应做好图6-1所示的六项工作。

1．搞好食堂基础设施建设	◎ 对于食堂的基础设施建设与操作设备，应按照食品安全卫生的有关规定严格设计建造和购置，做到科学规划、合理布局；必须与生产经营的食品品种、数量、特性相适应，为食品安全工作提供有力保障
2．严格把控食品的采购程序	◎ 对于有包装的食品，要严格检查其标签上的厂址、电话、生产日期、保质期等各项说明是否齐全 ◎ 除了瓜果蔬菜，其他食品采购都应向供货商索取经营许可证、卫生许可证、商品检验检疫证书、商品合格证等证件
3．做好食品加工阶段的管理	◎ 待加工的食品和原料在使用前应当清洗干净，蔬菜类、禽畜肉类、水产品类食品应在专用清洗池里清洗干净。专用清洗池应有鲜明标识 ◎ 加工熟制品应烧熟煮透，其中心温度不得低于80℃。加工后的熟制品应当与食品原料或半成品分开存放，半成品应当与食品原料分开存放
4．严把食品销售关	◎ 必须保证销售给企业员工的食品新鲜卫生、熟透不夹生、无毒无害，对食品分拣工具应做到专具专用，及时注意食品性状，如发现食品超过保质期或性状发生变化，应及时进行处理
5．确保餐具卫生	◎ 坚持规范化洗涤程序，即去残渣、洗涤剂洗刷、净水冲、消毒四道工序。消毒后，感官检查为光、洁、涩、干；餐具、用具消毒后，应放进专用保洁柜中储存。定期清洗保洁柜，以达到防尘、无杂物、无油垢的效果
6．搞好食堂员工个人卫生	◎ 食堂员工应坚持三勤，即勤洗手、剪指甲，勤洗澡、理发，勤换洗衣物 ◎ 食堂员工上班时，应穿戴整洁的工作服和工作帽，保持头发梳理整齐并全部置于工作帽内，不带饰品

图6-1 食堂管理的六项工作

2．宿舍管理

宿舍管理主要包括宿舍安全管理、宿舍卫生管理、宿舍防火管理、宿舍水电管理四个方面。

（1）宿舍安全管理

宿舍安全关系每位住宿员工的人身安全及企业利益，行政部必须对此足够重视。行政部可以从规范住宿资格、设置宿舍管理员、完善住宿登记和来访登记制度、开展宿舍安全教育、落实安全责任制几个方面入手加强宿舍安全管理。

（2）宿舍卫生管理

宿舍管理员及住宿员工共同做好宿舍卫生管理工作，确保员工住宿环境整洁、规范，使员工获得更充分的休息，保持良好的工作状态。

（3）宿舍防火管理

宿舍人员比较集中，一旦发生火灾事故，极易造成重大财产损失和人员伤亡。因此，消除宿舍火灾隐患，避免火灾事故的发生，已成为行政部的重要工作内容之一。

（4）宿舍水电管理

水电是员工生活中必不可少的物质资源，为保证水电设备安全，合理使用水电、减少浪费，行政部应做好宿舍水电管理工作。

6.1.3 环境管理

企业后勤环境管理工作一般包含两大部分：绿化管理、卫生保洁管理。

1．绿化管理

绿化管理是指对企业园区范围内的花草树木进行绿化美化，创造清新优美的环境。

（1）绿地设计

行政人员应根据企事业单位的实际情况，会同相关专业人员，合理开展绿地设计工作。一般而言，行政人员可从生态和景观设计两个维度开展绿地设计工作，具体设计思路如下。

① 在进行绿地设计时，行政人员应结合企事业单位所处区域的地理位置和环境特点，根据植物种群的共生、循环和竞争等生态原理，因地制宜地规划和设计绿地形式与植物搭配模式，进而充分利用阳光、空气、土地等资源，有效建立和谐、美观、有序并能够长期共存的立体植物群落，最大限度地发挥绿地的生态效益，有效提高员工的舒适度、满意度和工作效率。

② 景观设计是指在有效满足企事业单位绿地使用要求的基础上，结合园林艺术，不

断丰富景观效果，努力创造出实用、美观、富有意境的绿化区域。

（2）绿植的选择和养护

① 绿植选择

在确定企事业单位的总体绿地设计方案后，行政人员应依据当地气候和土壤条件，以及企事业单位对绿地的功能要求和观赏要求，合理选择和搭配绿地植物。一般而言，选择绿地植物的维度和方法如下。

a. 高低协调下的植物选择

高低错落、起伏变化的绿地景观可有效增加自然之感，丰富员工的视觉感受，并起到良好的美化和环保作用。为达到这种效果，行政人员应根据企事业单位的具体情况，合理选择高低不同、错落有致的植物。一般而言，高度由高及低的绿地植物依次是乔木、灌木和地被植物。

b. 色彩搭配下的植物选择

在选择绿地植物时，行政人员应特别注意植物色彩的搭配和调和。一般而言，为营造和谐、舒适、活泼的办公氛围，行政人员在选择常绿植物为主色调的基础上，灵活、合理地选择具有其他色彩的植物，有助于丰富绿地色彩，点缀和烘托企业周边区域的活跃气氛。

c. 季相变换下的植物选择

季相是指植物随着气候的变化而表现出的不同外观景象。对大多数植物而言，其季相是伴随四季的交替循环而有序变化的。丰富、连续的植物季相景观可以让企事业单位一年四季都生机盎然、花开不断，进而让员工更加接近自然，更加舒适、放松。

在选择绿地植物时，行政人员应充分考虑植物的季相变换，结合当地的气候和土壤条件，合理、灵活地选择在不同时令开花、生长的植物，进而使企事业单位的绿地随着时间的推进而呈现出丰富多彩的景象。

一般而言，行政人员可选用木棉、凤凰木、大叶紫薇、杜鹃、美人蕉、栀子花、腊梅、秋菊等植物，利用其不同时间的开花规律来实现不同季节的季相变换。

d. 特色植物选择

这里的特色植物是指具有特定环保功能、对人体有益的植物。在企事业单位周边的绿地上种植特色植物，不仅能起到美化环境、利于观赏的目的，还能对员工起到医疗保健的作用，进而改善员工的身心状态，提高其工作质量和效率。

一般而言，海桐、含笑和九里香等植物有利于呼吸系统的保养、调节；白兰、人心果和串钱柳等植物对心血管系统具有保健作用；金叶香柳、串钱柳等植物对消化系统具有保健作用；九里香、白兰等植物对中枢神经系统具有保健养护作用。

② 绿植养护

在规划和建设完绿地后，行政人员应认真学习和掌握绿地植物的养护标准和要求，积极组织做好绿地植物的养护工作。一般而言，绿植养护工作主要包括浇水、施肥、修剪、病虫害防治、松土除草、补栽和绿地保护工作。

2．卫生保洁管理

卫生保洁管理主要包括清洁用品管理、清洁工具管理和保洁工作管理。

（1）清洁用品管理

清洁用品主要是指各种清洁剂、空气清新剂、香皂、卫生纸等消耗性用品。清洁用品由行政人员按规定分发给厂区保洁人员使用。使用清洁用品时，必须厉行节约，避免浪费，同时应做到清洁用品清洁专用，不能挪作他用或私用。

（2）清洁工具管理

清洁工具管理可细分为清洁工具领用管理和清洁工具使用管理。

（3）保洁工作管理

保洁工作管理主要包括保洁工作标准制定和日常保洁工作管理。

6.1.4 仓储物流管理

1．物资入库管理

物资入库管理的要点如下。

（1）仓储物流管理员在接到入库通知后，按照入库单与交货人员做好货物清点交接工作，并在入库单上签字确认。

（2）在物资入库前、同交货人员办理交接手续时，仓储物流管理员应在场认真清点核对物资，确认到货物资的名称、数量与入库单上的信息是否一致，并按物资交接本上的要求签字。

（3）物资应先入待验区，未经检验合格的物资不得进入货位。

（4）物资验收合格后，仓储物流管理员凭发票开列的名称、规格型号、数量进行计量验收，验收完毕后填写入库单，填写完毕后将入库单会同托收单交财务部记账。

（5）对于在入库检验中发现的不合格品，应对其进行隔离堆放，避免同合格品混淆。

（6）仓储物流管理员应及时将在验收物资的过程中发现的问题报仓库主管和行政部处理。如遇托收单到而货未到，或货已到而无发票，均应向行政部反映并查询相关问题。

2．物资在库保管

物资在库保管的要点如下。

（1）仓储物流管理员应首先做好仓库储位规划工作，合理利用储存空间，并绘制仓库储位规划平面图，保证在存物资存取方便。

（2）仓储物流管理员必须全面掌握仓库所有货物的贮存环境、堆层、搬运等情况，以及货品配置、性能和一些故障的排除方法。

（3）要按照货物的品牌、规格、型号、颜色等分类整齐摆放在库物资，同时在货架上制作相应的标识，并绘制仓库货物摆放平面图，将其张贴在仓库入口处的显眼位置。

（4）仓储物流管理员应严格遵照货物对仓库的贮存环境要求（如温度、湿度等）进行贮存保管，定时对货物进行整理、清洁。

（5）仓储物流管理员应保证仓库环境卫生和过道畅通，做好防火、防潮、防盗等安全防范工作，并能够熟练使用灭火器等工具；每天下班前，必须检查各种电器电源的安全状况。

（6）仓储物流管理员应定期对在库物资进行盘点，并按照财务要求及时记录所有货物进出仓库的账目情况，保证账目和实物一致。

（7）仓储物流管理员应采取各项安全保护措施对在库物资进行妥善保管，以保证物资的使用安全。

（8）仓储物流管理员应定期检查仓库中是否有害虫，如有，应及时治理。

（9）仓储物流管理员应对特殊物品或危险物品采取相应的隔离措施。

（10）仓储物流管理员不得挪用、转送仓库内的任何货物，其他人员需要到仓库借用货物时，必须经行政部批准。

（11）总成物资一律不准折件零发，特殊情况须经行政部批准。

3. 物资出库管理

物资出库管理的要点如下。

（1）在物资出库时，仓储物流管理员应凭借物资出库单，为物资领用人员办理物资出库手续。如遇紧急情况，需要办理紧急出库的物资，仓储物流管理员应凭借紧急物资出库单，为物资领用人员办理物资出库手续。

（2）仓储物流管理员在处理物资出库事宜时，应先清点物资再发货。

（3）仓储物流管理员应核对出库物资的名称、规格型号、领料数量等是否与物资出库单上的信息一致，并确认物资领用人员是否已在物资出库单上签字确认。对于物资领用人员未签字确认的物资，仓储物流管理员不得办理出库手续。

（4）在调拨物料发货前，仓储物流管理员要审查单价、货款总金额并盖财务部的收款章。如果发现价格不符或货款少收等情况，应立即通知开票人更正后再发货。

（5）在物资出库时，仓储物流管理员应与物资领用人员办理交接手续，当面清点物资，防止出差错。

（6）仓储物流管理员应妥善保管出货凭证，以便处理财务账目。

4．仓库进出人员管理

仓库进出人员管理的要点如下。

（1）仓库管理人员应严格按照企业规定的作息时间上下班，做到不迟到、不早退、不旷工、不代人打卡；上班期间，要尽职尽责，不串岗，不做与工作无关的事情。

（2）无关人员不得随意进入仓库；因工作需要进入仓库的，须经上级领导同意后，在仓储物流管理员的陪同下进入仓库；所有入库人员必须进行入库登记。

（3）企业所有人员不得携带物品进入仓库；如因工作需要携带物品进入仓库时，应在仓库入口处接受仓储物流管理员的检查。

（4）任何人不得在仓库内吸烟，以保证在库物资的安全。

（5）仓储物流管理员等相关工作人员不得将水杯、饭盒、零食等带入仓库，更不得在仓库内吃东西。

5．仓储物流文档管理

仓储物流文档管理的要点如下。

（1）仓储物流管理员在填写库存台账和表单时必须做到字迹清楚，日清月结，月报及时。

（2）对于属于允许范围内的磅差、合理的自然损耗所引起的盘盈盘亏，仓储物流管理员每月都要及时上报，做到账、卡、物、资金一致。

（3）仓储物流管理员调动工作时，要及时与相关人员办理交接手续。对于移交中的未尽事宜及有关凭证，仓储物流管理员要列出三份清单。清单经双方签字后有效，双方各执一份，并报行政部存档一份。

6．危险货物存放与消防安全管理

危险货物存放与消防安全管理的要点如下。

（1）遇火、遇潮容易引起火灾、爆炸或产生有毒、有害气体的化学试剂不得存放在露天、潮湿和低洼、容易积水的地方。

（2）受阳光照射易引起火灾、爆炸或产生有毒、有害气体的化学试剂和桶装、罐装等易燃液体、气体应当存放在阴凉、通风的地方。

（3）化学性质或防护、灭火方法相抵触的化学试剂及化学危险品不得存放在同一仓库和同一储存室内。

（4）剧毒物品必须严格执行“双人保管、双人收发、双人领料、双本账、双锁”的“五双”管理制度。

（5）仓储物流管理员应每月定期检查防火设施的使用时效；应定期检查易燃、易爆货物是否被单独存放、妥善保管；下班前，须认真检查是否拉闸、断电，并排除所有的安全隐患。

（6）严禁在仓库内吸烟和酒后值班，不得随意动用仓库消防器材及在仓库内乱接电源和临时电线。

7．仓储物流防盗管理

仓储物流防盗管理的要点如下。

（1）仓储物流管理员离开仓库时，必须做好交接班工作。

（2）仓库必须保持 24 小时有人值班。特殊情况下仓库无人值班时，仓储物流管理员必须锁好仓库大门。

（3）仓储物流管理员必须每天检查仓库门锁有无异常，货物有无丢失。

6．2 后勤服务工作

6．2．1 服务事项

企业后勤服务事项一般包括食宿服务，车辆服务，绿化服务，物资采购服务，票务服务，安全、卫生管理服务等。

1．食宿服务

（1）食堂服务

组织制定食堂用餐规范及食堂伙食标准，负责日常伙食的供应及管理工作。

做好员工餐厅安全、膳食调整及餐厅物资设施的管理工作，确保餐厅食品安全及员工的饮食结构合理。

（2）宿舍服务

提供宿舍基础设施维护维修服务，定期进行宿舍检查，检查内容包括宿舍纪律、宿舍卫生和宿舍安全。

开展宿舍安全教育，安全教育的内容包括宿舍防火、用电教育，教育方式为学习、演练和宣传相结合。

2．车辆服务

组织制定车辆使用规范，负责企业车辆的申购、使用、调度及维修、保养等管理工作，以满足企业正常的用车需求。

3．绿化服务

规划企业绿化区域，定期进行企业绿化带的养护工作。

定期做好除草、松土、施肥、浇水及病虫害防治等工作。

4．物资采购服务

负责后勤物资管理工作，编制后勤物资采购计划。

做好各种物资的申购、验收、入库、保管、领用及发放工作，并对各种物资的使用及消耗予以监督和审核。

参与后勤物资供应商资质及后勤物资质量的评估，做好供应商沟通管理工作。

5．票务服务

根据出差需求，做好票务、酒店的预定工作及车票、机票的领取工作。

做好票务结算工作，并把所有票务信息录入计算机进行归档保存。

6．安全、卫生管理服务

严禁在办公场所内吸烟，注意用电安全，不得乱拉电线、乱搭电线及违规使用电器；注意防火，如发现事故苗头，必须立即处理并报告行政部，及时消除隐患。

注意妥善保管贵重物品、重要文件。相关人员离开办公场所时，应锁好抽屉和保险柜，增强防盗意识。

办公场所须保持整洁、有序，以提高员工的工作效率，提升企业的形象。

定期开展卫生检查活动，评比各部门的环境卫生情况并公开通报。

6．2．2　服务规范

规范名称	后勤服务规范			受控状态	
				编　　号	
执行部门		监督部门		编修部门	

第1章　总则

第1条　目的

为加强企业后勤管理，发挥后勤服务的重要支撑作用，保障企业的正常运营，特制定本规范。

第2条　后勤服务工作要求

1．职责明确，分工详细，培训充分，操作规范，沟通渠道通畅。

2．建立后勤服务台账，完善后勤管理，配套流程表单，合理进行成本核算。

3．早计划，早安排，跟踪到位，督促及时。

4．加强后勤监督管理，进行定期检查与不定期抽查，保障环境整洁，保障用餐安全、卫生，保障住宿舒适、方便等。

（续）

第2章 食堂管理规范

第3条 采购与存储管理

1. 严把采购质量关，不得采购霉变、腐败、虫蛀、有毒、超过保质期或法律禁止供应的食品。

2. 当采购大批主食或副食时，要求供货单位提供食品卫生许可证，以便查验，不得采购“三无产品”。

3. 把好采购验收关，严禁腐烂、变质的原料入库，以防食物中毒。

4. 坚持实物验收制度，做好成本核算。做到日清月结、账物相符。每周盘点一次，每月上旬定期公布账目，接受员工监督。

5. 餐厅的一切设备、餐具、食品均需有登记、有账目。

6. 严格执行食品卫生制度，对各类食品实行隔离存放，以免食品串味、走味或变质。

7. 保证餐厅库房整洁、干净，物资分类存放，防鼠、防潮。

8. 食品存放冰箱或冰柜的时间不得多于__小时，严禁销售隔夜饭菜。

第4条 卫生管理

1. 餐厅工作人员的个人卫生管理。

（1）做好个人卫生，勤洗手，勤剪指甲，勤洗澡，勤换洗工作服。

（2）工作时不得佩戴任何饰品。

（3）工作时要穿戴工作服、工作帽，餐厅打菜人员要戴口罩，不得用工作服或围裙擦手、擦脸。

（4）每半年进行一次健康检查，无健康合格证者，不得在餐厅工作。

2. 餐厅环境卫生管理。

（1）经常清扫厨房、餐厅地面，保持厨房、餐厅干净和卫生。

（2）食品餐具消毒要由专人负责，并严格执行“一洗二刮、三冲四消毒、五保洁”的规定。其他用具、容器、抹布也要经常消毒。

（3）对于餐厅在清洗食品时所产生的废弃物，要按规定存放，剩菜剩饭也要存放于专用的污物桶内，并加盖，由专人进行处理，做到垃圾污物日产日清，防止再次污染。

（4）严禁无关人员进入操作间。

3. 餐厅食品卫生管理。

（1）严格分开使用生熟食及用具，做到“双刀”“双墩”“双碗”，即专具专用，用完餐具、用具后随时清洗，每天消毒一次。

（2）对采购的主副食品和调味品要严把验收入库关，保证发霉变质食品不入库，保管好入库食品，一旦发现霉烂、变质等问题，要及时处理。

第5条 餐饮供应管理

1. 工作餐供应管理。

（1）餐厅为公司员工提供早、中、晚三餐，要求在规定的开餐时间内保证供应，并做到保热、保鲜。

（2）餐厅拟定每周食谱，按食谱做好充足的准备，尽量使一周内每日的饭菜不重样。饭菜要讲究色、味。

（3）热情、礼貌地接待员工就餐，对有特殊口味的员工要尽量满足其要求。

（4）餐厅负责为员工提供餐具。用餐完毕后，员工将餐具放到指定地点，餐厅工作人员负责对餐具进行清洗、消毒。

（5）为体现公司对员工的关心，餐厅负责为带病坚持工作的员工做病号饭；由医务人员根据员工的病情及营养搭配制定食谱，由餐厅人员负责制作。

（6）餐厅工作人员在员工用餐后要进行大清理，使桌、椅、餐具整洁有序，除就餐外，餐厅还可供员工休息。

（7）每月底，餐厅管理人员要制作月度用餐统计表，作为下月采购的依据。

（续）

2．加班餐供应管理。

（1）加班餐的供应对象为晚间加班（晚上8:00以后）的员工。

（2）加班餐的管理者为总务后勤主管。

（3）加班餐的供应办法为向员工配发餐券，员工凭餐券领取加班餐。

（4）各部门主管在确定需要加班时，应于当日下午__时前向行政办公室提出供餐申请。对于事前无法预料的加班，应直接与餐厅联系。

（5）原则上每日下班前不受理加班餐申请。行政办公室受理申请后，计算出需要的加班餐份数，并与餐厅联系。行政办公室受理申请时，向各部门配发相应的餐券，作为领取餐食的凭证。

（6）加班员工应在指定时间凭餐券到餐厅领取加班餐。餐券均当日有效。餐券如丢失、污损等，将不再补发。

（7）餐厅供应加班餐的时间为晚上__时至__时。在特殊情况下，部门主管应事先与餐厅联系，协商供餐时间。

3．客餐供应管理。

（1）凡申请客餐及业务招待餐的，须提前填写招待申请单。

（2）招待申请单经相关领导批准后，要通知总务后勤主管就餐的具体人数、标准和时间。用餐完毕后，申请人签字确认，财务部按月核算费用。

第6条　员工就餐纪律

1．餐厅每日供应早、中、晚三餐，根据公司的实际情况确定用餐时间。

2．员工进入餐厅就餐须凭餐卡打饭，不许插队或替他人打饭。

3．就餐人员必须按自己的食量盛饭盛汤，不许浪费。

4．员工用餐后应将餐具放到餐厅指定地点。

5．在餐厅内不准吸烟，不准随地吐痰，不准大声喧哗，做到文明用餐。

6．在餐厅内，就餐人员须一律服从餐厅的管理和监督，爱护公物、餐具。

7．就餐人员不准把餐具带出餐厅。

第3章　宿舍管理规范

第7条　住宿申请及宿舍管理

1．员工在市区内无适当住所或交通不便者，可填写宿舍申请表申请住宿。

2．凡患有传染病或有吸毒、赌博等不良行为者不得申请住宿。

3．宿舍管理人员职责。

（1）监督管理内务，分配清扫任务，保持室内及楼内整洁，维持秩序，保证水电气的使用安全。

（2）了解住宿人员的相关信息，以备不时之需。

第8条　员工出入管理

1．未经批准的外来人员或车辆一律不准进入宿舍楼。

2．进入宿舍楼的人员、车辆必须出示有效证件，并服从值班人员的管理。

3．携带行李、物品出宿舍大门的员工须自觉接受管理员的检查。

4．凡外出的员工必须在__时前返回宿舍。

第9条　人员来访管理

1．来访人员必须服从宿舍管理员的安排。

2．来访人员须凭有效证件登记，经验证核实后方可进入宿舍。

3．来访人员不得擅自进入非探访地段。

4．来访接待时间为__时至__时。

（续）

第 10 条 员工宿舍卫生管理

1. 宿舍内的清洁卫生工作由住宿员工负责，实行轮值制度（如遇加班，当天不能清扫房间者，可找同房间内另一人代替），每天的卫生值班员负责卫生清洁工作。

2. 办公室每周检查、评比一次卫生。

3. 废弃物、垃圾等应集中存放在指定地点。

第 11 条 宿舍设施与安全管理

1. 宿舍管理员派专人进行日常巡检和维修工作，发现问题及时处理，确保员工的正常休息和住宿安全，保护公司财产。

2. 宿舍管理员每 15 天对宿舍的抽气扇、空调进行一次检查，主要检查空调的运行情况，要求空调声音正常，隔层网洁净，如发现机械故障，应立即通知工程部维修。

3. 宿舍管理员每月对宿舍的电表进行抄录、核实，同时检查各分路开关有无超载、过热现象，发现问题及时处理。

4. 宿舍管理员每月准时抄录宿舍楼的总水表，检查总阀及各分路水制，发现漏水及时处理。

5. 宿舍管理员每月检查一次员工宿舍的电器使用情况，检查灯具、开关、插头和接线盒是否完好，室内有无乱接、乱拉电线的现象。

6. 宿舍管理员每月检查一次宿舍楼的楼梯、走廊的灯具、开关，测试房间内的限电器是否完好，发现问题及时解决。

7. 宿舍管理员每季度检查一次宿舍楼的总配电箱、柜、开关的接头、触点，检查其绝缘情况和设备卫生情况。

第 12 条 住宿人员管理

1. 住宿人员职责。

（1）服从宿舍管理员的管理、派遣与监督。

（2）遵守宿舍卫生和安全管理要求。

2. 不得随意改造或变更所居住宿舍。

3. 宿舍楼的一切设施属公司所有，员工必须从正门进入宿舍，不得爬阳台、翻越后墙。未经许可，任何人不得把东西搬离宿舍楼。

4. 所分锁匙只准本人使用，不得私配或转借他人。

5. 不得将宿舍转租或出借他人，一经发现，立即取消其居住资格。

6. 对于宿舍内的家具、设备，住宿员工有责任维护其完好。如出现损坏，应酌情由住宿员工承担修理费或赔偿费，并视情节轻重给予其纪律处分。

7. 员工要自觉保持宿舍安静，不得大声喧哗，同事之间应和睦相处，不得争吵、打架和酗酒，晚上__时后停止一切娱乐活动（特殊情况除外）。

8. 员工要自觉节约水电，爱护公物，损坏（浪费）公物照价赔偿。

9. 员工要自觉将室内物品摆放整齐，不准在墙上乱写、乱画，或张贴字画、悬挂物品。

10. 保持生活环境的整洁、卫生，不随地吐痰、乱扔垃圾。

11. 禁止在宿舍区内的走廊、通道及公共场所堆放杂物。

12. 不得私自安装电器和拉接电源线，不准使用明火炉具（或电炉具）和超负荷用电。

13. 员工必须负责宿舍的卫生，轮流值日，共同清洗室内厕所、洗手盆。因卫生问题造成的下水道堵塞，由责任人承担维修费，如无法明确责任人，由所住房间的员工平均分摊。

第 13 条 取消住宿及退宿管理

1. 员工如有下列行为之一时，立即取消其住宿资格。

（1）不服从宿舍管理员的监督、管理。

（续）

(2) 在宿舍内赌博、打麻将、斗殴和酗酒。

(3) 蓄意破坏公共物品或设施。

(4) 擅自在宿舍内接待异性客人或留宿他人，且情节严重。

(5) 经常破坏宿舍安静、屡教不改。

(6) 严重违反宿舍安全规定。

(7) 有偷窃等违法行为。

2. 如果员工离职（包括自动辞职、被免职、解职和退休等），应于离职之日起__日内迁离宿舍，不得借故拖延或要求任何补偿费或搬家费。

3. 员工退宿时，必须到行政部办理相关手续。

第4章 环境、卫生、安全管理规范

第14条 人员配备

主管_名，办公楼配备_名，夹层_名，外围_名，宿舍_名，机动工_名。

第15条 监督与检查

设立保洁标准，同时每日两次对保洁关键点进行卫生检查，发现不符合处立即通知整改，对保洁标准进行上墙，并要求区域保洁人员每隔一小时在负责区域进行签到，定期要求保洁主管提供工作计划，了解工作进度。

第16条 垃圾清运

在相应地点（如食堂和宿舍门口）设置垃圾桶，由保洁人员每日下班前将垃圾桶内的垃圾清理至垃圾房内，并由环卫企业负责清运。

第17条 定期或不定期进行安全检查，及时发现安全隐患并予以消除。

第18条 制定和完善各种突发事件的应急预案，提升行政部人员处理突发事件、群体事件的能力，依法、及时、迅速地处理各类突发事件。

第19条 定期开展安全教育培训，实施安全演练，增强企业员工的安全防范意识。

第5章 附则

第20条 本规范由行政部负责制定和修改。

第21条 本规范自下发之日起试行。

编制日期		审核日期		批准日期	
修改标记		修改处数		修改日期	

6.3 后勤生产经营工作

6.3.1 后勤生产经营事项

后勤生产经营事项是指将后勤工作中的物业、食宿、环境、仓储物流等事项的其中一项或多项外包，对外包商进行招商及管理工作。行政部的后勤生产经营事项如图6-2所示。

食堂供餐	包括食堂采购管理、菜单确定管理、餐厅工作人员及就餐人员管理、餐厅卫生管理等
宿舍管理	包括宿舍安全管理、宿舍卫生管理、宿舍防火管理、宿舍水电管理等
环境管理	包括绿化管理、办公环境美化管理等
卫生管理	包括企业卫生管理、办公卫生管理等
物业管理	包括工程项目管理、水电维修管理、企业安全保卫管理等

图 6-2　后勤生产经营事项

6. 3. 2　后勤生产经营管理

后勤生产经营管理主要包括以下三点。

1. 选择外包商

外包商一般是指能够承包后勤生产经营事项的人或公司。在选择外包商时，要考虑以下三点：第一，外包商必须是行业内的人或公司；第二，外包商必须信誉良好；第三，最好选择曾经合作过的外包商。

2. 签订外包合同

企业实行后勤生产经营事项外包时首先应明确外包合同的内容，例如，企业把厨房管理委托给个人或餐饮管理公司全权负责，企业向个人或餐饮管理公司支付管理费。清晰的合同内容可以更好地约定双方权责，避免纠纷。

3. 外包商管理

行政部要根据外包合同的内容对外包商的后勤服务事项、服务质量、服务安全等进行监督与检查，一旦发现问题及时通知外包商整改，如果外包商拒绝整改，企业可以中止合同或更换外包商。

第 7 章 办公室工作

7.1 办公室主要职责

办公室作为企业行政事务的主管部门，在企业中承担着重要职责。办公室的主要职责包括办公环境管理、办公秩序管理和办公经费管理。

7.1.1 办公环境管理

办公区域是企业员工开展日常工作的重要区域。良好的办公环境有利于调动员工的工作积极性，提高员工的工作效率。办公区域的办公桌、文件柜的卫生清洁和管理工作通常由使用人负责，其他区域由主管这部分工作的行政人员负责。

1. 办公环境管理方法

办公环境管理是一项由行政人员推动、全员参与的活动。目前，7S 管理已成为一种通用的办公环境管理方法，具体如表 7-1 所示。

表 7-1　7S 管理

7S 项目	相关说明
整理（Seiri）	将办公区内杂乱无章的部分加以收拾、分类、清理等
整顿（Seiton）	将空间重新分配并使其系统化、规律化、固定化
清扫（Seiso）	经常清扫垃圾区、卫生间等
清洁（Seiketsu）	维持整理、整顿、清扫后的成果，并坚持下去；寻找脏乱的原因，杜绝脏乱的源头
素养（Shitsuke）	使员工养成良好的工作和生活习惯，从根本上杜绝出现脏乱问题
安全（Safety）	及时消除不符合安全规定的因素
节约（Save）	减少企业的人力、成本、空间、时间、库存、物料消耗等因素

2．办公区域卫生保洁标准

行政人员应根据办公需要，制定具体、可操作的办公区域卫生保洁标准，并进行公示，确保操作人员有据可依。办公区域卫生保洁质量标准如表7–2所示。

表7–2　办公区域卫生保洁质量标准

区域	标准	检查方法	保洁频率
办公室	• 地面干净、整洁，无尘土、水渍和杂物 • 门、窗洁净，玻璃明亮、无尘土，窗帘整洁 • 办公桌面、电器表面及其他柜面洁净、无污垢 • 办公座椅、文件柜放置有序，其他办公用品摆放整齐 • 室内盆栽植物上无尘土，花盆外围干净、无土	抽查	每天清洁1次，对摆设植物按需要进行浇水养护
卫生间	• 卫生间内无异味 • 地面干爽，无污渍、杂物 • 便器内干净，无脏物 • 洗手池干净，洗手液等物品齐备	抽查30%的地方	每天保洁2次及以上，喷空气清新剂1~2次
电梯	• 电梯内保持清洁，无烟头、纸屑、痰迹、异味等 • 开关、门、墙壁上无指印	抽查所有电梯	每天保洁2次，必要时喷空气清新剂
垃圾箱	• 每日清运1次以上，保证垃圾箱的容量	对每个责任区进行保洁后检查	每天清运1次垃圾箱

行政人员应不定期检查或抽查办公区域的卫生情况，及时处理卫生管理工作中存在的问题。

3．办公室环境美化的要求与措施

办公室环境美化是行政人员的重要工作内容之一。负责此项工作的行政人员须明确各区域环境美化的基本要求，具体如图7–1所示。

1 绿化充分，植物配置合理

2 植物长势良好，叶子、枝干健壮，颜色正常、不干枯

3 树木修剪合理，树形美观，无死树

4 绿化垃圾日清

5 绿化植物与管道、建筑墙面、建筑边缘保持一定的距离

图7–1　办公室环境美化的基本要求

办公室环境美化的三项措施如表7–3所示。

表 7-3　办公室环境美化的三项措施

措施	具体内容
室内盆景维护与更换	• 绿植能够美化办公环境，适合在办公室养的绿植有吊兰、富贵竹、仙人掌等 • 不定期检查绿植的生长情况，对长势不好的绿植进行更换
调整室内办公格局	• 合理布置办公桌椅、卷柜的摆放，将文件分类放置到卷柜中，保持办公桌面干净 • 保证室内各种线路走向简洁、整齐、安全，并用护钉固定 • 合理设计、布局室内墙壁的张贴、悬挂物，要求墙壁和物品整齐、美观、规范 • 合理规划办公室光源，确保办公环境舒适、敞亮
美化办公区	• 定时修剪办公区的草皮、树木等 • 定期粉刷、油漆办公大楼 • 及时维护办公区围栏 • 保持标语、公告栏、文化走廊的美观、整洁

7.1.2　办公秩序管理

办公秩序管理主要包括办公纪律管理、员工安全管理、企业安保管理。

1．办公纪律管理

行政人员应规定办公纪律，使员工保持良好的工作秩序，并做好监督工作。例如，员工在上班期间不准大声喧哗，不准做与工作无关的事情等。

2．员工安全管理

行政人员要建立健全安全体系和落实安全措施，扎实做好安全管理工作。企业要形成长期、长效的安全管理文化，强化员工的安全意识。

3．企业安保管理

行政人员须进行重点部位及分管区域的安全检查，及时、果断地按规定处理相关问题，如果发现可疑情况要及时监控，并向上级汇报。

7.1.3　办公经费管理

办公经费包括办公及印刷费、水电费、邮电费、交通费、差旅费、会议费、日常维修（护）费等。

1．办公经费预算

（1）办公经费预算方法

办公经费的预算编制方法有很多，行政人员需要掌握增量预算法和零基预算法。

① 增量预算法是指在上期办公经费预算的基础上根据预计的业务情况，结合管理需求，调整有关费用项目。

② 零基预算法始于零基础，需要分析每个部门的需求和成本，无论最终预算比以前预算高多少或低多少，都应根据未来的需求编制预算。

（2）办公经费的内容

① 办公采购经费：一般是指与日常办公息息相关的物品，如桌、椅、文件柜、碎纸机、速印机、传真机等办公设备和办公家具的采购费用。

② 办公用品费：一般是指易损的、易耗的、使用时间短的办公用品的费用。

③ 办公会议费：一般是指因为召开办公会议所发生的一切合理费用，包括会议场地租赁费、会议资料费、会场布置费、交通费、音响及大屏幕租赁费、茶水费、餐费、住宿费等。由于办公会议费包含的内容比较多，在制定预算时很容易出现纰漏，因此应建立规范的会议管理制度，明确会议各项费用的标准，使办公会议费的预算合规、合理。

④ 办公招待费：一般是指企业因为业务的合理需要而发生的应酬费用。它是企业为保持工作顺畅所发生的实实在在的、必然产生的费用支出，是企业进行正常工作活动必需的一项成本费用。

办公招待费的具体范围如下：因企业工作需要而宴请或提供工作餐的开支，因企业工作需要赠送纪念品的开支，因企业工作需要而发生的旅游景点参观费、交通费等方面的开支，因企业工作需要而发生的业务关系人员的差旅费开支等。为了明确预算，企业应严格区分办公招待费与办公会议费，不得将办公招待费纳入办公会议费的预算。

⑤ 办公宣传费：一般是指企业因工作需要而进行的各种宣传活动所支出的费用，如企业发放的印有企业标志的纪念品、广告费等。

⑥ 其他费用：即除上面提到的办公经费外，其他的如车辆费、调研考察费、办公绿化费、设备维护费、培训费等费用。

a. 车辆费。企业公务车辆在使用过程中所产生的费用，如油耗、折旧、维修等费用。

b. 调研考察费。企业领导或人员赴基层调研，或赴外地考察时所产生的费用。

c. 办公绿化费。对企业办公区域进行绿化设计、装饰设计、环境保养等产生的费用。

d. 设备维护费。办公设备运行期间所产生的保养、维修等方面的费用。

e. 培训费。对员工进行培训所产生的费用。

2. 办公经费控制

企业在经营过程中会采取一系列措施来控制办公经费，具体如表 7–4 所示。

表 7-4　办公经费控制手段

控制手段	具体内容
合理支出会议费用	对确需召开的会议，应控制会议数量、会期和参会人数；对没有实质内容或明确目的的会议，一律不开；尽量通过电话或网络等方式召开会议
合理使用电话，节约电话费支出	通话时必须做到言之有物、简明扼要，尽量一次性将办公内容表达清楚，不要因为同一项内容而重复拨打电话
控制发文数量，节约印刷费开支	运用电子化设备办公，减少纸质文件的印发，对于未定稿文件，适当采用电子文档传阅，对纸张采用双面打印
严格执行调研、考察、出差等审批制度，控制经费支出	严格执行调研、考察、出差人员逐级报批制度及报销规定，严禁借考察、学习、培训、研讨、招商、参展等名义，用公款变相旅游
严格执行采购制度，节约办公经费	企业采取集中采购、集中管理，各部门无特殊原因不得自行采购。优先选购、采购节能产品，注重资源的循环利用
控制公务用车油耗	严格执行企业车辆配备标准，选购节能环保型车辆，及时淘汰环保不达标、油耗不达标的车辆，严格实行车辆定点定车加油、定点维修和定期保养，严禁公车私用

7．2　项目办

7．2．1　项目办职能定位

项目办公室简称项目办，是企业为规范项目管理工作，提高项目管理的工作效率而设置的职能机构，其主要职能是提供相关信息和报告，从而为企业高层管理人员和项目经理制定科学、合理的项目决策提供可靠支持，进而保证企业项目管理工作的高效运行。

企业的项目管理阶段可分为初始阶段、发展阶段和成熟阶段。在不同的项目管理阶段，项目办的职能定位有所不同，具体如表 7-5 所示。

表 7-5　项目办类型一览表

项目管理阶段	项目办的职能定位	类型说明
初始阶段	保证型	• 为项目经理提供管理支持、行政支持、培训和咨询、技术服务、知识管理等服务 • 以辅助者的身份出现，不容易引起项目管理的权力之争，容易得到项目经理的认可 • 向项目经理汇报工作
发展阶段	控制型	• 对项目进行整体的管理和控制，以保证项目的顺利执行，其主要工作内容包括任命项目经理、协调项目资源、审批立项结项等 • 多出现在矩阵式的企业组织结构中，代表企业管理层，具有很大的权力 • 直接向总经理汇报工作

（续表）

项目管理阶段	项目办的职能定位	类型说明
成熟阶段	战略型	• 参与企业项目筛选、战略目标确定与分解等工作，为企业领导决策提供重要的支持与参谋作用 • 具有战略理解和项目启动的双重任务，确保企业所有项目能够围绕企业目标进行

7. 2. 2 项目办主要事务

项目办的主要事务如表 7–6 所示。

表 7–6 项目办的主要事务

序号	主要事务	事务细化
1	项目规范编写	项目规范需求调查与分析
		项目规范体系设计
		项目规范文书编写
		项目规范审核
		项目规范执行
2	工作流程设计	工作流程初步设计
		工作流程分析
		工作流程优化
3	项目经理培养	培养需求分析
		进行培养
		培养效果评估
4	项目立项审批	项目内部审批
		项目外部申报
5	项目计划评审	项目范围描述评审
		项目人力资源安排评审
		项目进度与质量计划审查
		项目成本预算审查
		项目风险预防与控制
6	项目过程控制	项目进度控制
		项目成本控制
		项目质量控制
7	项目现场辅导	现场辅导需求识别
		现场辅导实施
		现场辅导效果评估

（续表）

序号	主要事务	事务细化
8	合同评审管理	项目合同主体审查
		项目合同形式及签订程序审查
		项目合同内容审查
9	项目信息管理	项目信息采集
		项目信息分析处理
		项目信息发布
10	项目沟通管理	制订项目沟通计划
		进行项目沟通
11	项目协调和仲裁	项目沟通效果评估
		项目冲突识别与分析
		项目冲突协调
		项目仲裁
12	项目稽核管理	稽核工作启动
		稽核工作实施
		稽核工作总结
		稽核工作终结

7. 3　办公用品管理

7. 3. 1　办公用品需求

1. 办公用品申请

办公用品申请表如表 7-7 所示。

表 7-7　办公用品申请表

申请人		部门		岗位		申请日期	
申请内容							
申请理由 / 用途							
申请金额							
使用单位 / 姓名							
申请人签字				部门主管 / 分管领导签字			
行政部签字							
财务经理签字				副总经理签字			
总经理签字							

2．办公用品需求汇总

办公用品需求汇总表如表 7-8 所示。

表 7-8　办公用品需求汇总表

部门：　　　　　　　　　　　　　　　　　　　　　　　　　　日期：　　年　月　日

个人领用类						业务领用类					
办公用品名	代号	部门	单价	数量	金额	办公用品名	代号	部门	单价	数量	金额
中性笔						打印机					
中性笔芯						碎纸机					
即时贴						装订机					
笔记本						复印纸					
草稿纸						墨盒					
名片夹						传真纸					
文件夹						索引纸					
订书机						书报架					
票据夹						硒鼓					
……						……					
小 计						小 计					
预算金额						实际金额					

7. 3. 2　办公用品采购

1．办公用品采购流程

办公用品采购流程如图 7-2 所示。

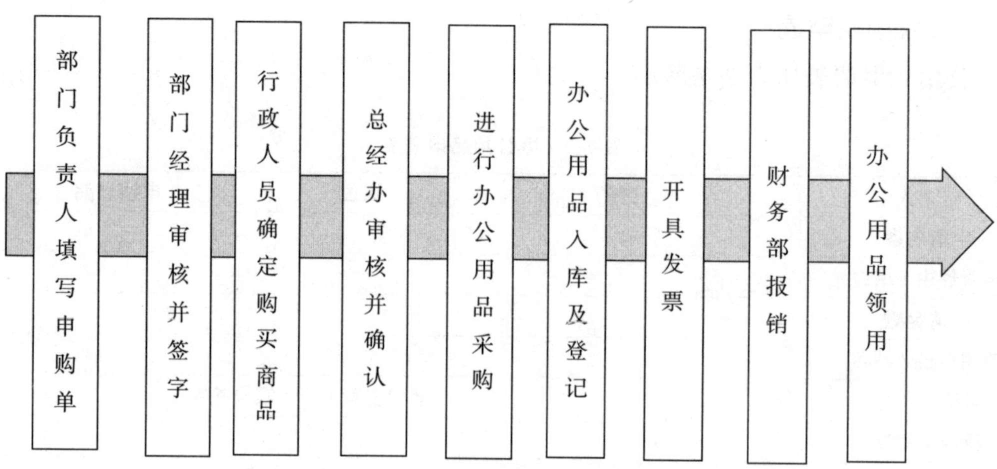

图 7-2　办公用品采购流程

2．办公用品采购注意事项

（1）办公用品入库时，相关人员应严格检查入库单上的品种、数量、质量、规格、单价是否与进货单上的内容一致。行政人员要严格按照办公用品入库手续办理入库，登记上账。

（2）行政人员应做好入库和出库管理。在日清月结的条件下，行政人员在月末必须按部门统计所有单据，将单据及时转到财务部结算。

（3）行政人员负责收回企业调离人员的办公用品。

7．3．3　办公用品发放

行政人员应依据各部门提交的办公用品申请表为其发放办公用品，对于办公用品费已经超支的部门，应做好记录并提出新的办公用品领用方案。

1．按惯例使用的办公用品的发放

对于企业内部员工按照惯例需要使用的办公用品，行政人员应对其进行定期定量的分配，或由使用人自行领用。

2．非惯例使用的办公用品的发放

对于企业内部非惯例使用的办公用品，使用人或领用人须提交办公用品申请表，交相关领导审核批准，批准通过后，方可领取。

行政人员应做好办公用品发放登记工作，详细记录办公用品的发放时间、数量、用途、领用人、批准人等。办公用品负责人应每月统计一次登记表，并将登记表交上级领导查阅，以便了解办公用品的消耗情况。

7．4　提案管理

7．4．1　提案征集工作

1．提案的征集形式

征集提案是企事业单位行政人员提案管理工作的重要开始，提案的征集形式如表 7–9 所示。

表 7-9　提案的征集形式

征集形式	具体说明
下达文件	下达文件主要是指倡议书，这种方式涉及倡议书的写作和公布两个关键环节 （1）倡议书的写作 • 倡议书的内容应包括倡议内容、奖励措施、倡议单位和活动的截止期限 • 倡议书的语言应力求简洁明了、具有冲击力和诱惑力 • 倡议书还应该明确告知员工在主题提案活动开展期间，单位欢迎员工提交主题范围之外的任何有价值的提案 （2）倡议书的公布：公布倡议书应选择能直接面向单位员工的倡议渠道，如布告栏、自办刊物、广播电台、电视台等媒体渠道
召开动员大会	全体员工都是提案活动的参与者，大型企事业单位较适合召开全体动员大会，既能引起员工重视，又能显得正式

2．提案的内容征集

提案中不能出现与国家政策、法律法规相抵触的内容；不能出现不属于企业生产经营范围的内容；不能出现个人具体问题，如诉苦或要求改善个人待遇的提案等。

提案内容偏于批评，或无具体改进和改革实施办法，或署真实姓名，或有其他的行政办公室认为内容不全的情况均属于无益提案，行政人员可将其退回提案人。

提案的内容主要包括八个方面，具体如图 7-3 所示。

1. 有关管理方面的改进措施
2. 有关现有规章制度的修订
3. 有关市场的新产品、新技术、新工艺、新材料和新设计
4. 有关对引进的先进设备制造工艺和先进技术进行消化、吸收和改进的过程
5. 有关新业务的开拓
6. 有关成本降低的事项
7. 有关安全生产、工具的维护保养事项
8. 有关生产中急需解决的技术难题

图 7-3　提案的内容

7．4．2　提案处理工作

1．提案的检查

企业在进行提案检查时，应注意以下五个要点。

（1）在对提案内容进行检查时，应确认该提案是否属于有效提案，是否对企业的生产经营及管理发展有积极的影响，是否具备可行性和可操作性等。

（2）在检查提案项目来源时，应确定提案项目是由上级企业下达的，还是由本企业有关部门下达的，或是由提案人根据生产和管理需要提出的。

（3）在检查提案人与提案内容的关系时，应确认提案内容是否与提案人的工作性质相关，并根据工作关联程度决定提案评审的得分情况。

（4）检查提案人是否存在弄虚作假、骗取荣誉的行为。

（5）检查提案人是否有申请奖励的权力。

2．提案的评审

（1）提案的筛选

在提案评审前，行政人员首先需要采取科学、合理的方法或程序剔除不合格的提案。合格的提案应具备以下四项内容。

① 提案内容应涉及企业的生产经营、管理及发展等相关环节。

② 提案中有确切的提案人、提案人所属部门及联系方式等基本信息。

③ 提案中已指出企业的发展现状，以及结合实际工作提出解决问题的具体办法。

④ 提案中有明确的预计投资额和投资回收期。

（2）提案评审项目及评审标准

提案评审项目及评审标准如表 7-10 所示，各项目的权重可根据实际情况来设定。

表 7-10　提案评审项目及评审标准

评审项目	评审标准
提案的动机	提案是主动提交，还是遵循上级指示；是为了解决个人问题，还是改善管理、技术
提案的创造性	提案是独特的发明、参考资料后的改良，还是引进或模仿
提案的可行性	提案是稍作修改即可实施，还是需要进行大幅修改后才能实施
提案的有效性	提案实施后能够控制或消除企业现有的哪些问题，或为企业节约或创造多少价值
提案的投资回报期	提案的投资回报期是半年内、半年到一年，还是一年以上
提案的应用范围	提案的应用范围是在同行业企业、企业内部各部门，还是仅限本部门

对通过评审的提案，评审人员应及时通知相关部门及提案人实施，并将其列入立案检查目录；对未通过评审的提案，评审人员要将提案原件退回提案人；若提案需经较长时间

考虑，评审人员应将保留理由尽快通知提案人。

7.4.3 提案落实工作

被选中的提案只有经过实施，才能真正实现其价值。提案在实施过程中会受到各种关系、因素的制约，因此，行政人员需要努力做好提案实施管理工作，以确保提案能够被顺利实施。

1．提案实施准备

在实施提案前，行政部应首先确定提案实施管理负责人，做好提案实施过程中的沟通、协调和监督工作；其次确定提案实施过程中的具体步骤和注意事项，并对提案实施人员进行培训，保证提案实施人员能对提案有正确的理解，从而提高实施效率。

2．提案实施监督

行政部应做好提案实施监督管理工作，对提案实施过程中出现的问题予以纠正，以确保提案能够顺利实施。

7.5 车辆管理

7.5.1 车辆调度管理

车辆调度是指根据企业车辆使用管理规定和当天的用车需要，对企业车辆的使用进行分配和安排。目前，企业普遍存在用车量大、供需矛盾突出的问题，行政人员应充分发挥车辆调度的功能，协调用车部门、车队之间关系。

1．车辆调度流程

车辆调度流程如图 7-4 所示。

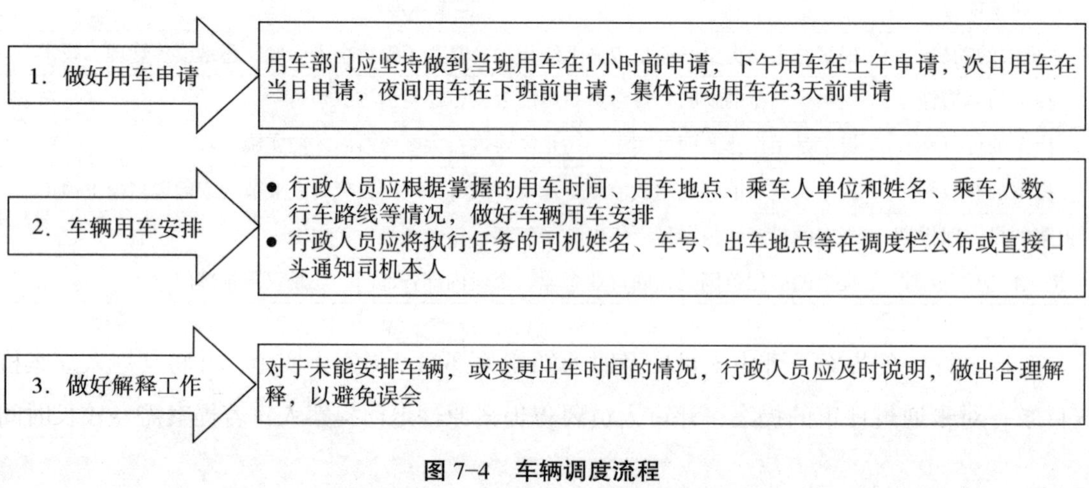

图 7-4 车辆调度流程

2．车辆调度的要求

为了充分发挥汽车的使用效益，最大限度地满足各部门的用车要求，行政人员应按照车辆调度的要求进行用车调度。车辆调度的要求如下。

（1）把握原则

① 坚持按制度办事，不徇私情，不因人用车。

② 局部服从全局，保证重点、统筹兼顾。

③ 遵循安全第一、质量第一的原则，将安全工作和质量管理放在首位。

（2）调度合理

① 按照先主后次、先紧急后一般、先重点后一般等处理原则和方法调度。

② 选择最佳路线，避免绕弯路和绕道行驶，保证一条路线不重复派车。

（3）灵活机动

① 在紧急情况下要从实际出发，灵活处理，不误时、不误事。

② 注意协调用车人之间的关系，必要时讲明调度原因，不要引起人员矛盾。

7.5.2　车辆检修管理

1．车辆检查

（1）车辆检查的时间

检查车辆是行政人员对司机、用车人，以及对公司车辆的使用进行监督与检查，从而保证公司车辆能够正常使用、进行按期维修与维护。一般来说，检查车辆的时间分为出车前、收车后两种，行政人员可根据公司实际情况及相关制度进行车辆检查。

① 出车前检查。行政人员须监督司机对车辆进行检查，检查车辆安全性能是否良好、配置是否齐全、燃料是否充足、是否足以安全上路并满足用车需要。

② 收车后检查。行政人员须监督司机检查车辆是否有损坏、剐蹭、非正常磨损等，及时查清车辆非正常损坏的原因，明确责任人。

（2）车辆检查记录表

车辆检查记录表如表 7-11 所示。

表 7-11　车辆检查记录表

<table>
<tr><th rowspan="3">项目
日期</th><th rowspan="3">洗车</th><th colspan="3">加油记录</th><th colspan="5">车况记录</th><th colspan="2">维修记录</th><th rowspan="3">备注</th></tr>
<tr><th>汽油</th><th>机油</th><th rowspan="2">金额</th><th colspan="3">配件</th><th rowspan="2">外观</th><th rowspan="2">运行</th><th rowspan="2">维护内容</th><th rowspan="2">金额</th></tr>
<tr><th>加油量</th><th>加油量</th><th>轮胎</th><th>音响</th><th>冷气</th></tr>
<tr><td></td><td></td><td></td><td></td><td></td><td></td><td></td><td></td><td></td><td></td><td></td><td></td><td></td></tr>
<tr><td></td><td></td><td></td><td></td><td></td><td></td><td></td><td></td><td></td><td></td><td></td><td></td><td></td></tr>
</table>

2. 车辆维修

（1）车辆维修类型

根据车辆维修对象和作业范围的不同，车辆维修可分为表 7-12 所示的四种类型。行政人员应根据车辆需要修理的程度，确定车辆维修类型，再开展下一步的维修管理工作。

表 7-12 车辆维修的四种类型

类型	具体说明
车辆大修	• 新车或经过大修后的汽车，在行使一定里程后机件会受到严重磨损，技术性能下降，对于这种情况行政人员在经过技术鉴定后，可对各总成进行一次恢复性的修理 • 大修以恢复汽车的动力性、经济性、坚固性和原有的配置状态为主，使汽车的技术状况和运行性能达到规定的技术要求，延长汽车的使用寿命
总程大修	汽车经过一定的使用里程后，其基础件和主要零件会破裂、磨损、变形，因此需要对其进行拆散和彻底修理，以恢复其技术性能
车辆小修	• 车辆小修是运行性的修理，主要是消除汽车在运行中发生的临时故障和局部损伤 • 对于有些按自然磨损规律或根据总成的外部征象能预先估计的小修项目，行政人员可集中组织有计划的小修作业，并实施相应的一、二、三级保养
零件修理	• 零件修理是指对磨损、变形或因损伤而不能继续使用的零件进行修理，是节约原材料、降低保养费用的一项重要措施 • 零件修理应考虑可靠性和经济性原则

（2）车辆维修管理注意事项

行政人员在进行车辆维修管理时，应及时监督受损车辆的修复，消除车辆故障，恢复车辆的使用性能，保证车辆能够安全地运行，以便满足公司的用车需要。行政人员在对车辆维修进行管理的过程中，需注意以下五个事项。

① 维修原因核查，主要是指核查车辆是否属于正常磨损，故障是否必须被维修；核查维修是否已按规定申报，维修是否值得。

② 维修实施核查，主要是指核查维修地点是否为正规维修点，保证维修合乎规范；核查维修费用、流程是否合理，并尽量使其合理化。

③ 维修结果核查，主要是指检查维修后的汽车是否达到预定维修要求；检查维修对车辆的长期影响；将维修记录记入车辆技术档案。

④ 维修报废处理，主要是指对需要维修的车辆，在考虑了维修成本、安全性、耗油量、维修后的使用时间等因素后，可对其进行报废处理。

⑤ 维修赔偿处理，主要是指新车在保用期限内出现故障，由修理厂完成技术鉴定后，向制造商申请索赔，赔偿后将处理记录记入档案；由人员操作不当或其他人为原因造成的车辆维修，要按有关规定追究责任人赔偿并进行维修。

7. 5. 3　车辆事故处理

车辆事故处理步骤如图 7-5 所示。

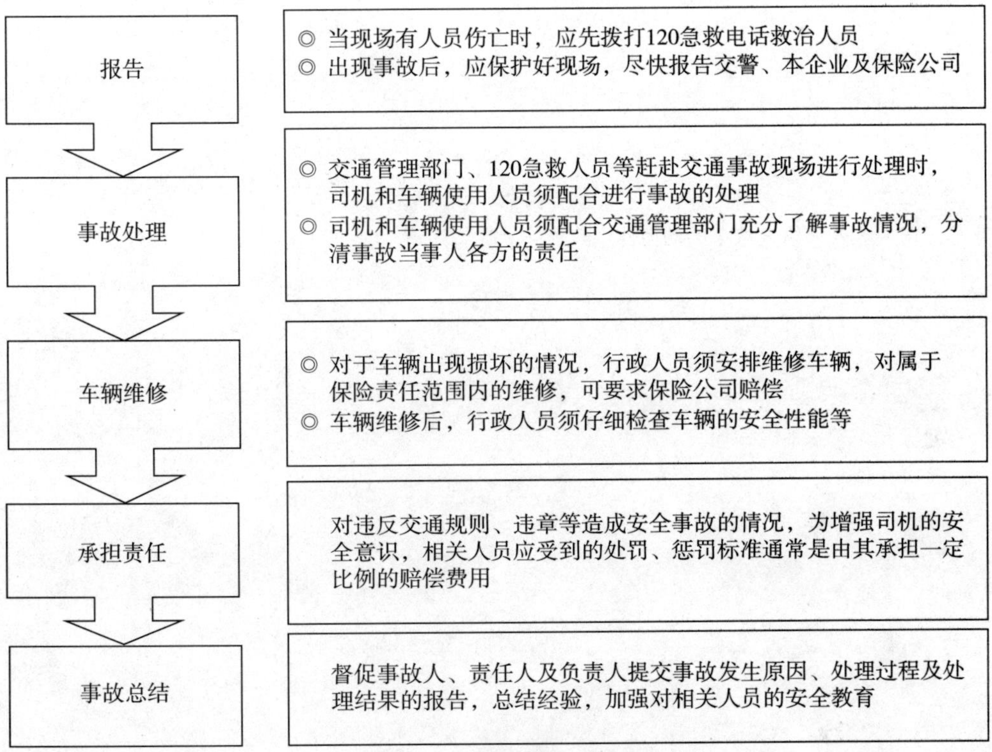

图 7-5　车辆事故处理步骤

第 8 章 信息管理工作

8.1 文件管理

8.1.1 电子文件

1．电子文件的密级分类

文件密级是指项目文件保密程度的等级。根据项目文件密级的不同，项目文件可以分为绝密文件、机密文件、秘密文件、内部公开文件与外部公开文件，具体内容如图 8-1 所示。

文件类别	文件密级	文件密级概述
绝密文件	绝密	◎ 此类文件包括项目决策的各类相关文件 ◎ 此类文件是企业最重要的项目信息秘密，不得泄露；一旦泄露，会使企业的相关权益受到特别严重的损害
机密文件	机密	◎ 此类文件包括项目规划类文件、项目财务报表类文件、重要会议记录等相关文件 ◎ 此类文件是企业很重要的项目信息秘密，不得泄露；一旦泄露，会使企业的相关权益受到很严重的损害
秘密文件	秘密	◎ 此类文件包括项目合同、项目协议、项目人事档案等相关文件 ◎ 此类文件是企业较重要的项目信息秘密，不得泄露；一旦泄露，会使企业的相关权益受到较严重的损害
内部公开文件	企业内部公开	◎ 此类文件包括项目进度计划与实施记录、项目质量标准及检验情况等相关文件 ◎ 此类文件是企业一般的项目信息秘密，不得泄露；一旦泄露，会使企业的相关权益受到损害
外部公开文件	外部公开	此类文件包括依照相关规定须进行对外公开的文件或公开后对企业发展有利的文件

图 8-1 文件类别

2．电子文件的备份

行政人员要对电子文件进行备份，备份方式可视情况自行确定。归档后的重要文件要在半年内或服务器储存空间接近临界容量时，由行政人员刻录光盘备份，并进行分类保管。

8．1．2 纸质文件

1．纸质文件的流转

文件流转可分为收文和发文，收文一般包括传递、签收、登记、分发、拟办、承办、催办、查办、立卷、归档、销毁等程序；发文是指以企业、体系或部门名义制发文件的过程，一般包括草拟、会签、审核、签发、复核、缮印、用印、分发等程序。

（1）文件格式要求

文件必须行文流畅、简洁，在流转过程中不得擅自涂改文件；文件必须完整，相关过程文件若作为附件，一律用提示贴予以标注，不得出现标有附件说明但所附文件有缺漏、有附件但未标注附件说明、附件说明与所附附件名称不一致、附件说明标识不规范等情况；对密级文件的流转审批必须标注密级，使用保密信封，由有审阅权限的人员进行流转审批。

（2）文件流转要求

① 员工签署书面意见时，须字迹工整，严禁只签署姓名而无任何意见。

② 部门向企业提交的文件内容须经部门负责人审核、修改、把关，部门负责人对所报材料负全部责任。

③ 文件流转审批必须遵循层级管理的原则，需要按照管理层级逐层上报，在非重特大或紧急的情况下，不得越级报批。

2．纸质文件的销毁

（1）文件销毁步骤

文件销毁步骤如图 8-2 所示。

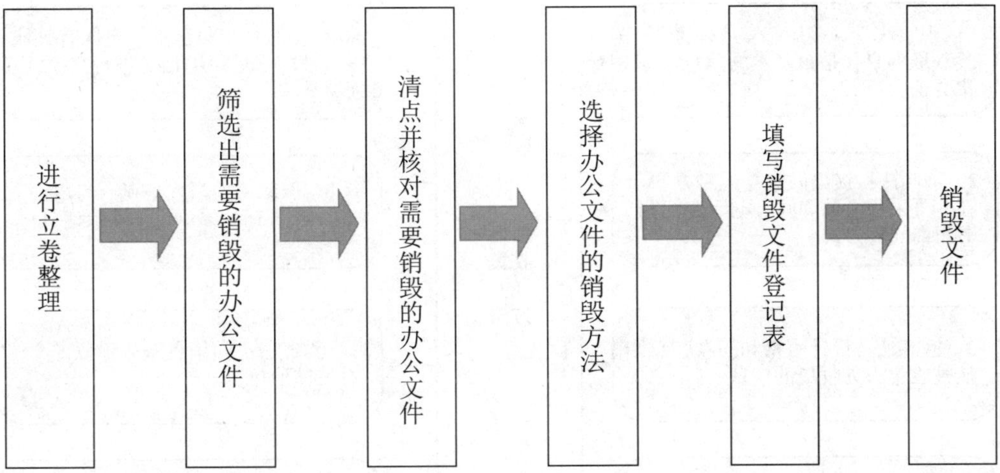

图 8-2　文件销毁步骤

（2）文件销毁关键点

文件销毁关键点说明如表 8-1 所示。

表 8-1　文件销毁关键点说明

序号	说明
1	行政人员对文件进行立卷整理，筛选出不需要的、无价值的和指定需要销毁的文件
2	行政人员在需要销毁的文件上加盖销毁印戳
3	行政人员对要销毁的文件进行登记，填写销毁文件登记表；行政部审核要销毁的文件，了解销毁文件的原因和情况，将销毁文件登记表交行政部经理签字确认后，再提交行政总监审批
4	行政部经理指定人员销毁文件，并派 2 名以上行政人员对文件销毁过程进行监督；文件销毁后，行政人员须在销毁文件登记表上签字，必要时需向行政部经理汇报销毁情况
5	行政人员须对销毁文件进行备案，在销毁文件登记表上写明销毁文件的时间、地点和监督人，并做好文件保管工作

8．2　信息处理

8. 2. 1　信息收集、整理、分析

1．信息收集

信息收集是行政人员的一项日常工作，做好信息收集工作是做好行政工作的一项基本要求。行政人员每天面对繁杂的信息，要有条不紊地对不同的信息或需要的信息进行收集、归纳处理，此为信息处理的第一个环节。信息收集的方法如图 8-3 所示。

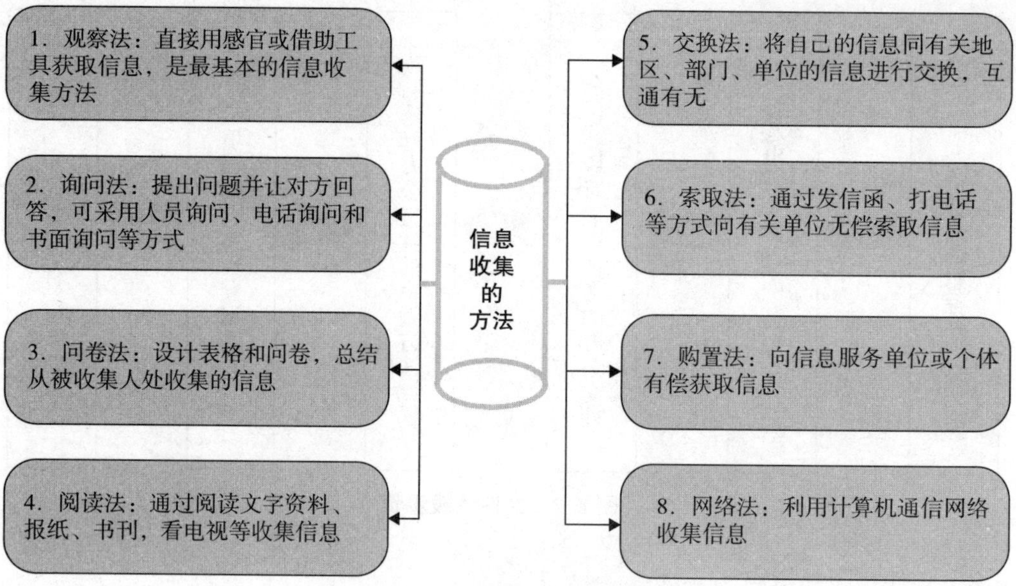

图 8-3　信息收集的方法

2．信息整理

信息整理是对所收集的原始信息进行加工，在数量上压缩，在质量上提高，再选择采用更有利于储存和传递的形式的过程。信息整理的流程与方法如表 8-2 所示。

表 8-2　信息整理的流程与方法

流程与方法		具体说明
信息分类	辨析信息类别法	对收集到的信息进行主题分析，按照一定标准进行类别分辨，判定其所属类别
	信息归类法	依据辨析的结果，按特定的原则和方法，将信息归类
信息筛选	查重法	剔除重复的信息，选择有用的信息
	时序法	按时间顺序取舍信息，如果信息是同一内容，选择时间最近的、最新的信息
	比较法	对同类信息进行比较，选择信息量大的信息
	测评法	请专家测评专业性强、技术性强的信息，根据企业的实际情况和长远规划需要对信息进行取舍
信息校核	分析法	比照事实进行逻辑分析，剔除破绽，去伪存真
	核对法	依照权威信息比照原始信息，纠正原始信息的差错
	调查法	通过现场调查，验证信息的真实性和准确性
信息综合分析		从整体上分析研究，系统地归纳所获取的信息，使之条理化、系统化
信息加工	充实内容	进一步充实信息，挖掘信息的潜在价值
	综合分析	对信息进行归纳总结，做到分类合理、综合准确，综合分析出信息的利用价值

（续表）

流程与方法		具体说明
信息加工	提出意见	有针对性地提出意见以供领导参考，做好领导的助手和参谋，要有方法、有观点、有方案
	修饰润色	在信息的篇章结构、语言文字上进一步推敲、润色，使信息达到拿来能用、拿来即用的效果

3．信息分析

信息分析是指为满足社会用户的特定需求，采用定性和定量的研究方法，对社会信息进行收集、整理、鉴别、分析、综合等加工过程，进而形成新的、增值的信息产品，为科学决策服务。按照信息内容划分，信息分析可分为跟踪型分析、预测型分析、比较型分析、评价型分析四种类型。

8. 2. 2　信息传递、开发、利用

1．信息传递

信息传递的分类方式主要有以下六种。

（1）按信息流向分：信息传递可分为单向传递、双向传递和反馈传递。

（2）按集中程度分：信息传递可分为集中式传递和连续式传递。

（3）按传递范围分：信息传递可分为内部传递和外部传递。

（4）按载体形式分：信息传递可分为口头传递、书面传递和图像传递。

（5）按技术手段分：信息传递可分为电信传递、邮政传递和专人传递。

（6）按保密途径分：信息传递可分为公开传递、半公开传递和秘密传递。

2．信息开发

信息开发是指行政人员全面发掘、综合分析和提炼信息，以获得更有价值，更能代表事物发生、发展规律和变化的高层次信息。

信息开发可分为一级开发、二级开发和三级开发。信息开发的形式多种多样，主要有剪报、索引、目录编制、文摘、简讯、调查报告和资料信息册等。信息开发有以下六种方法。

（1）信息汇总法。围绕一个主题，将原始信息汇集在一起，形成新的信息产品。

（2）纵深开发法。把若干具有内在联系和共同点的信息，或不同时期的相关信息，进行纵深比较分析，把握机会发展趋势或走向，形成新的结论或资料。

（3）横向比较法。把若干不同来源的原始信息进行横向对比分析，形成新的资料。

（4）归纳总结法。按照一定的标准，围绕一个主题，将原始信息集中在一起进行系统

的归纳分析，完整清晰地说明某一方面的工作动态或情况。

（5）图表转换法。将原始信息中复杂的信息，按一定的规律和要求，转换成直观易懂的图表。

（6）浓缩法。将原始信息中的文字加以压缩、提炼，明确主题，使其变为简洁的文字。

3. 信息利用

信息利用是指行政人员通过各种有效的方式和途径，将整理加工后的信息资源提供给信息利用者，以实现信息效用的最大化。信息利用有利于共享信息资源及对信息进行增值，有利于提高各级组织决策的成功率。信息主要有以下五种利用途径。

（1）提供信息检索服务

信息检索服务是指在不改变信息资源形态的情况下，有选择性地为信息利用者提供信息。信息检索服务有信息复制服务、信息发布服务、数据库检索服务、网络信息检索服务和电子期刊利用等。

（2）提供信息加工服务

信息加工服务是指通过对信息进行分析研究、选择、加工、编辑来利用信息。

（3）提供信息查询服务

信息查询服务是指针对特定的主题和内容，通过询问向信息利用者提供所需信息的服务方式。

（4）提供信息咨询服务

信息咨询服务是指通过改变所收集或储存的信息形态来提供新的信息服务。信息咨询服务的表现形式有问题解答、索引、信息咨询和信息利用者教育服务等。

（5）提供网络信息服务

网络信息服务是指以计算机硬件和通信设备为依托，以应用软件为手段，以数据库信息资源为对象开展的信息利用服务。网络信息服务的表现形式有电子信息发布、电子函件、电子公告板服务、光盘远程检索服务等。

8.3 档案管理

8.3.1 档案整理与保管

档案整理是指把零散的和需要进一步条理化的档案进行分类、组合和编目，使之系统化的过程。

1. 档案整理

为了便于进行档案管理，行政人员应对搜集到的档案进行分类。

（1）档案分类

行政人员首先应对档案进行正确的分类管理。一般来说，档案主要分为四大类，其中的文书档案和科技档案又可细分成若干小类别，具体如表 8–3 所示。

表 8–3　档案的类别

类别		具体包括内容
文书档案	党群工作类	常务工作、组织工作、宣传工作、纪检工作、工会工作等
	行政管理类	行政事务、人事劳资、教育培训、医疗卫生、后勤工作等
	经营管理类	经营决策、财务工作、本企业内部管理、物资物品管理等
	生产管理类	调度管理、质量管理、标准化管理、安全管理、设备管理、环境管理等
科技档案	产品基本材料	产品说明书、鉴定书、试验报告、分析报告、运行报告等
	科研材料	合同文本、科研报告、专题报告、试验报告、发明专利材料等
	基建材料	建议书、任务书、计划书、预算和决算报告、施工图纸、检验分析报告等
	设备材料	设备说明书、技术操作规范、维修保养计划和记录等
人事档案		招聘登记表、履历表、书面证明材料、薪酬考核材料及培训材料等
电子音像档案		光盘、照片、胶片、磁带等

（2）档案的分类方法

档案的分类方法如图 8–4 所示。

按文件产生的时间
- ◎ 年度分类法
- ◎ 时期分类法

按文件来源
- ◎ 组织结构分类法
- ◎ 作者和通信分类法

按文件内容
- ◎ 问题分类法
- ◎ 实物分类法
- ◎ 地理分类法

按文件形式
- ◎ 文件种类分类法
- ◎ 文件载体形态分类法
- ◎ 文件形式规格分类法

图 8–4　档案的分类方法

（3）档案整理步骤

行政人员在对档案进行分类后，接下来就需要对档案进行整理。档案整理步骤如图 8–5 所示。

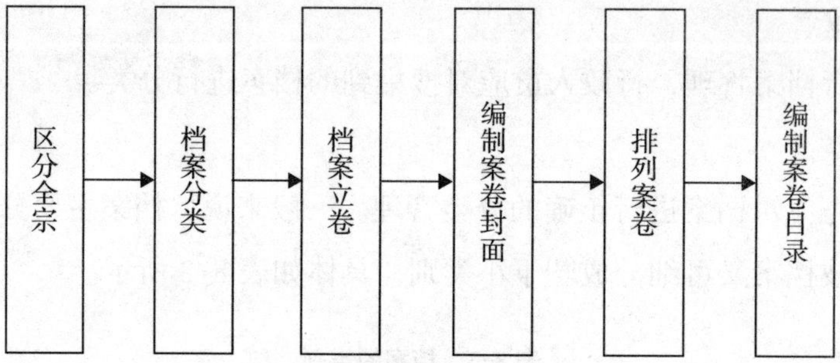

图 8-5　档案整理步骤

2. 档案保管

（1）确定档案保管期限

行政人员可参照表 8-4 所示的标准确定档案保管期限。

表 8-4　档案保管期限标准表

保管期限	具体内容举例
永久保存	如企事业单位章程、股东名册、组织规程及办事细则、董事会及股东会纪录、政府机关核准文件、不动产所有权及其他债权凭证、工程设计图等
10 年	如预算、决算书、事业计划资料等
5 年	如期满或解除的合约
1 年	结案后无长期保存需要的档案
其他说明：各种规章由行政部永久保存，使用部门视其有效期予以保存	

（2）了解档案损毁的原因

行政人员在对档案进行保管前，首先需要了解档案损毁的原因。档案毁损的原因如表 8-5 所示。

表 8-5　档案损毁的原因

损毁因素		损毁原因
自然损毁	内因	产品本身的质量问题
	外因	不适宜的温湿度
		紫外线辐射
		灰尘、有害气体污染
		有害的昆虫、微生物
		水灾、火灾
人为损毁	工作人员失职	责任心不强
	管理人员原因	工作制度不健全、缺乏管理知识
	其他人员破坏	盗窃
		纵火

（3）掌握档案保管技巧

根据档案存放形式的不同，档案保管技巧有所不同，具体如图 8-6 所示。

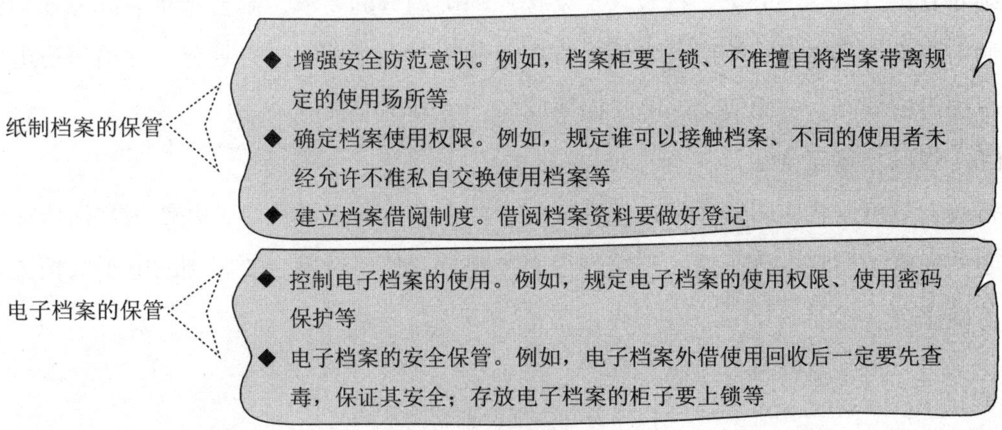

图 8-6　档案保管技巧

8. 3. 2　电子档案保管

1．电子档案的存储规范

电子档案具有对计算机系统的依赖性、非人工直接识读性、信息与载体的可分离性、信息内容的易改性、载体的不稳定性等特性。

对于不同信息类型的电子档案，由于其技术特点不同，存储载体和记录信息的标准、算法也不同，因此电子档案的存储应根据电子档案的特性采取图 8-7 所示的六种措施，以保证电子档案的原始性、真实性、完整性和安全性。

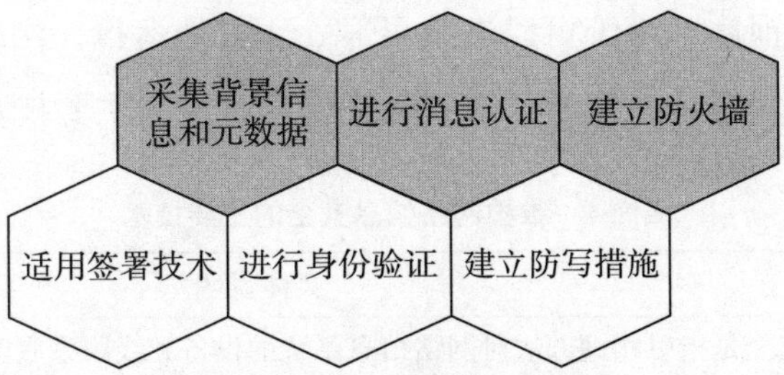

图 8-7　电子档案存储措施

2．电子档案的保管要求

（1）进行科学的归档

对电子档案进行科学的归档是其能够被有效应用的前提。在办公自动化的条件下，行政人员应对档案实行电子信息处理。随着每年数据的更新，过期数据要由各业务部门按档案室的统一要求进行鉴定、编目整理，并移交档案部门保存、定期归档。

（2）进行合理的分类

一家企业电子档案的类别是多种多样的，行政人员要对这些电子档案进行分类管理，就必须对其进行科学的分类。行政人员要按照门类划分的要求，结合本企业的专业和档案内容制定分类编号方案，按照分类编号方案的规定对电子档案进行划分，并给每份电子档案一个固定的号码，从而使全部电子档案成为一个有机的整体。

（3）提高档案安全性

行政人员可以将应归档并经过整理的电子档案存入磁盘或光盘，并使用数据压缩工具对应归档的电子档案进行压缩，压缩过程必须规范，然后对确定要归档的电子文档进行一次备份操作。

扫码查看档案管理制度示例

8．4 网络信息管理

8．4．1 网络信息安全

网络信息安全是指网络系统的硬件、软件及系统中的数据能够受到保护，不受偶然的或恶意的破坏、更改、泄露，系统可以连续可靠、正常地运行，网络服务不中断。在日常工作中，维护网络信息安全十分重要，维护网络信息安全的主要技术如表 8-6 所示。

表 8-6 维护网络信息安全的主要技术

主要内容	具体说明
物理安全	• 物理安全是指以物理方法对网络信息系统的设备和线路采取安全措施与保密措施，即保护计算机网络设施、设备和其他媒体免遭地震、水灾、火灾等环境事故，以及人为操作失误或错误而导致的破坏 • 物理安全包括环境安全、媒体安全、设备安全及计算机网络临界点安全
网络信息密码技术	通过常规密码算法与公钥密码算法对数据传输进行链路加密、节点加密、端到端的加密
身份验证	身份验证是用户向系统出示自己身份证明的过程，身份认证是系统核查用户身份证明的过程。认证方式主要包括数字签名、指纹验证、人脸识别等

（续表）

主要内容	具体说明
网络安全协议	网络安全协议是在协议中采用了加密技术、认证技术以保证信息被安全交换的安全网络协议。它在计算机通信网或分布式系统中运行，为安全需求的各方提供一系列步骤
访问控制	访问控制是通过一个参考监视来进行的。每次用户对系统内的目标进行访问时，都由它来调节。用户对系统进行访问时，一边参考监视器，一边查看授权数据库，以确定准备进行操作的用户是否确实得到了可进行此项操作的许可
病毒防治技术	病毒防治技术主要以预防为主，尽量远离病毒感染源，要从防病毒、防黑客和防灾难恢复等几个方面综合考虑，形成一套安全机制，这样才能有效地保障整个网络信息的安全
远程控制	• 远程控制是指在本地计算机上通过远程控制软件发送指令给远程的计算机，使远程的计算机在无人值守的情况下也能够完成一系列工作 • 远程控制的具体操作过程并不复杂，关键是要选好适合远程控制的软件工具，远程控制是一把双刃剑，若利用不当，则会造成很大的安全隐患
信息隐藏与数字水印技术	• 信息隐藏是将隐秘信息秘密地隐藏于另一个非机密的文件中，其形式可以是任何一种数字媒体 • 数字水印技术多用在版权保护中，当数字产品的版权归属发生疑问时，仲裁人可以通过检测水印来判定版权归属
网络安全测试工具及应用	网络安全测试工具可以帮助网络管理员快速发现存在的安全漏洞，并及时进行修复，以保证网络的安全运行
防火墙技术	防火墙是用一个或一组网络设备（计算机系统或路由器等），在两个或多个网络间加强访问控制，以保护一个网络不受来自另一个网络攻击的安全技术。
网络地址转换技术	网络地址转换器也被称为地址共享器或地址映射器，在内部主机向外部主机连接时，可以使用同一个 IP 地址；相反，当外部主机向内部主机连接时，则必须通过网关映射到内部主机上
操作系统安全内核技术	美国国防部技术标准把操作系统的安全等级分成 D1、C1、C2、B1、B2、B3 和 A 级。目前，主流的操作系统的安全等级都是 C2 级

8.4.2　网络病毒管理

1．网络病毒的类型

一般情况下，我们将可以通过网络传播，同时破坏某些网络组件（服务器、客户端、交换和路由设备）的病毒称为网络病毒。网络病毒的类型如表 8-7 所示。

表 8-7　网络病毒的类型

分类标准	名称	具体说明
功能	木马病毒	一种后门程序，潜伏在操作系统中，窃取用户资料如网上银行密码、账号密码等
	蠕虫病毒	利用操作系统和程序的漏洞主动发起攻击，每种蠕虫都有一个能够扫描到计算机漏洞的模块，使计算机感染病毒

（续表）

分类标准	名称	具体说明
传播途径	漏洞型病毒	在 Windows 操作系统中比较常见，漏洞型病毒会利用操作系统或软件的漏洞攻击计算机
	邮件型病毒	通过电子邮件进行传播，病毒会隐藏在附件中，伪造虚假信息欺骗用户打开或下载该附件

2. 网络病毒的防范关键点

网络病毒的防范关键点有以下五个。

（1）安装正版的杀毒软件，并定期查杀病毒。

（2）及时升级杀毒软件的病毒库。

（3）及时升级操作系统和应用软件。

（4）下载文件时尽可能使用带有病毒查杀功能的下载工具。

（5）从正规网站上下载常用的办公软件。

3. 网络病毒的查杀步骤

网络病毒的查杀步骤如下。

（1）行政人员首先要对计算机系统被病毒及黑客破坏的程度有一个全面的了解。网络系统管理人员根据系统被破坏的程度来决定采用有效的计算机病毒查杀技术，制定对抗网络病毒及黑客的技术方案。

（2）在进行系统修复前，行政人员应该切断网络并备份重要的文件至移动硬盘或优盘，做好双备份。

（3）启动瑞星或金山毒霸等杀毒软件，并对整个硬盘进行扫描。

（4）在发现计算机病毒后，利用杀毒软件去除文件中的计算机病毒，重新安装相应的计算机应用程序。

8.5 信息保密管理

8.5.1 信息保密措施

保密工作就是防止秘密被泄露和追查泄密的工作，保密措施是指禁止企业秘密以任何方式向外界传播的措施。行政人员要理解并掌握保密事项和要求，按照保密法规制定保密措施，从而保证企业秘密不被泄露。具体的保密措施如图 8-8 所示。

保密设施的配备

文件碎纸机，保险柜，报警系统，各种密码的保密装置

提高保密技术，使保密现代化

加大对保密装备研究经费的投入，加强对防泄漏设备的检查

严格遵守保密法规和纪律

加强保密教育，增强保密意识，重视保密工作

专人专管

实行保密工作领导责任制，领导负全面责任

对泄密行为的查处

如发现泄密行为，应及时报告有关领导，以便及时补救

健全保密机构

制定内部工作制度，明确职责权限，严格执行工作制度

图 8-8　保密措施

8. 5. 2　机要信息管理

机要信息是指企业中标有“绝密”“机密”“秘密”等密级的文件、简报、报表、刊物、录音带、录像带、光盘等。

1．机要信息的收发与传递

（1）机要信息的收发

机要信息的收发应履行清点、登记、编号、签收等手续。

（2）机要信息的传递

① 包装工具：应使用由防透视材料制作的、周边缝有韧线的信封或袋子。信封的封口及中缝处应加盖密封章或加贴密封条；袋子的接缝处应使用双线缝纫，袋口应进行双道密封。

② 要求：要选择安全的交通工具和交通路线传递机要信息，并采取相应的安全保密措施；包装密封，并在信封或袋牌上标明密级、编号和收发件单位名称。

2．机要信息的使用

（1）机要信息的阅读和使用

使用人员应在符合保密要求的办公场所内阅读和使用机要信息，严禁擅自将其携带外出。使用人员在阅读和使用机要信息时，应办理登记、签收手续。机要保密员要随时掌握机要信息的去向。

（2）机要信息的复制

使用人员若要复制绝密级机要信息，应经密级确定部门或其上级领导批准，不得改变机要信息的密级、保密期限和知悉范围。复制机要信息应履行登记手续，复制件应加盖复制保密单位的戳记，并视同原件管理。

3．机要信息的保存

企业对机要信息进行保存时，应选择安全保密的场所和部位，并配备必要的保密设备，如保险箱。绝密级机要信息应被保存在安全可靠的保密设备中，并由专人管理。

4．机要信息的销毁

行政人员在销毁机要信息时，应先经主管领导审核批准，并履行清点、登记手续。在销毁时，行政人员要确保机要信息无法再还原。

不同载体的机要信息的销毁方法不同：对于纸介质机要信息，应采用焚毁、化浆等方法处理；对于磁介质、光盘等机要信息，应采用物理或化学的方法进行彻底销毁。

不同销毁途径的要求不同：使用碎纸机销毁机要信息时，应使用符合保密要求的碎纸机；送造纸厂销毁机要信息时，应将其送至企业指定的厂家销毁，并由送件单位派两名以上人员押运和监销。

8.5.3 失密泄密管理

企业秘密是指一切关系企业安全和利益，在一定时间内只限一定范围内的人员知悉的事项。企业秘密的知晓范围应遵循压缩控制的原则，员工应只在管辖范围内根据工作需要知晓相关的企业秘密。

1．失密泄密级别的认定

（1）重大失密泄密事件

重大失密泄密事件是指事态严重，给企业安全带来严重危害或威胁，造成重大社会影响或对企业声誉产生重大影响，需要企业统一组织协调、调度各方资源和力量进行应急处置的事件。

（2）重要失密泄密事件

重要失密泄密事件是指事态较为严重，给企业信息安全、生产经营带来危害或威胁，造成较大社会影响或对企业声誉产生影响，需要企业调度力量、资源应急处置的事件。

（3）一般失密泄密事件

一般失密泄密事件是指对企业信息安全、生产经营可能造成危害或威胁，对企业声誉产生影响，需要企业调度力量、资源应急处置的事件。

2．造成失密泄密的原因

（1）违反保密制度

违反保密制度是指在不适宜的场合随意公开企业秘密，主要表现为相关人员在外来人员参观、访问、进行贸易洽谈时违反保密制度，将企业秘密泄露。

（2）保密意识淡薄

保密意识淡薄是指相关人员保密观念不强，随意将一些秘密资料、文件等携带出门，遇丢失、被抢、被骗等事件，造成失密泄密。

（3）窃听、窃照

一些不法分子利用先进的工具通过窃听、窃照、截取电子信号、破解电子文件等手段获取企业机密信息。

3．失密泄密事件处理步骤

失密泄密事件处理步骤如图 8-9 所示。

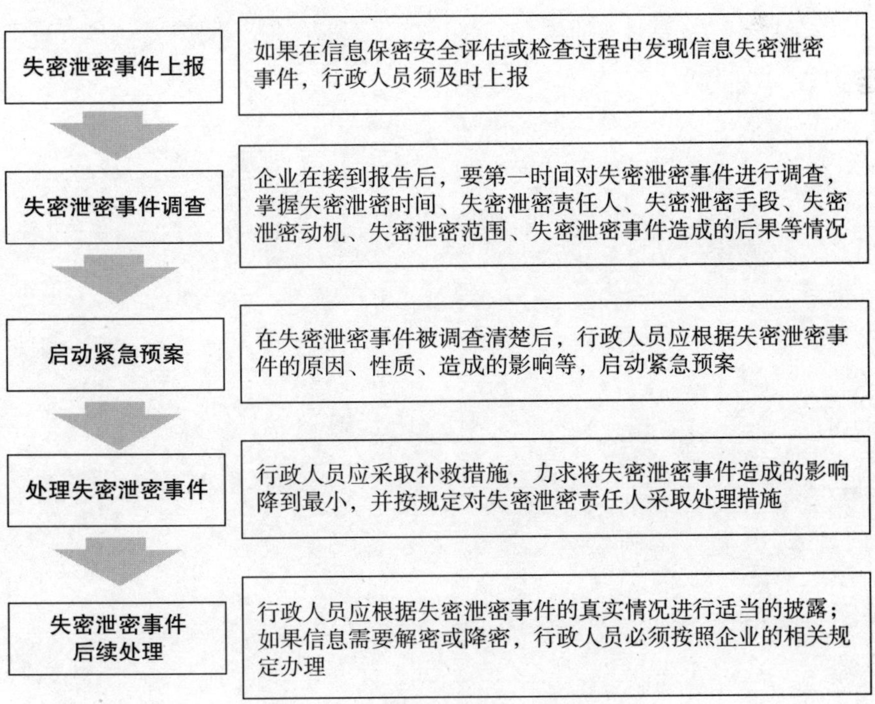

图 8-9　失密泄密事件处理步骤

第 9 章 活动管理工作

9．1 活动策划

9．1．1 策划方法选择

参照法、排除法、头脑风暴法、综合分析法都是在活动策划中经常使用的方法，这些方法需要企业根据自身需求分析使用，具体介绍如表 9-1 所示。

表 9-1 活动策划方法

方法	介绍	适用范围
参照法	即行政人员参照企业历次活动采用的策划方法，或参照其他相关企业采用的策划方法	企业具有成熟的活动策划方案，或具有成功举行策划活动的经验
排除法	将众多的备选条件、备选方案按一定顺序排列，通过寻找各个条件、各种方案存在的缺点并将相关方案排除序列外，进而选择最优方案的策划方法	企业已提出多种策划方法，在其中进行选择时
头脑风暴法	会议主持者以明确的方式向会议所有参与者阐明问题，说明会议的规则，尽力营造融洽、轻松的会议氛围，让会议参与者共同提出策划方法	适用于企业初次或较少次数举行策划活动，经验较少时
综合分析法	即策划主体全面、完整地认识策划客体的各种关系、各个方面，从而真实地把握策划客体的策划方法	适用于策划活动非常重要或可能对企业有重大影响的活动

9．1．2 策划方案撰写

一份完整的策划方案内容应包括方案名称、活动背景、活动目的、活动组织机构、活动对象、活动时间和地点、活动内容、活动宣传方式、活动资源需要、活动经费预算、活动注意事项、落款。

下面以××公司公益活动策划方案为例，撰写策划方案。

<table>
<tr><td rowspan="2">文书名称</td><td colspan="3" rowspan="2">××公司公益活动策划方案</td><td>受控状态</td><td></td></tr>
<tr><td>编　号</td><td></td></tr>
<tr><td>执行部门</td><td></td><td>监督部门</td><td></td><td>编修部门</td><td></td></tr>
<tr><td colspan="6">
一、活动背景
6月5日是世界环境日，环保是全球的热点话题，是全人类共同关注的焦点，在此背景下，向市民宣传环保知识和公司的绿色环保产品，进一步增强市民的环保意识，必能取得良好的效果。
二、活动主题
公司将本次活动的主题设定为“营造绿色城市，人人参与；创建绿色家园，你我共享”。
三、活动口号
本次活动的口号是“为了你，为了我，为了孩子，让我们从现在做起”。
四、活动目的
1. 向市民宣传环保知识，增强市民的环保意识。
2. 通过本次活动提升公司的知名度，宣传公司的产品。
五、活动时间
本次活动的时间定为20××年6月5日。
六、活动地点
本次活动的地点设定在××市的中心广场。
七、背景音乐
本次活动应选用具有大自然之声的轻音乐。
八、活动准备工作
1. 设置15块环保宣传展板，宣传环保知识和公司的绿色环保产品，由张××负责组织相关人员在6月3日前完成并通过验收。
2. 王××负责组织设置共20米的咨询台，在6月3日前完成并通过验收。
3. 杨××负责组织歌舞表演，在6月4日进行彩排。
4. 李××负责设置小熊、小白兔、青蛙等卡通人物，发送有关资料，所有准备工作在6月3日完成。
5. 设置8辆宣传彩车，准备好相关资料，并和相关部门协调好具体路线。
6. 周××负责产品展示，向群众宣传、展示公司的绿色环保产品，阐述公司理念。
7. 设置环保有奖问答环节，事先选好主持人，并准备好相关问题、资料和礼品。
九、活动实施程序
1. 8:00~9:30，场地布置。
2. 9:30~9:50，接待准备。
3. 9:50~10:10，活动开幕式。
4. 10:30~11:10，歌舞表演，穿插环保知识有奖问答（约20道题）。
5. 12:00~17:00，现场咨询（环保知识及公司产品的相关知识），广播宣传（15:00~16:00停播）。
6. 17:00，活动结束。
十、活动宣传
1. 前期宣传：由××日报、晚报、电视台于6月1日左右进行媒体发布。
2. 中期宣传：由××日报、晚报、电视报、电视台、电台、中国环境报等进行现场采访与报道。
3. 后期宣传：××日报、晚报、电视报、电视台、电台在活动结束后的15天内，在相关媒体上对本次活动进行评述，以便进一步扩大本次活动的影响。
</td></tr>
</table>

（续）

十一、活动预算

本次活动预算如下表所示。

活动预算表

序号	项目	金额	备注
1	场地布置费	__元	
2	场地租金	__元	
3	音响器材租金	__元	
4	摄影及制作光盘费	__元	
5	奖品费	__元	
6	运输费	__元	
7	宣传品印刷与制作费	__元	
8	工作人员餐饮费	__元	
9	彩车租用及装饰费	__元	
10	相关道具费	__元	
11	礼仪小姐、演员演出费	__元	
12	相关人员服装租金	__元	
13	劳务费	__元	
14	活动宣传费	__元	
15	其他费用	__元	
费用合计			

十二、效果预测

对本次活动效果的预测目标主要有以下六项内容。

1．活动现场的参加人数不少于__人次。

2．有关本次活动的媒体报道不少于__篇。

3．本次活动的信息覆盖率达__%。

4．活动现场的执行情况不发生任何明显失误。

5．活动经费严格控制在预算范围内。

6．活动后本公司的知名度提升__%。

9．2　活动宣传

9．2．1　宣传方式选择

宣传方式主要分为企业内部宣传和企业外部宣传两种。

1．企业内部宣传

企业内部宣传方式如下。

（1）可使用企业内部交流 App 进行宣传，在企业内部群与全员群进行公告。

（2）行政人员可向企业内部员工下发邮件进行通知。

（3）可在企业宣传栏张贴海报、通知进行宣传。

2．企业外部宣传

企业外部宣传方式如下。

（1）传统宣传方式

传统宣传方式包括报纸、杂志、广播、电视等。

（2）网络宣传方式

① 网络视频平台

网络视频平台即在完善的技术平台支持下，让互联网用户在线流畅发布、浏览和分享视频作品的网络媒体，是近年来逐渐发展成熟的宣传方式。

② 短视频平台

短视频即短片视频，是一种互联网内容传播方式，一般是指在互联网新媒体上传播时长在 30 分钟以内的视频，随着移动终端的普及和网络的提速，短平快的大流量传播内容逐渐获得推广。

③ 社群交流平台

低成本引流、高效率曝光，建立信赖、提升黏度，高精准引流、产品化经营等优势是社群交流平台深受客户青睐的原因。

（3）其他宣传方式

① 海报

宣传海报可用于商场、超市、社区、地铁、公交、写字楼等场所。画面大、费用低、艺术表现力丰富、内容广泛、视觉效果强烈是海报的优势。

② 传单

传单的制作成本和宣传成本都相对低廉。对于宣传经费较少的活动，传单是一种非常不错的宣传方式。传单经常被用于超市促销、新店开张、产品推广、校园比赛等活动。

③ 展板

展板可用于商场、超市、企业、写字楼、会场、厂区、社区、医院、学校等地。展板的制作成本和宣传成本低，可重复利用，流动性强，可实现定点宣传。

④ 灯箱

灯箱可以实现全天候宣传，即使在夜间或黑暗环境中也可以起作用。一般地铁、公交站、商场、写字楼等场所会使用灯箱进行宣传。

9.2.2　宣传文案撰写

1．宣传文案的基本构成

(1) 标题

标题是宣传文案的主题，也是宣传内容的诉求重点。

(2) 副标题

副标题作为标题的补充，起到进一步说明和“点睛”的作用。并非所有文案都需要副标题。

(3) 正文

正文是对活动的说明，表述要传达的信息。

(4) 口号

口号有利于宣传对象记忆与辨识，增强宣传效果。

(5) 随文

随文是宣传文案必要的附加说明，一般放在文案的最后部分。随文主要包括参加活动的方法、活动主办方的标志、电话、网址、特别说明等内容。

2．宣传文案的常见类型

不同的宣传方式有不同类型的宣传文案。在撰写文案之前，行政人员要确定使用哪种宣传方式，然后再根据宣传方式撰写相应的宣传文案。常见的宣传文案类型有：电视宣传文案、网络宣传文案、广播宣传文案、杂志宣传文案、报纸宣传文案、户外宣传文案、现场宣传文案、传单宣传方案、海报宣传方案、展板宣传方案等。

3．宣传文案的三种常用写法

(1) 九宫格写法

在中间的格里写上宣传主题后，接下来在其他八格里写上宣传的相关要素。

(2) 清单表写法

将要宣传的要点逐一列出来，然后对其加以合并、调整、删减、增加、修改等。

(3) 三段式写法

第 1 段：用一句话浓缩整个宣传文案的内容。

第 2 段：列出相关要素，如优点、形式等。

第 3 段：呼吁宣传对象参加、关注、支持活动。

9.3 活动实施

9.3.1 活动计划与准备

1. 组织任务小组

(1)确定任务的核心成员

活动负责人：全权负责活动的组织、筹划、活动问题处理及协调工作。

执行负责人：负责活动的具体执行、跟进、人员安排及调派工作。

财务负责人：协助活动负责人、执行人做好活动小组的财务预决算及现金管理工作。

(2)划分组织活动的任务小组

组织一场活动通常需要以下几个任务小组的协同配合：布展组、接待组、礼仪组、外联组、财务组、采购组、宣传组、后勤组。

2. 联系活动地点

(1)选择活动地点

在选择活动地点时，行政人员首先需要明确活动地点的种类。活动地点主要有两种：一种是室内场地，如酒店、俱乐部等；另一种是室外场地，如公园、广场等。在选择活动地点时，应注意以下两个要点。

① 列出活动地点选择条件

在选择活动地点前，行政人员应先列出对活动地点的要求，缩小选择范围。需要考虑的因素有：需要类型、客人人数、活动内容、周边环境、费用限制。

② 明确需要询问的内容

行政人员列出活动地点选择条件后，接下来需要明确询问的内容，避免遗漏。询问内容一般包括以下几个方面：租赁费用、可用档期、租赁流程、附属场地、物品提供、现场情况、布展时间、收费方式。

如果选择室外场地，行政人员还要考虑气候条件、场地基本情况、电力系统、服务设施等因素。

(2)联系活动地点的途径

联系活动地点的途径如下。

① 求助相关论坛，如一些会展类的论坛。

② 选择知名度高的网站，某些网站也提供类似的服务。

③ 选择合作过的活动地点。一则较为熟悉，二则价格上会有优惠。

（3）敲定活动地点

敲定活动地点需要做好以下三项工作。

① 前往活动地点进行初步查看。

② 协商解决活动地点存在的问题。

③ 签订合同，确保权责明晰。

3. 准备现场物料

要做好现场物料准备工作，行政人员可以按照活动各个区域的需要逐一列出物料，最大限度地确保物料齐全。

（1）物料分区

物料准备区一般分为接待区、签到区、展示区、休息区、主会场和公共区，工作人员应根据各区域的具体需求准备物料。

（2）注意事项

① 费用方面：尽量多申请活动地点的免费支持；对于无法提供的物品，尽量采用租用方式；确实无法租用的再由采购组购买，尽最大努力保证不要超出物料预算。

② 物料细节方面：确保条幅、海报等无基础性错误；确保物料数量足够，可多不可少；确保硬件设备的质量，必要时可多准备一份硬件设备。

③ 清点方面：清点数量是否足够；清点种类是否齐全；检查物料是否有损坏。

④ 储存方面：轻拿轻放，防止物料出现损坏；防潮、防水、防霉变；专人看管物料，取用时须登记。

4. 布置活动现场

（1）考察活动地点的布局

在布置活动现场前，行政人员须考察活动地点的布局情况，画出现场平面布置图，以便后期设计活动现场布置方案。

（2）制定活动现场布置方案

行政人员应根据活动现场的布局，制定活动现场布置方案。一份完整的活动现场布置方案主要包括五个要素：布置地点、具体位置、布置形式、摆放物品、摆放方式。

（3）把握布置活动现场的三个要点

① 场外布置和场内布置。

② 台上布置和台下布置。

③ 设施布置和氛围布置。

5．确定人员名单

（1）确定活动参与人员

行政人员须根据活动的要素确定活动参与人员的范围、资格、条件，应选择对实现活动目标有潜在贡献的人。

（2）邀请活动参与人员的方式

邀请活动参与人员的方式主要有两种，一种是正式邀请，如发送邀请函；另一种是非正式邀请，如电话、邮件、短信。

（3）制定活动参与人员名单

行政人员应根据确定的参与人员的总人数、名字、职位、性别、联系方式等信息，制定活动参与人员名单。

6．制定活动流程表

制定活动流程表的目的是控制活动的时间，把握好每个活动之间的衔接情况，确保整个活动能够完整、顺畅地开展。

活动流程表主要包含三个阶段，即人员入场阶段、活动进行阶段、结束收尾阶段。

7．安排活动食宿

（1）制定就餐方案

① 根据活动的规模、参与人员确定就餐标准。

② 通知就餐时间时要注意强调准时就餐。

③ 就餐时应提供详细的地址或由工作人员带领。

④ 需与就餐地点协商好就餐凭证，可以选择自行设计打印就餐凭证。

⑤ 就餐人员的组合方式可按照团队、行业、性格、年龄等因素进行综合分配。

⑥ 自助式就餐或服务式就餐皆可。

（2）制定住宿方案

① 统计住宿人数时避免出现遗漏情况。

② 分析活动人员的情况，包括年龄、性别、健康状况等，若有长者、尊者等，应进行适当照顾。

③ 房间通常分为单人间、双人标准间和套间，一般双人标准间的需求最多，但也要考虑特殊人群的需求。

9.3.2 现场管理与控制

1. 活动现场管理

(1) 活动现场管理的总体要求

① 活动项目负责人须确定所有活动环节的具体负责人。

② 活动项目负责人必须严格依据活动项目审批的范围和权限开展工作。

③ 在活动期间，人员调动、资金使用及场地使用等必须登记在册。

④ 在活动实施期间，如遇内容的变更，须及时报主管领导，经批准后变更方可生效。

(2) 活动实施要点

① 时间管控

在实施活动前，活动实施人员应制定一份详细的活动时间表，为了确保活动的顺利实施，须依照事先制定的活动时间表执行活动。

② 供应管控

供应管控主要是指对活动的服务、所需物资等的管理，确保活动所需的物资能够及时到位。

③ 人员管控

实施活动需要多人协同完成。对此，活动实施人员需要对人员进行合理分工，确保人员配合得当。

④ 活动流程清晰、明确

活动实施人员需要清楚知晓整个活动的流程，以便对活动进行整体的把控。

⑤ 制定备选方案

在执行活动的过程中，活动实施人员要尽可能地将临时发生的状况降到最低，这就需要他们事先制定备选方案，以便做到处变不惊。

(3) 活动接待

① 接待活动准备过程中需要注意的事项

a. 及时与客人联系，了解客人的姓名和职务、身体状况、来访时间、是否需要安排食宿等。

b. 将客人来函进行登记，呈报主要领导签阅，再呈报相关负责人审阅。

c. 根据需要为客人预订酒店及餐饮。

② 接待活动实施过程中需要注意的事项

a. 与客人取得联系，随时了解其行程，必要时派人和车辆到路口迎候客人。

b. 对于一些重要客人或身体抱恙的客人，应该给予特殊照顾。

c．在接待客人的过程中，接待人员需要注意客人的身份地位，应按照接待礼仪规定的方式款待客人。

（4）活动进行时的注意要点

① 做好引人注目的开场白

一个新颖别致的开场白可以有效吸引观众的注意力，让观众的思维快速切入活动现场。

② 做到活动过程中的巧妙过渡

在活动进行过程中，从一个流程到另一个流程的过渡需要做到自然、不刻意。

③ 避免活动现场陷入冷场

活动实施人员应采取各种方法调动现场气氛，避免活动现场陷入冷场。

④ 准备让人们留下深刻印象的结束语

极具特色的结束语可以给观众留下深刻的印象，可以使活动的强大影响力延伸至活动结束后。

2．活动现场控制

（1）维持现场秩序

为了避免活动现场出现秩序问题，活动实施人员需要做好相应的准备工作，工作内容之一就是组建秩序维护小组。

秩序维护小组的所有成员应本着“服务、协调、管理、指导”的理念，尽职尽责地做好活动现场的秩序维护工作。所有成员应该按照分配的任务，按时在规定区域内做好自己的工作。

（2）处理突发事件

① 活动过程中的常见突发事件

在活动进行过程中，难免会出现一些突发事件，突发事件主要有以下三种。

a．现场设备出现故障。

b．天气突然发生巨变。

c．其他各类事件。

② 处理突发事件的具体措施

针对突发事件的处理措施如下。

a．针对设备故障问题

针对设备故障问题，一般情况下，活动主办方需要做好两点：其一，做好预防检查工作，在相关活动开始前，提前检查各种设备，以保证万无一失；其二，做好临时应对准备，提前找好各类设备维修人员，以备不时之需。

b．针对天气突变问题

室外活动组织者要时刻关注天气变化。若活动当天遭遇恶劣天气，室外活动组织者须提前安排活动实施人员做好应对措施，如对灯光、音响设备等进行防雨处理，对灯光架进行加固等或将活动日期延后。

（3）活动收尾注意事项

活动实施人员在处理收尾工作时应注意以下四个事项。

① 确认是否安排了其他节目。

② 检查活动现场是否有遗漏的物品。

③ 确认现场记录和录制资料是否全面，活动环节是否有遗漏、是否需要补充。

④ 客人的接待和返程工作是否已经安排好。

第 10 章 公关策划工作

10.1 调查、评估、协调

10.1.1 公关立项调查

公关立项调查是企业根据公共关系管理的需要收集和处理信息，根据对信息的研究发现问题，确立公共关系目标并提出实现目标的措施的完整工作程序。

1．确定公关活动的目标

行政人员需要充分了解客户的需求，在现有信息资源的基础上进行深入调研，了解所有相关情况，审核所有信息资源，确定公关活动的目标。

2．明确公关活动的内容

企业公关活动的主要内容有客户的确切需求、公关活动的目标、目标受众、以往的公关行为、大致的经费预算等。

3．获取调查资料

行政人员可以通过背景调查和受众调查获取调查资料。

（1）背景调查

背景调查主要包括调查以往公关活动的情况、竞争对手的公关活动，以及对媒体报道和市场进行分析等。

（2）受众调查

受众调查主要包括媒体调查、消费者调查、客户调查、特殊群体调查等。

4．调查方法

（1）观察调查法

观察调查法是调查者深入调查现场，用自己的感官及辅助工具，观察和记录被调查者的表现，从而获得第一手资料的调查方法。

（2）访谈调查法

访谈调查法是调查者依据调查提纲，通过与被调查者直接交谈，收集语言资料的一种调查方法。

在访谈调查过程中，只有注意运用人际交往和谈话的技巧，才能有效地控制访谈过程，获得有价值的资料。

（3）文献调查法

文献调查法是调查者通过查阅各种文献，对媒介所传播的有关企业形象或发展的信息进行调查统计分析的一种间接的调查方法。

（4）问卷调查法

问卷调查法是调查者运用统一设计的问卷，采用书面回答的方式，向被调查者了解情况并收集信息的方法。

问卷调查法是社会调查中最常用的资料收集方法，常用于较大规模的抽样调查。调查者可采用这种方法，对公众态度、社会生活进行准确、具体的测量，并采用社会统计方法进行量化描述。

5．调查资料统计分析

使用上述调查方法获取的调查资料往往是粗糙、表面和零碎的。这些资料如不经过行政人员的整理加工，就只是杂乱无章、不能说明问题的材料堆积，也就不能让行政人员分析公关现象的总体情况并得出科学结论，因此行政人员要对资料进行统计分析。

10．1．2　撰写公关评估报告

行政人员可根据调查资料的统计分析结果撰写公关评估报告。公关评估报告主要有以下五个特点：评估目的的明确性、评估内容的专业性、评估指标的系统性、评估方法的科学性、评估材料的客观性。

1．撰写要点

公关评估报告通常应包括以下六项内容。

（1）公关活动的主题及背景。

（2）调查资料的结果。

（3）解决问题的策略和办法。

（4）公关活动的流程安排。

（5）公关活动的经费预算和效果评价。

（6）其他事项。

2. 公关评估报告的结构

（1）标题

标题一般由评估项目或性质加“评估报告”这四个字组成。

（2）署名

公关评估报告可由主办单位撰写，也可委托专业评估机构编制。署名一般置于标题之下。

（3）正文

① 开头：主要有两种写法，一种是介绍评估的目的、背景、过程与方法，另一种是简要介绍评估项目的基本情况。

② 主体：具体表述评估报告的各项指标和结果。

表述方法既可对应各项评估标准列出的评估结果的各项数据，也可采用各种形式的图表，辅以文字说明，将预期数、实际数和以往的数据加以对比。表述要求做到数据准确，材料与观点统一，语言简练。

③ 结尾：要用简洁、明晰的语言写出结论，提出建议。建议必须针对评估结论，具体提出可以采取哪些措施以获得更好的效果。

（4）附件

有的公关评估报告将说明性图表或资料作为附件，这时必须在正文下方依次标注附件的名称。

（5）日期

在正文右下方写明提交的具体日期。

10. 1. 3 组织沟通协调

1. 明确并下达任务

行政部要明确公关策划的任务要求，在确定策划内容与策划目标后，向行政人员下达公关策划任务。

2. 资料收集与分析

行政人员在接到公关策划任务后，应立即着手开展资料的收集与分析工作。

行政人员应从当前组织形象存在的优势点、问题点和机会点三个方面进行分析，为接下来的公关策划提供依据。

3．协助调查

行政人员应设立在调查的基础上，由各职能部门协助策划人员进行调查工作的流程。

调查主要注重调查对象的代表性、调查手段的适用性、调查方法的科学性、资料收集的真实性和全面性等。

4．制定公关活动方案

行政人员负责制定公关活动方案，方案内容须完整、翔实；制定完成后将方案报行政经理、行政总监和总经理逐级审批。

对未通过的方案，行政人员需要与行政经理讨论沟通，与其达成一致的修改方案，然后将修改后的公关活动方案报行政总监和总经理再次审批。

10．2 计划、方案、预案

10．2．1 公关接待计划

1．时间安排

行政人员应根据公关工作需要拟定日程安排表。日程安排表主要包括活动开始时间、人员接待时间、活动各个节点时间、活动结束时间、人员送别时间等。

2．明确到访人员

行政主管在收到企业的公关活动通知后，须确定需要邀请的人员，并仔细核对拟邀人员的名单。

行政人员要仔细确认应邀人员的回函，确定在活动现场应邀前来的人员。对于关键的、影响较大的人员，行政人员应确定其是否会来，如果出现意外，应及时上报有关情况，并提前做好应对措施。

3．制定经费预算

公关接待经费的开支项目主要有食宿费、工作经费、交通费、宣传公关费用、其他费用等，行政人员要根据公关项目的实际情况制定经费预算。

4．场地安排

行政人员须提前2~3天到达活动场地，确定场地的大小、规模、桌椅摆放位置、休息室、人员接待处等相关事宜，并在公关活动开始前准备好人员到来的签到事宜，如准备好签字笔、签到簿、名片等。

5. 食宿安排

行政人员在公关活动开始前，应做好来访人员的食宿安排工作。

6. 安全工作

行政人员要做好活动现场的安全工作，保证现场人员的安全。

10. 2. 2 公关实施方案

方案名称	公关实施方案			受控状态	
				编　　号	
执行部门		监督部门		编修部门	

一、公关背景

××产品自20××年12月上市以来，销售业绩没有达到预期，同时由于受到竞争对手新产品的冲击、媒体投放效果下降、新产品的自身价位偏高等问题的影响，××产品的竞争能力变得越来越弱。

××公司作为一家专门从事食品生产的制造商，立志创建符合本土特色的品牌。此次媒体公关活动进行了大面积的广告投放，在为××产品带来名气的同时，更注重为企业品牌植入核心价值，形成具有长期市场影响力的核心价值。

二、公关目标

1. 扭转××产品上市以来不温不火的销售状态，帮助××产品在市场上树立新的价值点，树立良好的产品品牌形象。

2. 将××产品或××公司的行为与当前的国家政策和慈善活动挂钩，以诚信和社会责任助推××产品的销售。

3. 增强现有客户和合作伙伴的信心，加深其对××公司的认同。加大市场发掘力度，吸引更多的新客户和合作资源。

三、公关时间

重点传播时期为20××年1月、2月和3月，维持期为4月和5月。

四、宣传主题

绿色消费。

五、媒体公关的内容

1. ××公司履行社会责任，号召并发起成立毛毛虫支持基金。

2. 以毛毛虫支持基金的倡议为核心，配合开展××产品“我生命中的一扇窗”的主题活动，新闻媒体配合报道××产品“免费为孤儿院提供早餐”“健康饮食，享受阳光”等活动。

3. 以毛毛虫支持基金号召人的身份，为××产品在市场上树立新的价值点和责任点，同时也为××公司后续的新产品造势，为宣传××公司产品品牌的核心内涵建立良好的平台。

六、媒体公关的流程

（一）制造“新闻价值点”（20××年1月5日至1月10日）

1. 制造新闻热点事宜安排

制造新闻价值点的安排具体如下表所示。

（续）

制造新闻价值点的事宜			
内容	形式	合作方	媒体
由××公司倡议设立毛毛虫支持基金	• 在北京××酒店召开毛毛虫支持基金新闻发布会 • 邀请××、××、××出席发布会 • ××公司预备资金100万元，作为该基金的第一笔费用	与××区政府宣传部联合发起	××新闻频道、××电视台、××报、××网
发布倡议书内容，表达××公司为大众建设美好生活的心愿			

2．新闻发布会期间的注意事项

（1）结合社会热点，以倡议设立毛毛虫支持基金为新闻点，引发媒体的大量报道，使受众留下良好的形象。

（2）以新闻发布会为契机，宣传××公司致力于提升大众饮食品质的理念。

（3）强调和宣传××产品的同时，呼吁受众一起朝着健康生活方式努力。

（二）媒体公关阶段（20××年1月10日至2月15日）

1．在媒体公关阶段，××公司可跟踪政府有关部门、企业员工和客户等对毛毛虫支持基金的建议和意见。

2．××公司结合新闻价值点造成的市场反响，通过网络、派发传单等方式不断推出一系列针对公司和新产品的软文宣传。

3．在这一阶段，行政部应及时搜集大众的反馈，对可能出现的负面报道，迅速在媒体上做出回应。

（三）"我生命中的一扇窗"主题活动（20××年2月15日至3月31日）

1．以"我生命中的一扇窗"为主题，寻找合适的儿童拍摄××产品广告，将广告放在选定的新闻媒体播放。

2．该阶段仍将可能出现一些不利于产品或公司的负面报道，行政部应及时监测并迅速在媒体上做出回应。

3．电视台跟踪报道"免费为孤儿院提供早餐""健康饮食，享受阳光"等活动。

（四）媒体公关维持期（20××年4月1日至5月31日）

1．××产品借助前期产生的宣传效应已经进入最后的销售攻坚期，销售部应制定出良好的销售攻坚方案。

2．销售部在各大商场举行××产品的销售活动，销售现场的布置应与公关议题和公关内容相符。

3．这一阶段要确保将客户的投诉数量维持在最低水平，接到客户投诉后要在第一时间妥善解决。

七、公关评估

1．行政部制作××公司满意度调查表，在学校、医院、地铁等人口密集的地方发放，通过收集到的信息评估产品品牌形象。

2．财务部对20××年1月以来××产品的销售额进行统计、分析，评估该产品的市场接受程度。

3．经过数据分析，行政部出具《公关总结报告》。

编制日期		审核日期		批准日期	
修改标记		修改处数		修改日期	

10. 2. 3　危机公关预案

危机公关事件是指企业内外部环境中突然发生的不良事件或恶性事件，是对突然发生的危及公共安全、企业秩序和企业员工的各种紧急情况的总称。

危机公关事件不仅给企业生产和公共利益造成巨大损失，对生存环境产生破坏，同时也威胁人们的生命财产安全，往往需要行政人员进行快速而正确的处理或协助相关人员进行处理。面对危机公关事件，行政人员应在权限范围内编制危机公关预案。

1. 危机公关预案的内容

危机公关预案应包括图 10–1 所示的七项内容。

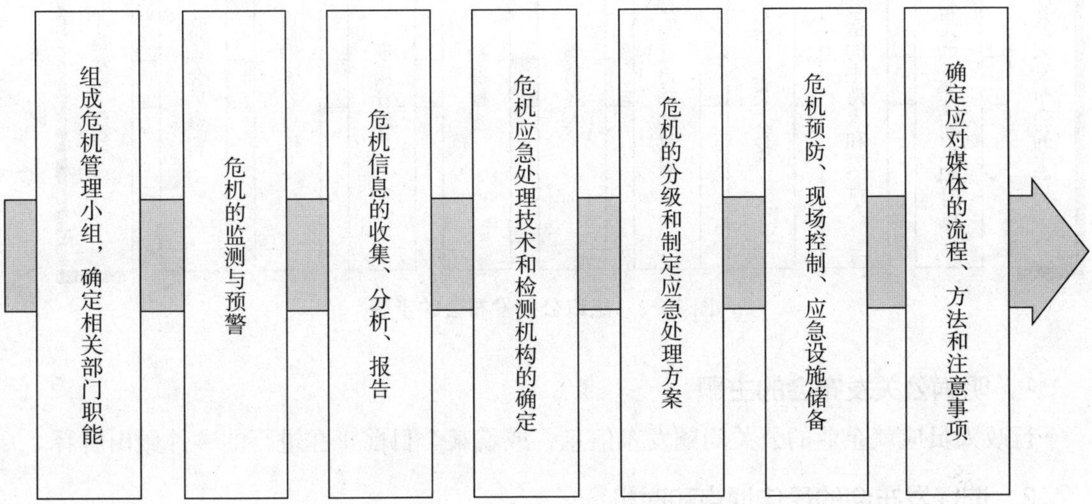

图 10–1　危机公关预案的内容

2. 危机公关预案的学习、演练

企业制定完危机公关预案后，要组织相关人员进行学习、演练。只有这样，危机公关预案才不会变成一纸空文，才能在危机出现后起到应有的作用。

3. 危机公关预案的补充、修改

危机公关预案虽然全面，但危机本身也是不断变化的，行政人员应根据实际情况对预案进行修订、补充。危机多发部门应建立和完善危机监测与预警系统，各部门均应指定专人或专门机构负责开展危机的日常监测。

10.3 发布、传播、公关

10.3.1 组织发布会

为了成功举办公关发布会，行政人员不仅要做好会前的筹划工作、会中的组织工作，还要做好会后的信息反馈工作。

行政人员在组织公关发布会时，一般应遵循图10–2所示的步骤。

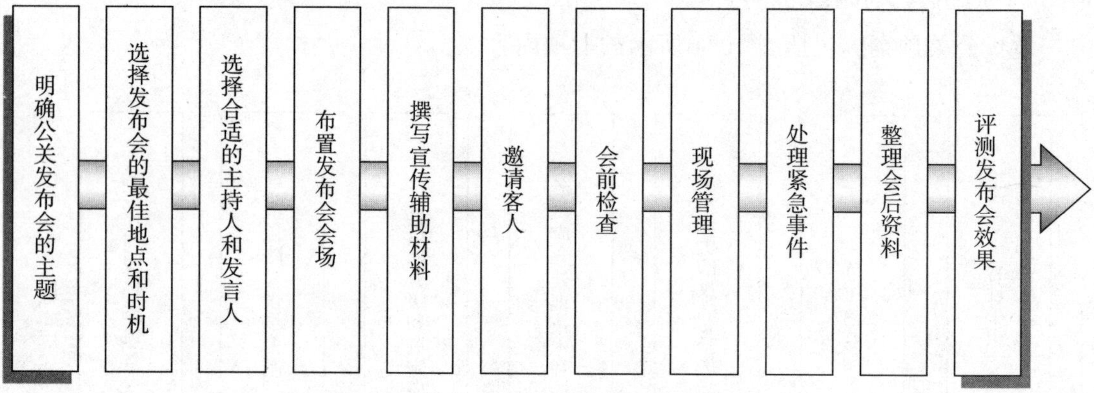

图10–2 组织公关发布会的步骤

1. 明确公关发布会的主题

行政人员应就企业的公关问题发布信息，或就某个目前正在进行的事件做出解释。

2. 选择发布会的最佳地点和时机

为了给客人创造较为方便的条件，行政人员在选择发布会的地点时，应考虑会场的周围环境、交通条件、会场设施等因素。行政人员在选择发布会的最佳时机时，应将发布会日期与希望发布事件的日期相配合，以便促进自身对外宣传，挖掘新闻点、制造新闻效应，要尽量避开其他重要事件。

3. 选择合适的主持人和发言人

主持人和发言人必须熟悉情况、精通业务、思维敏捷，具有较高的地位和权威性，并且对已确定的公关发布会的主题有充分的准备，能够胜任所承担的职责。

4. 布置发布会会场

行政人员要组织专业人员设计背板，布置会场，充分考虑每个细节，如音响和放映设备、领导发言稿、新闻通稿、现场的音乐选择、会议间隙时间的余兴安排等。

5. 撰写宣传辅助材料

行政人员需要撰写与发布会有关的宣传辅助材料。宣传辅助材料须内容翔实准确，能打动人。行政人员须保证客人人手一份宣传辅助材料，以便增强发言人的讲话效果。

6．邀请客人

邀请的客人覆盖面要广。行政人员应在发布会开始一周前寄出邀请信，临近发布会举行时还要提前联系客人，落实客人的姓名、人数。

7．会前检查

在发布会正式开始前的几个小时，行政人员要检查一切准备工作是否就绪，将发布会议程精确到分钟。

8．现场管理

行政人员要随时监控媒体发布情况，整理发布会音像资料，收集会议剪报，制作发布会成果资料集，其中包括客人名单、客人联系方式、发布会各媒体的报道资料集、发布会总结报告等。

9．处理紧急事件

在会议过程中，会议主持人和发言人要围绕公关主题的发布消息回答问题。在会议进行时，若有突发性事件发生，行政人员要做到既能坚持原则，又能灵活处理，保证发布会顺利进行。

10．整理会后资料

在发布会结束后，行政人员要及时整理会后材料并将其立卷归档。

11．评测发布会效果

行政人员要收集并综合分析各媒体的反馈信息，评测发布会是否达到了预期目的。

10．3．2 选择传播方式

传播方式的选择与传播的效果及经济投入、人力投入等事项直接相关，因此，选择传播方式绝对不能盲目。选择合理的传播方式，会收到事半功倍的效果；否则，就会事倍功半。

不同传播方式有不同的特点，企业要根据自身的公共关系目标需要，选择合适的传播方式，或综合运用几种传播方式来进行整合传播。下面通过不同人员的分类选择不同的传播方式。

1．政府部门

针对政府部门，企业可以通过递送文件、召开专家与政府部门负责人的座谈会、由专家举办培训讲座等方式进行传播。

2．行业专家

针对行业专家，企业可以通过举办产品讲座、专题活动等方式进行传播。

3．企业客户

针对企业客户，企业可以通过举办展览活动、营销活动、新闻报道、短视频平台宣传、海报宣传等方式进行传播。

4．媒体

企业首先要了解不同媒体的特点、定位、发行量和读者群，并建立媒体信息资料库，只有拥有大量媒体信息资料，才具备制定媒体组合传播策略的基本条件。

10. 3. 3 组织公关活动

1．确定活动目标

行政人员应根据企业的具体情况选择公关目标。常见的公关目标有全新塑造、形象矫正、形象优化、问题解决、危机公关等。

2．确定公关对象

（1）业务关系单位，包括顾客、供应商、竞争对手等。

（2）企业内部对象，包括员工、股东等。

（3）企业外部对象，包括新闻媒体、政府机关、社会公众等。

3．确定公关创意

行政人员在确定公关对象后，应根据调查结论、社会组织形象特性和公众需求，确定公关创意。

公关创意内容包括公关活动主题、活动名称和项目、标语口号、宣传作品设计等。

4．公关活动方式

企业开展公关活动的方式主要有以下四种。

（1）宣传活动方式，主要包括广告、新闻宣传、新闻报道、记者专访等。

（2）服务活动方式，即提供优质的产品和服务，如提供送货、退货等服务。

（3）社会活动方式，即举办社会性活动，如纪念会、庆祝会、赞助活动、展览会、联欢会、音乐会等。

（4）征询活动方式，包括各种有奖征询，如商标名、商标图案、产品名称、企业形象、经营建议等的征询。

5．公关活动媒介

公关活动媒介包括新闻性媒介和其他媒介，主要有新闻、广播、网络传播平台、电影等。

6．公关活动内容

公关活动包括以下六个方面的内容。

（1）创办企业内部交流刊物

企业内部交流刊物作为对外公关制度化、经常化的最佳手段，是企业对外信息发布的窗口和交流阵地，是联系外界的主要桥梁和纽带。

（2）广泛征集公众信息

企业通过向社会发布信息，有偿或无偿地征集公众对企业的建议。常见的征集内容有以下五种。

① 企业产品使用情况，企业售前售后服务情况。

② 公众对企业产品或服务的改进意见。

③ 企业商品名称方案。

④ 企业商标的设计方案、企业形象（图标）设计方案。

⑤ 选择企业（商品）形象代言人。

（3）举行新闻发布会

新闻发布会是较正式、正规地向记者发布企业信息的形式。

（4）举办赞助活动

企业通过举办赞助活动能够履行社会责任和义务，能够回报社会，以便赢得公众的好感。

（5）举办联谊活动

企业通过举办联谊活动，能够促进交往、增进感情、获取信息、增强合作。

（6）进行危机管理

企业的危机事件如重大工伤事故、产品质量问题、法律诉讼、不可抗力事件、环保问题、劳工问题等，很容易在企业内部造成混乱和误导，影响企业形象和信誉，因此企业有必要建立危机处理制度，进行危机管理。

7．公关效果评估

行政人员在公关策划的最后环节，还应对公关策划效果进行预测和评估。

第 11 章 宣传工作

11.1 宣传与推广

11.1.1 宣传策略与方法

1．宣传策略

制定宣传策略是企业最重要的宣传工作之一。宣传策略可以分为认知（感性认知）、态度（影响态度）、行为（促成行动）三个不同层次的策略。企业可以从不同的角度出发，制定多种多样的宣传策略。

（1）不同目标公众的宣传策略

行政人员在不同的活动中可能面对不同的人群，要实现有效的宣传，应针对不同目标公众，制定相应的宣传策略。

（2）不同宣传时期的宣传策略

不同层次的宣传策略，可以应用于不同的宣传时期。成功的宣传策略应该是持续的宣传规划，单一的信息传播很难导致目标公众的态度或行为发生转变。所以在制定宣传策略时，行政人员要考虑到有些信息的功能是告知，而有些信息的功能是激励。

（3）突出重点的宣传策略

在许多场合，行政人员需要自始至终突出宣传一项重要的信息，针对突出重点的宣传策略，行政人员在不同时期可能会采取不同的宣传方法。

2．宣传方法

在企业经营过程中，宣传工作是实现企业战略的重要手段，企业的宣传工作起到战略实施媒介和载体的作用。企业常用的宣传方法如表 11–1 所示。

表 11–1　企业常用的宣传方法

宣传方法	详细说明	应用层面
新闻宣传	将企业的重要事情通过新闻发布进行宣传的方法	适用于企业日常宣传，如公关活动、新品发布、新闻事件等
网站宣传	通过建立企业官方网站，宣传企业文化，树立企业形象，提高品牌认知度的宣传方法	企业官方网站
平面宣传	将潜在的企业文化进行文字化、系统化的宣传方法	画册、单页、海报、视觉识别等
活动宣传	通过组织各类线上线下的活动，提高企业知名度的宣传方法	公关活动、公益活动、参加行业展会等形式
视频宣传	通过拍摄视频来展示企业的精神、文化、实力和发展状况的宣传方法	企业形象宣传片、产品展示视频等
事件营销	通过精心策划良性事件来进行营销，让更多人参与进来，改善并增进企业与公众之间的关系，塑造良好的企业形象的宣传方法	有助于提升企业形象和知名度的事件

11.1.2　推广方式与渠道

1．推广方式

随着媒体行业的不断发展，衍生出的推广方式越来越多。推广方式可分为网络推广、自媒体推广和线下推广，具体如表 11–2 所示。

表 11–2　推广方式说明表

推广方式分类	推广方式	具体内容
网络推广	搜索引擎付费推广	即点击付费营销，具有见效迅速、投入产出比相对较高的优势
	搜索引擎优化	即通过研究搜索引擎的算法并根据该算法不断优化自己的网站，进而提升网站关键词排名，并以此获取网站流量和曝光的一种推广方式
	广告位推广	在流量较大的网站平台购买优选企业广告，增加企业的曝光率
	信息流推广	如今日头条、腾讯、百度、抖音等
	其他网络推广	如微博、问答、百科、论坛等推广方式
	知识推广	知识推广通过向客户分享有用的资讯，来获取客户的信任，是当下内容推广的重要方式
自媒体推广	自媒体推广	随着自媒体时代的到来，企业拥有几个甚至几十个自媒体账号，运用这些账号，将自己的企业信息、案例、技能进行全媒体推广，这是当下比较流行的做法
线下推广	公益活动	参与行业协会组织的公益性活动来提高企业知名度
	社区推广	直邮、社区留言栏等都是比较不错的社区推广方式

2．推广渠道

推广渠道可以分为线上渠道、线下渠道、口碑渠道、赞助渠道及其他渠道。

（1）线上渠道

线上渠道可划分为新闻资讯类、社交媒体类、搜索引擎类、视频类四大类平台。

① 新闻资讯类

这类平台的特点是用户使用时间长、频次高，用户黏性强，广告形式比较丰富，但是用户量大而杂，推广的精准度有限。

② 社交媒体类

这类平台的特点是用户互动性强，平台拥有大量用户的注册信息，但是广告形式和样式不是很丰富。

③ 搜索引擎类

这类平台的特点是用户群庞大，平台可锁定用户需求，推广精准度高，但是推广模式相对单一。

④ 视频类

这类平台的特点是用户关注度高，但是广告制作成本也相对较高。

（2）线下渠道

线下渠道包括报纸杂志、户外广告、广播电视、活动营销、户外传单、展会营销等。线下渠道具有强制性曝光、区域性渠道支持、触及更多主流人群等特点。

（3）口碑渠道

口碑渠道即利用名人效应、网络红人、主流媒体的引领作用，在社交平台、论坛、新闻网站进行口碑营销。口碑渠道能使推广内容迅速获得大量曝光，并极大地提升企业的知名度。

（4）赞助渠道

赞助渠道包括明星赞助、热门活动赞助、热门赛事赞助、演唱会赞助等多种形式，赞助渠道适用于大型企业，要符合企业的调性。

（5）其他渠道

除了主流的线上、线下渠道外，还有一些小众的其他推广渠道，如第三方平台、异业联盟、流量置换等。

企业可以根据自己的性质、宣传需求和推广预算，选择适合的推广渠道。

11．1．3　宣传方案制定与实施

对企业来说，宣传就是第一生产力，宣传出效益。宣传工作的好坏直接关系到企业能否树立良好的形象，也关系到企业能否提高社会知名度。从某种程度上说，制定一套规范、合理、操作性强的宣传方案，可以使宣传活动事半功倍。

1．宣传方案的架构

一份完整的宣传方案的主要内容包括指导思想、方案名称、活动背景、活动目的、工作重点、主要措施、实施流程等。

2．宣传方案的示例

<table>
<tr><td rowspan="2">方案名称</td><td colspan="3" rowspan="2">×××公司宣传方案</td><td>编　　号</td><td></td></tr>
<tr><td>受控状态</td><td></td></tr>
<tr><td>执行部门</td><td></td><td>监督部门</td><td></td><td>编修部门</td><td></td></tr>
<tr><td colspan="6">一、指导思想
围绕“×××”的思路展开一系列宣传活动，坚持“×××”的原则，不断提升企业知名度，塑造企业品牌。
二、宣传方案名称
尽可能具体地写出策划名称，如“××××年××月××日×××公司活动宣传方案”，并将其置于页面中央。
三、活动背景
活动背景包括基本情况简介、主要执行对象、近期状况、组织部门、活动开展原因、社会影响、相关目的动机及应用的环境特征。
四、活动目的
应该使用简洁明了的语言将活动目的要点表述清楚；在陈述目的要点时，应该明确写出活动的核心构成或策划的独到之处及由此产生的意义。
五、工作重点
工作重点包括及时撰写企业重大活动、重要成绩等的相关文章，并及时将其发布出去。
六、主要措施
主要措施包括在实施过程中采取的一些措施，如加大宣传力度，总结经验、部署工作等。
七、实施流程
根据方案的具体内容，将任务落实到具体时间和个人，例如，“写稿时间为半个工作日；相关组员及时把文章发送至办公室邮箱，文章经办公室审核后，再及时将文章发送给各媒体”。
八、工作小组
成立工作小组，确定职责范围，将职责落实到个人。</td></tr>
<tr><td>编制日期</td><td></td><td>审核日期</td><td></td><td>批准日期</td><td></td></tr>
<tr><td>修改标记</td><td></td><td>修改处数</td><td></td><td>修改日期</td><td></td></tr>
</table>

11．2　新媒体运营

11．2．1　新媒体渠道选择

1．新媒体渠道的类别及特点

新媒体渠道是指传播信息的平台。根据用户获取信息的渠道及特点，新媒体渠道可以分为社交类、问答类、百科类、视频网站类、短视频类、论坛贴吧类、新闻资讯类七个类别，具体如表 11–3 所示。

表 11–3　新媒体渠道类别说明表

类别	主要特点	具体示例
社交类	传播形式多样，包括文字、图片、视频等；拥有庞大的用户基数，在传播效果上具有一定的优势	微信、微博
问答类	从重视内容本身出发，拥有较高的站外搜索引擎权重，易形成用户分享信息的发源地	知乎、百度问答、360 问答
百科类	相较于其他渠道，更具权威性	百度百科、互动百科
视频网站类	可以直达用户，更好地与传播内容相融合	哔哩哔哩、腾讯视频
短视频类	表现形式符合受众的大脑接受和移动端使用习惯，已成为新媒体渠道的重要组成部分	抖音、快手
论坛贴吧类	有其对应的用户群体，渠道本身也有多种玩法，具有良好的传播效果	豆瓣、贴吧
新闻资讯类	渠道流量大，传播效果好	今日头条、网易新闻

2．如何选择新媒体渠道

企业可以根据自身的产品特色和用户画像选择不同的新媒体渠道，利用不同平台的特点和内容流量倾斜来达到宣传推广的目的。

（1）明确运营目标

企业要充分了解各个平台的运营规则，最终确定免费渠道、付费渠道及与企业匹配的运营目标等。在运营初期，企业要把少数渠道做专、做精，持续带来有效流量是主要目标。

（2）描绘用户画像

新媒体时代下的用户倾向使用社交媒体来获取信息。因此，企业要分析目标用户，了解他们的使用习惯和阅读习惯，从而建立用户画像，再根据用户画像选择恰当的传播矩阵进行内容输出。描绘用户画像可以采用用户调研和直接交流两种方法。

① 用户调研。利用问卷获取直观的用户数据，如年龄、性别、地域、爱好、职业等。

② 直接交流。通过留言互动、私信交流、用户访谈等方法深入了解用户的喜好和需求。

（3）筛选适合的新媒体渠道

新媒体渠道是用户获取信息的来源，每个渠道的传播方式都有其不可替代的优势和特点，企业应根据内容与渠道的匹配度筛选出适合自身的一个或多个新媒体渠道。

（4）采用新媒体组合拳模式

新媒体运营其实是内容与渠道的结合，内容呈现的主要形式有文字、图片、视频、对话等。根据运营需求，企业可以将多种内容表现形式组合起来使用，并选择多元化渠道以达到最佳运营效果。

11. 2. 2 新媒体运营策略

随着互联网的不断发展，企业的传播渠道也由过去的传统媒体转向移动新媒体，谁更懂得玩转新媒体，谁就能拥有更多的机会与商机。做好新媒体的关键是制定新媒体运营策略，具体如表 11-4 所示。

表 11-4 新媒体运营策略

运营策略	具体内容
粉丝运营策略	粉丝经济在新媒体中充当着重要角色。经营粉丝，就是进行无时无刻的用户管理
分享传播策略	新媒体最大的特点就是分享传播，过去企业只能通过口头传播形成口碑，而现在变成动动手指，通过转发微博、分享到微信朋友圈，就可以形成之前人与人之间的口碑传播
平台思维策略	在纷繁复杂的信息中，为目标群体整理出优质的内容，从而为用户节省时间，进而实现新媒体平台的价值
资源置换策略	随着粉丝越来越多，最终这些粉丝都会变成资源，资源可以用来运作和置换，企业通过资源置换，打造粉丝和平台的利益共同体
灵魂人物策略	根据企业的性质，打造一个符合形象的灵魂人物，用户可以跟他进行沟通、互动、交流
多媒体传播渠道策略	要想获得更多的粉丝，必须拥有多个价值输出的渠道，这样才能保证新媒体的活跃度。
把读者当作顾客策略	把读者当作顾客，与其维持长期的关系，最终达到宣传或销售的目的
人脉关系链传播策略	新媒体中的人脉链传播改变了传统媒体的传播模式，把每位粉丝都变成了传播的载体，粉丝既是观众又是内容的传播者。通过人脉关系链进行传播，可以在不增加任何成本的情况下，为平台获取更多的粉丝，提高平台的影响力

11．2．3　效果评估与改善

对新媒体运营效果进行评估是为了可以更好地了解运营质量、预测运营方向、控制运营成本及优化运营方案，而这四个方面也恰恰是新媒体运营的意义所在。

1．新媒体运营效果评估

（1）评估周期

由于新媒体的传播特点，企业很难在短时间内评估出其运营效果，因此一般每三个月进行一次评估、总结和调整。

（2）评估指标

新媒体运营效果的评估指标如表 11-5 所示。

表 11-5　新媒体运营效果的评估指标

评估指标	具体内容
点击率	展示了观众对内容的接受程度，直观地反映了内容的传播效果
粉丝增长率	是衡量新媒体受关注度提高速度的标准，但是这里要注意的一点，即要关注同期粉丝增长率和竞争对手的粉丝增长率，因为单纯的粉丝增长速度在很多时候并不能准确地衡量这一阶段新媒体的表现
内容抵达率	内容被发出后的阅读量是可以被统计的，将内容抵达率设为评估指标是为了衡量粉丝群体的在线时间，以及内容是否符合粉丝需求
潜在打开量	是可以看到内容的人数，也就是平台的推荐量。统计潜在打开量的目的是衡量内容曝光和实际打开的比例。潜在打开量也能评估品牌的潜在曝光价值和覆盖面积，这有助于后续进行内容的优化与调整
粉丝喜欢率	喜欢、点赞、收藏等都是极易操作的动作，粉丝喜欢率是衡量内容完整输出和是否有价值的重要指标
粉丝互动率	相较于喜欢、点赞、收藏等简单操作，粉丝参与需要付出一定的时间，也更能体现用户对内容的喜欢程度，粉丝的参与度越高，越能说明内容可以引起粉丝的共鸣
分享裂变率	是指将内容推给粉丝和平台后，粉丝阅读后经分享而产生的再传播阅读量，通过分享裂变数据可得到潜在粉丝数
内容转化率	是指通过内容直接引起购买和成交量的数据，好的内容不一定能够转化为购买，但不能引起转化的内容一定不是好的内容
内容跳出率	是指某个单一页面的浏览数与总浏览数的比例，通俗地说，就是内容留住了用户，这也是以上所有评估指标成立的大前提。过高的内容跳出率意味着内容吸引不了用户

2．新媒体运营的改善

新媒体运营要根据评估效果定期进行改善，具体可以从以下四个方面入手。

（1）准确定位

运营人员应围绕目标受众关注的信息进行内容发布，吸引受众的注意，对新媒体账号进行正确定位，定期评估，及时发现账号存在的问题，同时，根据目标受众的喜好调整定位。

（2）强化互动

在新媒体运营的过程中，运营人员应注意发布内容的比例和结构，同时，应强化与粉丝的互动，提高粉丝的参与率。

（3）用户习惯养成

运营人员要让用户养成阅读习惯，就要定时、定量、定向地发布信息。

（4）加强网络安全意识

运营新媒体应有敏锐的网络安全意识，明确哪些选题、词汇、领域是不能触碰的，以免造成损失。

11.3 宣传文案类别与写作

11.3.1 宣传文案类别

宣传文案是指将某个或某些创意策略用语言文字的形式表现出来，企业可以通过不同类型的宣传文案传递不同的宣传诉求。宣传文案类别及其说明如表11-6所示。

表11-6 宣传文案类别及其说明

文案类别	详细说明	具体示例
网络推文类	此类文案可以从总体、局部或某个项目切入，主题要紧扣企业的核心问题	如企业介绍、产品介绍、网络推文、公众号文案、宣传软文等
新闻资讯类	此类文案具有一定的时效性，通过客观地描述一件事情，来达到传递信息和事实的目的	如企业信息、业界动态、人物专访、人物事迹等
活动策划类	此类文案是针对新产品发布、活动促销或客户回馈等，通过活动本身达到宣传推广的目的	如商业企划书、活动策划书、企业简介、活动主持词等
脚本类	此类文案可以使用户更直观、更清晰地了解和认知视频的内容和要表达的理念	如旁白、短视频剧本、企业形象宣传片文案、微电影剧本等
PPT文档类	此类文案要言简意赅、逻辑清晰、层级明确	如产品推广PPT、路演PPT、企业产品简介PPT等

11.3.2 宣传文案写作

1．宣传文案的写作步骤

在写作宣传文案前，企业首先要明确宣传的核心诉求，确定宣传文案类别，根据不同文案的格式要求编写宣传文案。宣传文案写作步骤如表 11-7 所示。

表 11-7　宣传文案写作步骤

序号	步骤	主要说明
1	确定文案主题	分析文案的写作目的和内容，将文案的主题确立在一定的时间范围内，并力求主题明确、重点突出
2	确定文案类别	根据文案的写作目的和要求，确定文案类别
3	确定文案结构	根据文案类别和编写要求，确定文案的结构和主要内容
4	拟定写作框架	拟定文案写作框架，编写文案写作指引
5	整理相关资料	围绕目标主题，通过多种方式收集资料，将其整理成对编写文案有用的信息
6	进行文案编写	根据文案的结构和写作框架，结合文案的主题、类别、内容等，编写文案

2．宣传文案的写作要点

在编写宣传文案时，应遵循图 11-1 所示的五个写作要点。

1　无论何种类别的宣传文案，都要保证其准确规范、主题鲜明，语言通俗，避免使用冷僻及过于专业化的词语，更要避免语法错误或表达残缺

2　语言要简明扼要、精练概括，符合语言表达习惯，避免产生歧义或误解

3　文案内容要生动形象、准确表明创意，创作时采用新颖独特的语言，同时加入一些图像来配合

4　严格按照规范编写文案

5　思想明确、突出主题

图 11-1　宣传文案的写作要点

11．3．3　宣传文案范例

企业的宣传文案类别多且杂，下面以常见的企业简介作为参考范例。

××企业简介

××企业坐落于××××（标志性建筑或商圈），成立于2021年4月，现有员工100余人，其中专业技术人员30人，硕士以上学历18人，设有人事行政部、销售部、研发部、生产部、品牌部、物流部等多个部门，组织架构完善。目前，××企业已与×××等多家企业达成战略合作，销售服务网络覆盖全国70%的城市。

企业自成立以来，始终秉承“创新”的经营理念，持续耕耘于×××行业，以匠人精神做好产品与服务，以优质的产品与服务赢得市场认可，致力于将××企业打造成行业领军品牌。

企业发展历程

2015年：……

2016年：……

2017年：……

2018年：……

2019年：……

2020年：……

企业的发展愿景

我们致力于成为×××，通过持续不断的创新和完善，实现让客户、员工、股东共同满意的美好目标，成为本领域最有价值的企业，最终成为行业领军品牌。

第12章 物资与服务采购工作

12．1 办公用品采购

12．1．1 办公用品采购预算管理

<table>
<tr><td rowspan="2">制度名称</td><td colspan="3" rowspan="2">办公用品采购预算管理制度</td><td>受控状态</td><td></td></tr>
<tr><td>编　号</td><td></td></tr>
<tr><td>执行部门</td><td></td><td>监督部门</td><td></td><td>编修部门</td><td></td></tr>
<tr><td colspan="6">

第1章　总则

第1条　目的

为加强企业对办公用品的采购预算管理，建立办公用品管理体系，实现企业办公用品的采购合理配置，减少浪费和不必要的开支，特制定本制度。

第2条　适用范围

本制度适用于企业办公用品采购预算的控制、调整和违规处理等管理工作。

第3条　办公用品定义

1. 办公设备耗材：硒鼓、墨盒、墨粉、色带、色带架、移动硬盘、U盘、光盘等。

2. 办公文具：书写工具、财务用品、会议用品、收纳用品、装订用品、簿本册等。

3. 计算机配件：计算机外设、相机外设及网络设备等。

未列入以上3项的办公易耗品。

第4条　职责划分

1．行政部是企业办公用品采购预算管理的归口部门，主要负责审批及监控各部门办公用品的采购申购及使用情况。

2．行政部汇总各使用部门的采购费用预算。

3．财务部监督采购费用的支出。

</td></tr>
</table>

（续）

<table>
<tr><td colspan="6">

第 2 章　个人办公用品费用预算控制

第 5 条　办公用品费用标准

办公用品费用要分部门核算，并计入各部门年度办公用品费用计划之内。每月对部门办公费用进行一次结算，不滚动累计，当月费用未使用完不滚动至下月使用。

第 6 条　月度费用额度核定

办公用品的月度费用额度要由各部门主管根据部门人员进行初步核定，再由行政部根据人力资源部提供的在册人员数量进行核实。

第 7 条　定期评估

行政部须关注市场价格，同时对供应商定期进行评估甄选，实时变换或更换供应商，以保证所购办公用品物美价廉，有效控制费用支出。

第 8 条　各部门在制订计划时应按人员增补需求将新员工的办公用品列入计划表，新入职员工的办公用品费用要进行单独计算，不将其计入部门费用额度标准。

第 3 章　公用办公用品费用控制

第 9 条　公用办公用品费用采取年度总额控制方法进行费用支出管理，即行政部与财务部每年年初对各部门办公用品费用额度进行协商确定，报总经理批准后下发执行。

第 10 条　如果部门公用办公用品费用支出超标，须由责任部门提出额度调整申请，报总经理批准后方可执行，否则不得超额进行费用支出。

第 11 条　财务部应根据行政部的数据每月将各部门公用办公用品费用的支出情况和进度进行通报，以帮助各部门有效控制费用。

第 4 章　办公用品采购预算调整

第 12 条　行政部每年年初根据与供应商签订的购销合同向各部门负责人公布各办公用品的采购价格，以保证各部门按公用及个人办公用品额度提交需求计划。

第 13 条　对于常用或更换频率较高的办公用品，要设置常用计量单位的安全库存，以备不时之需。

第 5 章　违规处理

第 14 条　对于部门未经企业总经理批准而将费用标准提报办公用品需求计划的，行政部有权不予采购，并要求责任部门按费用标准重新提报计划。

第 15 条　行政部进行办公用品发放时，如果未按计划发放造成费用超支，要对责任人进行___元 / 次的罚款。

第 6 章　附则

第 16 条　本制度由行政部负责制定与解释。

第 17 条　本制度自下发之日起执行。

</td></tr>
<tr><td>编制日期</td><td></td><td>审核日期</td><td></td><td>批准日期</td><td></td></tr>
<tr><td>修改标记</td><td></td><td>修改处数</td><td></td><td>修改日期</td><td></td></tr>
</table>

12.1.2 办公用品采购计划管理

<table>
<tr><td rowspan="2">制度名称</td><td colspan="3" rowspan="2">办公用品采购计划管理制度</td><td>受控状态</td><td></td></tr>
<tr><td>编　　号</td><td></td></tr>
<tr><td>执行部门</td><td></td><td>监督部门</td><td></td><td>编修部门</td><td></td></tr>
</table>

第1章 总则

第1条 目的

为有效合理地支配办公用品费用，加强办公用品的集中采购管理，规范采购行为，节省采购费用，理顺办公用品采购工作关系，特制定本制度。

第2条 适用范围

本制度适用于企业内部日常办公用品的采购管理工作。

第3条 办公用品分类

1．办公设备耗材：硒鼓、墨盒、墨粉、色带、色带架、移动硬盘、U盘、光盘等。

2．办公文具：书写工具、财务用品、会议用品、收纳用品、装订用品、簿本册等。

3．计算机配件：计算机外设、相机外设及网络设备等。

4．未列入以上3项的办公易耗品。

第4条 责任部门及其责权

行政部、采购部、办公用品需求部门、财务部、主管副总及总经理在办公用品采购工作中分别承担相应责任，需及时处理办公用品采购业务流程中所负责的工作。

第2章 办公用品采购审批程序

第5条 办公用品的采购要严格执行审批程序，按照"先审批后购买"的原则，由行政部安排专人采购。

第6条 办公用品一类、二类、三类物品采购审批程序：每月__日前各部门根据使用计划向行政部提出申请，行政部汇总后制作办公用品月采购计划表，报总经理批准后安排专人采购。

第7条 办公用品四类物品采购审批程序：申请部门填写办公用品（易耗材）采购计划审批表，行政部（分管领导）审核后报行政部经理审批，审批通过后，行政部安排专人采购。

第3章 办公用品采购方式及流程

第8条 采购原则

1．行政部应认真履行采购工作职责，在采购物品时必须选择正规经销渠道，所选择的渠道应具有保修期和售后服务的可靠信誉凭证；要坚持"货比三家"的原则，经过询价、比价、议价后，报领导核定供应商，不准私自订货、盲目采购。

2．大宗用品或需长期使用的办公物资应通过招标确定供应商，根据核准的计划与有关供应商签订长期的供货协议，以保证物品的质量、数量、规格、品种和供货要求。

3．行政人员应严格按照申购单的范围购物，如果发生超支，必须事先请示分管领导，否则超支部分不予报销。

第9条 日常办公用品、小宗低价办公用品采购实施流程

1．办公用品需求部门根据工作需要，填写办公用品申购单，提出办公用品需求申请，报主管副总审核。办公用品申购单如下表所示。

（续）

<table>
<tr><th colspan="10">办公用品申购单</th></tr>
<tr><td>部门</td><td colspan="3"></td><td colspan="2">发单日期</td><td></td><td colspan="2">需用日期</td><td></td></tr>
<tr><td>用途说明</td><td colspan="3"></td><td colspan="6">☐原料 ☐文具 ☐固定资产 ☐其他</td></tr>
<tr><td rowspan="2">项目</td><td rowspan="2">品名 / 规格</td><td rowspan="2">单位</td><td rowspan="2">数量</td><td rowspan="2">单价</td><td rowspan="2">金额</td><td colspan="3">询价明细</td><td rowspan="2">备注</td></tr>
<tr><td>厂商</td><td>单价</td><td>金额</td></tr>
<tr><td></td><td></td><td></td><td></td><td></td><td></td><td></td><td></td><td></td><td></td></tr>
<tr><td></td><td></td><td></td><td></td><td></td><td></td><td></td><td></td><td></td><td></td></tr>
<tr><td></td><td></td><td></td><td></td><td></td><td></td><td></td><td></td><td></td><td></td></tr>
<tr><td colspan="4">申请人备注</td><td colspan="3">采购备注</td><td colspan="3">验收栏</td></tr>
<tr><td colspan="4"></td><td colspan="3"></td><td colspan="3"></td></tr>
</table>

申购人：　　　　　采购人：　　　　　审核人：　　　　　批准人：

2. 办公用品需求申请经总经理审批通过后，日常办公用品、小宗低价办公用品由行政部负责采购。

3. 财务部及时向行政部提供购买办公用品所需的资金。

4. 行政部将购买的办公用品进行登记，并及时到财务部办理报销、多退少补等事宜。

5. 行政部登记完毕后，将办公用品发放给办公用品需求部门。

第10条　大宗、高价办公用品采购实施流程

1. 大宗、高价办公用品需求申请经主管副总审核通过后，报总经理审批。

2. 主管副总得到总经理的批复后，将批复返给申请部门；申请部门将有主管副总审核签字和总经理批复签字的申请单提供给采购部。

3. 行政部根据大宗、高价办公用品的需求询价编制资金需求申请计划。

4. 行政部将资金需求申请计划报主管副总审核后，报总经理审批。

5. 主管副总得到总经理的批复后，将资金需求申请计划返给采购部，行政部执此批复到财务部借支采购所需的资金。

6. 行政部获得资金后，实施采购。

第4章　办公用品采购入库管理

第11条　采购物品入库

1. 行政部对采购回来的办公用品进行统一管理。

2. 所有购进物品都必须办理验收入库手续，在相关人员核对数量、质量后，由行政部相关人员签字，或由领用部门经受人签字。

第12条　采购报销

所有购买的物品都必须向供应商索取正规合格发票和购物清单，财务部凭申购单、发票、购物清单和验收人签字的入库单方能给予报销，以上凭证缺一不可。

第13条　采购物品盘点

由财务部协同行政部定期对库存商品进行盘点，做到账物相符。

第5章　附则

第14条　本制度由行政部制定，其解释和修改权归采购部所有。

第15条　本制度自下发之日起执行。

编制日期		审核日期		批准日期	
修改标记		修改处数		修改日期	

12．1．3　办公用品采购招标管理

<table>
<tr><td rowspan="2">制度名称</td><td colspan="3" rowspan="2">办公用品采购招标管理制度</td><td>受控状态</td><td></td></tr>
<tr><td>编　　号</td><td></td></tr>
<tr><td>执行部门</td><td></td><td>监督部门</td><td></td><td>编修部门</td><td></td></tr>
<tr><td colspan="6">

第1章　总则

第1条　目的

为规范企业办公用品（办公耗材、办公文具等）招标采购流程，加强对采购工作的管理，特制定本制度。

第2条　适用范围

本制度适用于企业的大宗易耗办公用品公开招标采购工作。

第3条　招标原则

招标活动以公开、公正和诚实信用为原则，任何企业和个人不得进行暗箱操作。

第2章　办公用品招标流程

第4条　供应商招标

1．企业的办公用品采用年度定标、季度结算、月度审核的方案，每年__月底之前确定下一年度办公用品的供应商并与其签订合同。

2．行政部负责筛选出至少__家及以上办公用品供应商，通过初次报价确定入围供应商。

3．行政部负责组织召开企业办公用品招标会，组织有关人员对入围的供应商进行评审。

4．行政部通过二次报价、议价、定标流程确定企业年度办公用品供应商，将其报总经理审批，同时至少储备1家备选供应商。

第5条　办公用品采购

1．办公用品需求部门在每月__日前，将经本部门负责人审核同意后的物品采购需求和预算费用报行政部进行汇总。

2．企业库管员协同行政部结合现有物品库存，对各部门采购需求进行审核并提出下月采购计划，采购计划经行政部负责人审核后，报总经理审批。

3．行政部根据总经理的审批意见，对企业办公用品供应商提出需求，由供应商将企业所需的办公用品进行送货。行政部负责对办公用品进行清点、验收，确认无误后，为办公用品办理入库手续。

第3章　办公用品采购招标实施管理

第6条　行政部每月对办公用品价格进行市场调研，确保供应商提供的同品牌、同类型的办公用品质优价廉。

第7条　行政部每月对办公用品价格进行市场调研并出具调研报告，并就办公用品供应商提供的物品是否符合企业要求提出监察意见。

第8条　行政部每季度对办公用品的采购进行一次结算，提供结算票据，票据经行政部负责人、财务部负责人审核后，报总经理审批。

第9条　如果办公用品供应商提供的物品价格高于同时期、同品牌、同规格市场均价，行政部应要求其按照最近价格提供结算票据，如果供应商拒不按最低价格执行，行政部要寻找新的供应商。

第10条　临时采购

1．各部门需紧急采购的单笔金额在__元以内，由使用人员填写采购申请单。采购申请单经部门第一负责人同意后报行政部负责人审批。

2．对于总经理需要紧急采购的物品，由随身人员根据指示直接进行购买。

3．如果维修时急需采购物品的单笔金额在__元以内，由维修人员填写采购申请单。采购申请单经维修主管和使用部门负责人审核通过后，再报行政部负责人审批。

4．如果超权限紧急采购物品的单笔金额在__元以上，由使用人员填写采购申请单。采购申请单经使用部门负责人、行政部负责人审核通过后，再报总经理审批。

</td></tr>
</table>

（续）

<table>
<tr><td colspan="6">5. 其他临时接待物品的采购经使用部门负责人同意后可直接进行购买，购买时必须开具发票，发票经使用部门负责人、行政部负责人、财务部负责人和总经理签字同意后方可报销。
第4章　办公用品采购招标罚则
第11条　参与物品采购的企业员工不得做出任何“吃拿卡要”行为；不得参加可能影响公平竞争的任何活动；不得收取任何名目的“中介费”“好处费”；不得在供应商处报销任何费用；不得损害企业利益，徇私舞弊，为对方谋取不正当利益。
第12条　针对在物品采购过程中发生的“折扣”“让利”等款项，应首先用于降低采购价格；确属难以用于降低采购价格的，一律入企业财务账，不得由部门坐收坐支，不得提成给经办人员。
第13条　对违反规定的行为，要对有关责任人处以违法所得的__倍罚款，并予以开除处理，情节严重的应追究有关责任人的法律责任。
第5章　附则
第14条　本制度由行政部制定，其解释和修改权归采购部所有。
第15条　本制度自下发之日起执行。</td></tr>
<tr><td>编制日期</td><td></td><td>审核日期</td><td></td><td>批准日期</td><td></td></tr>
<tr><td>修改标记</td><td></td><td>修改处数</td><td></td><td>修改日期</td><td></td></tr>
</table>

12．2　办公设备采购

12．2．1　办公设备采购预算管理

<table>
<tr><td rowspan="2">制度名称</td><td colspan="3" rowspan="2">办公设备采购预算管理制度</td><td>受控状态</td><td></td></tr>
<tr><td>编　　号</td><td></td></tr>
<tr><td>执行部门</td><td></td><td>监督部门</td><td></td><td>编修部门</td><td></td></tr>
<tr><td colspan="6">第1章　总则
第1条　目的
为避免盲目采购，从总体上统筹使用资金，提高资金的使用效率，确保办公设备采购预算的合理使用，特制定本制度。
第2条　适用范围
本制度适用于企业办公设备采购预算的编制、审批、执行、调整、评价等管理工作。
第3条　办公设备的范围
本制度所指的办公设备是指满足企业生产经营基本需要的设备家具，包括通用办公设备、办公家具等，不含特殊需要的专业类办公设备。
第4条　职责划分
1. 行政部负责办公设备采购预算计划的编制，并严格监督与控制其执行情况。
2. 财务部协助行政部制定采购预算，整合企业整体预算。
3. 企业总经理负责审批采购预算。
第2章　办公设备采购预算标准
第5条　实物量标准
实物量标准是在兼顾各种需要的情况下，购置通用办公设备的最高数量限制标准。在购置具有日常办公功能的专业类办公设备时，应相应地减少通用办公设备的数量。</td></tr>
</table>

（续）

第6条 价格上限标准

价格上限标准是购置通用办公设备的价格上限，行政部应在通用办公设备功能满足使用要求的前提下努力节约经费开支。

第7条 使用年限标准

使用年限标准是通用办公设备的最低使用年限。已达到规定使用年限、但尚可被继续使用的通用办公设备，应被继续使用，以充分发挥通用办公设备的使用效益。

第3章 采购预算的执行与调整

第8条 办公设备报废标准

通用办公设备满足下列条件之一时，可以由相关人员申请报废。

1. 已达到规定使用年限或规定技术指标无法被使用的。
2. 因损坏无法修复或修复成本较大、无维修价值的。
3. 因设备老化、技术进步，使用成本过高，无继续使用价值的。
4. 报废通用办公设备应经企业内部有关技术部门鉴定。
5. 报废通用办公设备，应严格按照资产处置有关规定办理审批（备案）手续。

第9条 费用列支

1. 企业采购通用办公设备时，所需的经费要在使用部门公用经费等预算中列支。
2. 有新开展大型专项工作等特殊情况而需要申请专项经费购置通用办公设备时，要由行政部根据本制度对相关情况进行审核后再确定。

第10条 预算调整

行政部依据经济社会发展水平、市场价格变化等因素，适时更新和调整办公设备采购预算标准。

第4章 采购预算的资金控制

第11条 采购预算审批权限

部门负责人只能在自己的限额内进行审批，对限额以上的预算应按企业办公设备采购申购制度办理，严格控制预算外的资金支出。

第12条 预算内管理

对于预算内的办公设备采购项目，行政部、采购部和财务部应严格按照预算执行进度办理手续。

第13条 超预算管理

对于超预算和预算外的采购项目，行政部及财务部须审核需求部门提出的申请，审核通过后，将申请报总经理审批，审批通过后，再办理手续。

第5章 附则

第14条 本制度由行政部、财务部、采购部联合制定，其修订、解释工作归行政部所有。

第15条 本制度自下发之日起执行。

编制日期		审核日期		批准日期	
修改标记		修改处数		修改日期	

12.2.2 办公设备采购计划管理

<table>
<tr><td rowspan="2">制度名称</td><td colspan="3" rowspan="2">办公设备采购计划管理制度</td><td>受控状态</td><td></td></tr>
<tr><td>编　号</td><td></td></tr>
<tr><td>执行部门</td><td></td><td>监督部门</td><td></td><td>编修部门</td><td></td></tr>
</table>

第1章　总则

第1条　目的

为加强企业日常办公设备的采购管理工作，提高办公设备采购管理的计划性和规范性，特制定本制度。

第2条　适用范围

本制度适用于包括企业内部电话、计算机、打印机、复印机、传真机等在内的所有办公设备的采购管理。

第3条　办公设备分类

A类：服务器（仅限于非系统集成项目）、台式计算机、便携式计算机、路由器、交换设备、网络控制设备、网络检测设备、防火墙、存储设备、打印设备、显示器（即台式计算机的液晶显示器）、扫描仪、计算机软件（即可以直接从市场购买的非定制开发的商用软件）、复印机、投影仪及幕布、多功能一体机、照相机及器材、LED显示屏、刻录机、速印机、装订机、碎纸机、电视机、传真机、通用摄像机、电源设备、复印纸。

B类：电冰箱（冰柜）、空调机［即除中央空调（中央空调指冷水机、溴化锂吸收式冷水机组、热泵机组等）以外的空调］。

第4条　管理职责

1．使用部门负责提交办公设备采购计划。

2．行政部负责对办公设备采购计划进行监督管理。

3．财务部负责审核办公设备采购费用。

4．企业总经理负责对办公设备采购计划、采购合同及采购费用进行审批。

第2章　办公设备采购申请

第5条　办公设备采购实行季度性采购计划，各部门应根据实际需求于每季度首月__日前填写办公设备采购申请表，并将其提交至行政部。

第6条　行政部根据各部门的办公设备申请和现有办公设备的使用情况制订采购计划，填制办公设备采购审批表，并将其报财务部审核，审核通过后，报总经理审批。

第7条　行政部根据办公设备采购审批的意见执行采购程序。

第3章　办公设备采购

第8条　行政部应选择超过__家的办公设备供应商进行询价，从供应商的设备产品、客户、销售、认证、信用等方面进行考察，选择合适的办公设备供应商。

第9条　办公设备采购的经办人员须根据供应商的情况填制办公设备询价情况报告表，经行政部经理审核后，报总经理审批。

第10条　办公设备询价情况报告表经总经理审批通过后，总经理与供应商签订《办公设备采购合同》，行政部实施采购。

第11条　若企业有部门对办公设备有紧急需求，行政部可将经该部门经理签字的办公用品采购申请表报总经理审批，审批通过后，可进行采购。

第4章　办公设备验收

第12条　办公设备到货后，行政部应安排专业检验人员对已到办公设备进行检验，专业检验人员在办公设备验收单上签字确认后，行政人员方可办理办公设备登记入库手续。

第13条　若办公设备采取预付款的方式，行政人员应凭办公设备询价情况报告表和《办公设备采购合同》填具借款单，借款单经财务部审核、总经理审批通过后，行政人员方可办理预付款手续。

（续）

<table>
<tr><td colspan="6">第 14 条　若办公设备采取货到付款的方式，行政人员应凭办公设备询价情况报告表、办公设备验收单、《办公设备采购合同》和办公用品购货发票等到财务部办理报销手续。
第 5 章　办公设备采购规范
第 15 条　若需采购的办公设备单价超过__万元，行政部应采取公开招标的方式执行采购计划。
第 16 条　采购人员必须秉公办事，不得在采购办公设备的过程中收受回扣。如有违反此条规定，一经发现，企业将严肃处理。
第 17 条《办公设备采购合同》须对售后服务做出明确约定。对检验不合格的办公设备，应及时退货、换货或进行索赔。
第 18 条　使用办公设备时若需要供应商进行现场指导，行政部应负责安排相关事宜。
第 6 章　附则
第 19 条　本制度的解释权归行政部所有。
第 20 条　本制度自下发之日起执行。</td></tr>
<tr><td>编制日期</td><td></td><td>审核日期</td><td></td><td>批准日期</td><td></td></tr>
<tr><td>修改标记</td><td></td><td>修改处数</td><td></td><td>修改日期</td><td></td></tr>
</table>

12. 2. 3　办公设备采购招标管理

<table>
<tr><td rowspan="2">制度名称</td><td colspan="3" rowspan="2">办公设备采购招标管理制度</td><td>受控状态</td><td></td></tr>
<tr><td>编　　号</td><td></td></tr>
<tr><td>执行部门</td><td></td><td>监督部门</td><td></td><td>编修部门</td><td></td></tr>
<tr><td colspan="6">第 1 章　总则
第 1 条　目的
为规范企业的办公设备采购招标工作，确保采购的办公设备价格合理、质量上乘，保证采购招标能够本着公开、公平、公正的原则进行，杜绝舞弊行为，特制定本制度。
第 2 条　适用范围
企业采购办公设备的金额超过__万元以上时，均采用招标采购的方式进行采购。
第 3 条　招标管理组织机构及职责
1. 招标管理组织机构。
由行政部、采购部及办公设备使用部门的人员组成办公设备招标采购小组（以下简称招标小组），负责招标的日常事务性工作。
2. 招标管理组织机构职责。
（1）负责制定办公设备采购政策。要对企业的办公设备配备提出战略性、规划性的意见。
（2）负责审核办公设备的采购申请。对办公设备的采购申请进行审议。
（3）负责组织办公设备采购招标工作。每次的招标活动都要依法公开公正地完成“招标—投标—开标—评标—定标”的整个过程。
（4）负责招标项目的落实。对每次的招标活动要进行检查监督，确保工作落实到位，并负责听取使用部门的建议。
第 2 章　办公设备招标采购的程序
第 4 条　提出招标采购申请
办公设备使用部门的相关人员预计本部门所需采购的办公设备金额超过__万元时，要向招标小组提出采购办公设备的申请。</td></tr>
</table>

（续）

第5条　进行招标采购申请评议

招标小组对采购申请进行审议，审议通过后，编制招标报告。招标报告主要包括以下六个方面的内容。

1．招标内容。

2．招标方式。

3．招标方案。

4．招标计划。

5．投标人的资格条件。

6．评标的依据及开标的安排。

第6条　招标采购审批

招标小组将招标报告报行政总监审核后，再报总经理审批。

第7条　编制招标文件

招标小组根据审批通过的招标报告编制招标文件。招标文件主要包括以下11项内容。

1．招标通知：即招标公告或招标邀请书。

2．招标人须知：即招标项目的相关信息。

3．招标项目简介：包括招标物料的名称、规格、数量、质量要求、交货时间、交货地点、验收方式、付款方式等。

4．投标规定：即投标文件的编写要求、密封方式、发送方式、发送份数及投标有效期等内容。

5．投标人资料要求：即投标人资质或资信的证明材料及对证明文件内容的要求。

6．标底：即标底确定的办法。

7．评标与中标：即评标的标准、方式及中标的原则。

8．递交投标文件：即投标文件的递送方式、地点及时间，以及与投标人进行联系的人员姓名、地址、电话、邮箱等。

9．投标保证金：包括投标保证金的金额、缴纳方式及处理程序等。

10．开标：包括开标的时间安排与地点安排。

11．采购合同：即一旦中标所签的采购合同的具体内容。

第8条　审批招标文件

招标小组将编制好的招标文件报行政总监、法律顾问审核后，再报总经理审批。

第3章　公开招标

第9条　发布招标文件

招标文件审批通过后，招标小组要向外发布招标信息，并根据招标文件的要求在规定日期内受理供应商的投标。

第10条　开标

招标小组在开标时，应遵循以下六项要求。

1．采购招标一律采用公开的开标方式。

2．要按照招标文件中的规定安排开标的时间、地点，不得随意变动时间、地点；确因客观原因需要变动它们时，应及时通知各投标供应商。

3．开标前要确认投标供应商的身份。

4．开标前需要检查投标书的密封情况，如果出现无密封或有明显打开过的密封，那么此次招标作废，同时要求各供应商重新投标。

5．开标时应宣布供应商的名称、投标的总金额、有无折扣等相关内容。

6．对招标小组无时间审阅的或在开标当天递送到的投标将不进行考虑。

第11条　评标

招标小组经过对投标文件的鉴定与分析，比价与议价，推举出合适的供应商，并编制评标报告。

（续）

<table>
<tr><td colspan="6">第12条　定标
定标时，应遵循以下三个程序。
1．总经理召开评标会议，从招标小组推荐的供应商中选择中标的供应商。
2．采购部向中标的供应商发送中标通知书，并将招标结果通知所有的投标单位。
3．采购部应与中标供应商积极联系，进行谈判，签订书面采购合同。
第4章　附则
第13条　本制度由行政部制定，其解释和修改权归采购部所有。
第14条　本制度自下发之日起执行。</td></tr>
<tr><td>编制日期</td><td></td><td>审核日期</td><td></td><td>批准日期</td><td></td></tr>
<tr><td>修改标记</td><td></td><td>修改处数</td><td></td><td>修改日期</td><td></td></tr>
</table>

12.3　服务采购管理

12.3.1　服务采购预算管理

<table>
<tr><td rowspan="2">制度名称</td><td colspan="3" rowspan="2">服务采购预算管理办法</td><td>受控状态</td><td></td></tr>
<tr><td>编　　号</td><td></td></tr>
<tr><td>执行部门</td><td></td><td>监督部门</td><td></td><td>编修部门</td><td></td></tr>
<tr><td colspan="6">第1章　总则
第1条　目的
为了达到以下目的，特制定本办法。
1．加强企业对服务采购预算的管理，确保企业生产经营活动能够顺利、有序地进行。
2．提高资金的利用率，有效降低采购成本。
第2条　适用范围
本办法适用于企业的专业服务、技术服务、维修服务、培训服务和劳务服务等服务采购的编制、审批、执行、调整、评价等管理工作。
第3条　职责划分
1．行政部负责制定企业服务采购预算报告，并严格监督与控制其执行情况。
2．财务部协助行政部制定服务采购预算，整合企业的整体预算。
3．总经理负责审批服务采购预算。
第2章　服务采购预算管理原则
第4条　优化结构
企业购买服务预算一般不新设专项，而是通过优化支出结构，从存量资金中进行调整安排。对于确需新增的购买服务资金，要从严审核，实行竞争性分配，选择质优价廉的公共服务。
第5条　注重绩效
企业购买服务预算要实行绩效目标管理，开展绩效监控，实施绩效评价，提高企业资金的使用效益。
第6条　公开公正
按照公开、公平、公正的原则建立规范化的购买流程，采取竞争性购买等方式，推进全过程、全方位公开，提高政府的执行力和公信力。</td></tr>
</table>

（续）

<table>
<tr><td colspan="6">

第 3 章　服务采购预算编制

第 7 条　服务采购预算是企业采购预算的组成部分，应将其纳入各使用部门预算、企业专项资金预算进行同步编制、同步审核、统一批复。

第 8 条　行政部在编制服务采购预算时，要将购买服务项目和资金预算列出，并细化到购买服务目录的明细项目，形成部门服务采购预算。

第 9 条　使用部门要结合项目特点，综合物价水平、工资水平、社会保障规定、税费成本等因素，对购买内容进行合理定价和测算，既要节约财政资金，又要保证服务承接主题的运营成本及合理回报。

第 10 条　行政部要重点审查购买服务项目的必要性、资金来源、资金规模等，在批复部门预算时将其一并批复到相关政府部门。

第 4 章　服务采购预算的执行

第 11 条　部门购买服务预算被批复后，要根据采购服务的不同形式，由财务部审核购买服务合同后，进行支付。

第 12 条　年度新增或调整的购买服务项目，应由服务采购部门提出申请，财务部按程序审核调整购买服务预算。

第 13 条　服务采购部门应选择信誉好、质量高的承接主体，确保提供服务的数量、质量达到预期的目标和要求。

第 14 条　财务部和服务采购部门要对服务采购的合同履行、绩效目标实施等进行监控，如果发现偏离目标，要及时采取措施予以纠正，确保如期实现资金规范管理、安全使用和服务绩效目标。

第 15 条　预算年度结束后，服务采购部门要单项编制购买服务决算，并确保数据的真实、准确。

第 5 章　服务采购预算的绩效评价

第 16 条　服务采购实行绩效评价制度。绩效评价的主要内容包括对项目实施内容、项目功能、社会效益等方面进行全面、综合的考评。绩效评价强调结果导向，强化部门支出责任，控制成本，节约资源。

第 17 条　服务采购部门要会同财务部围绕购买服务流程、专业方法、质量控制、监督管理、需求评估、成本核算、招投标管理、绩效考核、能力建设等环节，做好相关标准研制，逐步建立科学合理、协调配套的企业购买服务标准体系。

第 18 条　服务采购部门要会同行政部、财务部、承接主体探索建立由购买主体、服务对象及第三方机构组成的综合性评价机制，对购买服务项目数量、质量和预算资金使用绩效等进行考核评价。

第 19 条　绩效评价结果可以作为以后企业对采购服务资金进行预算安排的重要依据。

第 6 章　附则

第 20 条　本办法由行政部负责制定与解释。

第 21 条　本办法自下发之日起执行。

</td></tr>
<tr><td>编制日期</td><td></td><td>审核日期</td><td></td><td>批准日期</td><td></td></tr>
<tr><td>修改标记</td><td></td><td>修改处数</td><td></td><td>修改日期</td><td></td></tr>
</table>

12. 3. 2　服务采购计划管理

<table>
<tr><td rowspan="2">办法名称</td><td colspan="3" rowspan="2">服务采购计划管理办法</td><td>受控状态</td><td></td></tr>
<tr><td>编　　号</td><td></td></tr>
<tr><td>执行部门</td><td></td><td>监督部门</td><td></td><td>编修部门</td><td></td></tr>
<tr><td colspan="6">

第 1 章　总则

第 1 条　目的

为规范企业的服务采购流程，满足企业生产经营需要，防范采购风险，结合企业实际情况，特制定本办法。

第 2 条　服务采购释义

本办法所指服务采购是指除货物和工程以外的服务性质的采购，如勘察、监理、法律、审计、咨询、培训等服务性采购。

第 3 条　适用范围

本办法适用于企业的服务采购计划的执行和管理工作。

第 2 章　部门职责与分工

第 4 条　职责划分

1．行政部为服务采购管理归口部门，负责服务采购管理办法的制定与修改，负责实施服务采购管理措施，如服务采购的申请、实施、付款申请等环节。

2．服务采购申请部门按合同约定的服务内容对服务供应商的服务态度、能力、效果等进行跟踪评价。

3．财务部负责服务采购款项的结算与账务处理。

4．总经理负责对服务采购计划进行审批。

第 3 章　服务采购计划执行程序

第 5 条　服务采购审批

需求部门提出服务采购申请，报分管部门经理审核，总经理审批，审核、审批通过后，再由行政部负责采购事宜。对于达到招标标准的服务采购，申请部门应填写采购项目招标申请表，按企业《招标管理办法》的规定进行招标。

第 6 条　采购询价

行政部应选择询比价（至少三家）、招标管理等采购方式，并对相关的比价、谈判过程进行记录。行政部应将比价、谈判记录报采购员、行政部负责人审核，总经理审批，审核、审批通过后，方可与中标供应商签订采购合同。

第 7 条　拟定采购合同

行政部根据确定的服务供应商、采购方式、采购价格等情况拟订采购合同，准确描述合同条款，明确双方的权利、义务和违约责任，按照规定权限，依据企业《合同管理办法》签订采购合同。

第 8 条　服务采购评估

服务申请部门按照合同约定的服务内容对服务供应商的服务态度、能力、效果等进行跟踪，及时发现和督促服务供应商按时间节点保质、保量地完成服务。对于服务供应商不能按照合同进行履约或质量不能满足企业要求的情况，应及时向行政部及领导汇报，必要时重新选择服务供应商。

第 9 条　编制服务采购评价报告

服务申请部门应在服务阶段性节点对服务供应商的服务情况进行评价，编制服务评价报告，并报行政部及财务部，以作为企业与服务提供商结算的依据。对于不合格的服务供应商，企业应停止支付相应节点的服务费，必要时通过洽谈或法律途径追回已付款项。

第 4 章　服务采购计划调整

第 10 条　采购计划的调整

1．若执行计划过程中出现异常问题，采购部应对采购计划做出调整。

</td></tr>
</table>

（续）

<table>
<tr><td colspan="6">2．对于已经审批的服务采购项目，采购需求部门如果需要变更采购内容、数量或撤销采购申请，必须立即通知行政部，以便行政部及时根据实际情况调整采购计划。
第5章　采购付款
第11条　付款流程
1．行政部根据合同约定提出付款申请，填写付款申请单。
2．财务部经理对付款申请单进行审核，主要审核采购合同、相关单据凭证、审批程序等内容。
3．总经理对付款申请单进行审批。
4．出纳对审批手续齐全的付款申请单进行付款处理。
第12条　预付账款管理
行政部应加强对预付账款的管理，由财务部提供信息，定期进行追踪核查，综合分析预付账款的期限、占用款项的合理性、对方违约风险等情况，如果发现有疑问的预付款项，及时提请行政部采取措施。
第13条　对账管理
行政部应定期与服务提供商对账并将对账结果和确认结果及时反馈至财务部。如果对账过程中发现差异，财务部应督促行政部查明原因并妥善处理。
第6章　附则
第14条　本办法由行政部负责制定与解释。
第15条　本办法自下发之日起执行。</td></tr>
<tr><td>编制日期</td><td></td><td>审核日期</td><td></td><td>批准日期</td><td></td></tr>
<tr><td>修改标记</td><td></td><td>修改处数</td><td></td><td>修改日期</td><td></td></tr>
</table>

12.3.3　服务采购招标管理

<table>
<tr><td rowspan="2">细则名称</td><td colspan="3" rowspan="2">服务采购招标管理细则</td><td>受控状态</td><td></td></tr>
<tr><td>编　　号</td><td></td></tr>
<tr><td>执行部门</td><td></td><td>监督部门</td><td></td><td>编修部门</td><td></td></tr>
<tr><td colspan="6">第1章　总则
第1条　目的
为了规范服务采购招标行为，确保服务采购招标过程公开、公平、公正，特制定本细则。
第2条　适用范围
本细则适用于企业的服务采购公开招标工作。
第3条　招标原则
招标活动以公开、公正和诚实信用为原则，任何企业和个人不得进行暗箱操作。
第2章　服务采购招标方式
第4条　服务采购应以公开招标采购为主要方式，不得化整为零或以其他方式规避公开招标采购。如果采用其他采购方式，应符合本细则规定，并按企业内部采购管理办法规定的程序执行。
第5条　如果服务采购招标采用公开招标、邀请招标等方式采购，应组建评标委员会对采购项目进行评审。如果服务采购招标采用竞争性磋商、竞争性谈判、询价、单一来源采购等非公开招标方式采购，应成立竞争性磋商、竞争性谈判、询价或单一来源采购小组。
第6条　服务采购项目符合以下情形的，可以采用邀请招标、竞争性磋商、竞争性谈判、询价、单一来源采购等采购方式。</td></tr>
</table>

（续）

1．符合下列情形之一的，可以采用邀请招标方式。

（1）具有特殊性、只能从有限范围的供应商处采购的。

（2）采用公开招标方式费用占比过高。

2．符合下列情形之一的，可以采用竞争性磋商方式。

（1）技术复杂或性质特殊，不能确定详细规格或具体要求的。

（2）因专利、专有技术或服务的时间、数量事先不能确定等原因不能事先计算出价格总额的。

3．符合下列情形之一的，可以采用竞争性谈判方式。

（1）招标后没有供应商投标、没有合格标的或重新招标未能成功的。

（2）技术复杂或性质特殊，不能确定详细规格或具体要求的。

（3）采用招标所需时间不能满足用户紧急需要的。

（4）不能事先计算出价格总额的。

4．采购的标的规格、标准统一，现货货源充足且价格变化幅度小的采购项目，可以采用询价方式采购。

5．符合下列情形之一的，可以采用单一来源采购方式。

（1）只能从唯一供应商处采购的。

（2）发生不可预见的紧急情况，不能从其他供应商处采购的。

（3）在现有的经济和技术条件下，更换承接主体将无法保证与原有项目的一致性或服务配套要求，且会导致服务成本大幅度增加或原有投资出现损失的，可采用单一来源方式采购。

第 3 章　服务采购招标实施

第 7 条　通过公开招标方式进行服务采购的，经评审后，只有两家企业符合采购条件，且采购文件在公告期间无异议，专家组一致认为采购文件没有限制性、排他性条款的，可以继续开标。

第 8 条　企业采用公开招标方式进行服务采购的，自招标文件发出之日起至投标人提交投标文件截止之日止，不得少于__日；企业采用竞争性磋商的，从磋商文件发出之日起至供应商提交首次响应文件截止之日止，不得少于__日；企业采用竞争性谈判、询价等方式采购的，从谈判（询价）文件发出之日起至供应商提交首次响应文件截止之日止，不得少于__日；企业采用单一来源方式采购的，采购方式的公示期不得少于__日。

第 9 条　公开招标限制在标准以上的评标委员会的成员人数应当为__人以上单数，其中评审专家不得少于成员总数的三分之二。

第 10 条　采用竞争性磋商、竞争性谈判、询价、单一来源采购的项目评标委员会人数成员可以为__人以上单数，其中评审专家不得少于成员总数的三分之二。

第 11 条　采购项目符合下列情形之一的，评标委员会成员人数应为__人以上单数

1．采购预算金额在__万元以上。

2．技术复杂。

3．社会影响较大。

第 4 章　服务采购验收

第 12 条　行政部或采购部应自中标（成交）人确定之日起__个工作日内发布中标（成交）公告，中标（成交）公告期限为__个工作日。

第 13 条　行政部应自中标（成交）通知书发出之日起__日内，按照采购文件和响应文件的规定，与中标人签订采购合同。采购合同应经企业法务部门或法律中介机构审核。

第 14 条　行政部应按照合同约定及时对采购的服务项目进行验收，对技术难度较大的采购项目应聘请具备相关资质的机构进行检测和验收，并出具验收报告。

第 15 条　行政部应妥善保存每项采购活动的采购资料，不得伪造、变造、隐匿或销毁采购资料。采购文件的保存期限为从采购结束之日起至少__年。

（续）

<table>
<tr><td colspan="6">第5章　附则
第16条　本细则由行政部制定，其解释和修改权归采购部所有。
第17条　本细则自下发之日起执行。</td></tr>
<tr><td>编制日期</td><td></td><td>审核日期</td><td></td><td>批准日期</td><td></td></tr>
<tr><td>修改标记</td><td></td><td>修改处数</td><td></td><td>修改日期</td><td></td></tr>
</table>

12.4　第三方服务采购

12.4.1　第三方服务采购预算管理

<table>
<tr><td rowspan="2">办法名称</td><td colspan="3" rowspan="2">第三方服务采购预算管理办法</td><td>受控状态</td><td></td></tr>
<tr><td>编　　号</td><td></td></tr>
<tr><td>执行部门</td><td></td><td>监督部门</td><td></td><td>编修部门</td><td></td></tr>
</table>

第1章　总则

第1条　目的

为加强企业第三方服务采购监督管理，提高采购资金使用效益，保证采购工作规范、有序、高效运作，特制定本办法。

第2条　适用范围

本办法适用于企业第三方服务的采购预算工作。

第3条　职责划分

1．办公室负责汇总编制采购预算和采购计划。

2．各部门负责编制部门的第三方服务采购预算和计划，并将预算和计划上报办公室。

第2章　采购预算编制

第4条　办公室按照各部门的采购要求及采购限额标准编制采购预算，并将采购项目及资金预算列出，报财务部汇总。

第5条　财务部汇总各部门的采购预算后，按企业章程和审批流程对其进行审核。

第6条　在采购预算中，用预算外资金进行采购的，要纳入企业年度预算外资金使用计划，并报财务部审核。

第3章　第三方人员要求与职责

第7条　第三方人员要求

1．廉洁奉公，不徇私舞弊，不违法乱纪，勤俭节约，遵守职业道德。

2．第三方人员不得接受供应商以任何形式或名义支付的回扣、礼金、报酬及返利等现金或有价票据。

3．第三方人员不得接受供应商提供的其他利益开支。

4．第三方人员不得主动索取自用的供应商的产品或其他实物礼品。

5．采购经办人员或采购经办人员直系亲属等不得以正式职员、兼职职员、顾问、专家等任何名义参与供应商的经营。

第8条　第三方职责

1．建立完善的采购管理制度，对供应商进行合格供方评定工作。

2．编写统一格式的采购计划，内容包含数量、质量、价格等采购要求。

（续）

3．与供应商的比价、议价、谈判工作。

4．与供应商谈判后，签订采购合同，归档合同，检验来料及协助检验部做好进货及检验事宜。

5．负责物料订购及交期控制，积极追踪未完成采购的料件，及时处理各种异常情况，确保采购计划能如期、如质、如量地完成。

6．每年度复审原有合格的供应商，淘汰不合格的供应商。

7．及时跟踪掌握原材料市场价格的行情变化及原材料品质情况，以提升产品品质及降低采购成本。

第 4 章　采购预算执行和决算

第 9 条　第三方服务采购预算的执行

1．第三方服务采购的实施要按企业采购预算安排执行，原则上按季度分步运作，特殊情况随发生随办理。

2．对于未列入预算的紧急采购，需要追加相应手续。

第 10 条　第三方服务采购资金的决算

各部门要认真编写年度部门采购决算，填制采购决算表、采购资金使用情况表，将这些表单随年终财务决算一同报财务主管审核；财务部负责汇总编写年度第三方服务采购决算及说明，并将其上报办公室。

第 5 章　采购预算的评价

第 11 条　编制采购预算工作总结

行政部应在第三方机构执行采购预算后对采购预算执行工作进行总结，编制采购预算工作总结报告，并将其报行政总监审核。

第 12 条　采购预算执行情况的分析评价

行政总监应该通过对采购预算工作总结的分析研究，结合对采购过程的监督和检查情况，并参考总经理和其他相关部门的意见，对采购预算执行情况做出评价。

第 13 条　采购预算执行改进

行政部应根据行政总监反馈的评价结果制定相应的第三方采购执行改进方案，并将其报行政总监审核、总经理审批，审批通过后，由相关人员执行方案。

第 6 章　附则

第 14 条　本办法由行政部制定并负责解释。

第 15 条　本办法自下发之日起执行。

编制日期		审核日期		批准日期	
修改标记		修改处数		修改日期	

12．4．2　第三方服务采购计划管理

制度名称	第三方服务采购计划管理制度		受控状态	
			编　　号	
执行部门		监督部门	编修部门	

第 1 章　总则

第 1 条　目的

为规范第三方服务采购的范围、方式、条件、程序和实施等相关内容，明确相关部门和岗位的职责权限，防范第三方服务采购过程中的风险，充分发挥第三方服务采购的优势，特制定本制度。

第 2 条　适用范围

本制度适用于企业第三方服务采购的选择与实施工作。

（续）

第3条　职责划分

1. 行政部负责根据确定的年度生产经营计划和管理需求，结合服务采购范围，拟定实施方案，按照规定的权限和程序审核。

2. 总经理负责服务采购的范围和实施方案的审批。

第2章　采购准备

第4条　第三方服务采购申请及审批

1. 行政部应根据年度生产经营计划和第三方服务采购管理制度，结合确定的第三方服务采购范围，拟定实施方案，按照规定的权限和程序审核批准。

2. 各部门根据需要编制第三方服务采购需求计划，将计划报行政部和财务部审核后，报总经理审批。服务采购需求计划主要包括服务采购内容、所要达到的目标、估算金额、实施方式、实施时间等内容。

3. 行政部根据各部门上报的服务采购需求计划，对需求进行可行性调研。在调研过程中必须充分考查第三方服务采购的成本、收益、相关机会成本及其他影响，并将这些信息通过书面形式编制成文，作为审批依据。

4. 部门分管领导根据业务需求对相关业务进行审批。

5. 涉及企业整体层面的重大业务外包、服务采购方案及生产环节重要部件的委托加工属于重大服务采购范围，应将其提交总经理办公室审批。

第5条　承包方或外包方选择

1. 第三方服务采购需求经审核后，由行政部按照一般采购流程进行采购。

2. 供应商在通过比价或招投标等方式选择承包方或外包方时，除一般采购规定外，还要重点考察以下四个方面。

（1）合法性审查：承包方或外包方是否是合法成立的并具有相应的经营范围和固定的经营场所。

（2）能力审查：承包方或外包方是否具备相应的专业资质，其从业人员是否具有相应的专业技术资格；其技术及经验水平是否符合企业服务外包的要求。

（3）要按照采购流程，引入竞争机制，遵循公开、公平、公正的原则，择优选择承包方或外包方。重大服务采购必须经过总会计师审核，并由董事会最终审批。

（4）企业确定承包方或外包方后应签订服务采购合同，合同内容、格式应由法律事务部协同相关部门进行审查，防范合同法律风险，并做好合同的归档、保管工作。

第3章　采购实施

第6条　服务采购执行

行政部应严格按照采购制度、流程的要求，组织开展服务采购业务，并指定人员实时监控外包合同的履行进展。

第7条　外包商协调与对接

行政部应做好与承包方或外包方的对接工作，加强与承包方或外包方的沟通与协调，对影响合同履行的相关信息进行搜集，以便及时发现和解决服务采购中存在的问题。

第8条　外包实施过程监督

行政部应对承包方或外包方的履约能力进行持续评估，当发现有确凿证据表明承包方或外包方存在重大违约行为或明显丧失履约能力可能导致合同目的无法实现时，应及时报告总经理，并迅速采取应对措施。

第4章　验收评估

第9条　项目验收

服务采购项目完成后，行政部应对项目的完成情况进行验收。

第10条　验收报告

验收人员必须具有相应的资质和能力，验收完成后，应出具书面报告。在验收过程中，如果发现异常情况，应立即向有关人员报告，查明问题出现的原因，及时进行处理。

（续）

<table>
<tr><td colspan="6">第 11 条　绩效评估
当整个服务采购完成后，相关部门要对采购项目的成效进行评估。
第 5 章　附则
第 12 条　本制度由行政部制定与解释。
第 13 条　本制度自下发之日起执行。</td></tr>
<tr><td>编制日期</td><td></td><td>审核日期</td><td></td><td>批准日期</td><td></td></tr>
<tr><td>修改标记</td><td></td><td>修改处数</td><td></td><td>修改日期</td><td></td></tr>
</table>

12.4.3　第三方服务采购招标管理

<table>
<tr><td rowspan="2">制度名称</td><td colspan="3" rowspan="2">第三方服务采购招标管理制度</td><td>受控状态</td><td></td></tr>
<tr><td>编　号</td><td></td></tr>
<tr><td>执行部门</td><td></td><td>监督部门</td><td></td><td>编修部门</td><td></td></tr>
<tr><td colspan="6">第 1 章　总则
第 1 条　目的
为选择合适的第三方服务采购外包商（以下简称采购外包商），确保其能够适时、适量、适质、适价地为本企业提供所需服务，特制定本制度。
第 2 条　适用范围
本制度适用于本企业对采购外包商的选择和管理工作。
第 2 章　采购外包商的资质审查
第 3 条　采购外包商书面评审
在选择采购外包商的过程中，书面评审极为重要。在对采购外包商进行书面评审时，采购外包管理人员应严格考察以下五项内容。
1. 采购外包商的营业执照、资质证明文件，技术水平、生产能力等书面统计资料。
2. 采购外包商的质量、安全、技术等管理制度。
3. 采购外包服务案例（包括其组织架构、人员安排、岗位职责、作业文件、质量记录等）。
4. 采购外包合同草案（包括价格或预算、服务标准、付款方式、双方的责任和义务等）。
5. 采购外包商的经营管理业绩等。
第 4 条　采购外包商实地考察
采购外包商实地考察主要对采购外包商的办公地点、办公环境、企业管理水平、企业组织结构及人员实际在岗情况等方面进行考察。
第 3 章　采购外包商的选择
第 5 条　选择采购外包商
采购外包管理人员在选择采购外包商时，必须严格按照采购外包商选择流程执行。
第 6 条　选择采购外包商的考虑因素
在选择采购外包商时，采购外包管理人员需考虑以下四个方面的内容。
1. 采购外包商的战略价值。
2. 外包是否能为本企业带来持续的竞争力。
3. 采购外包商是否会成为本企业的竞争对手。
4. 通过外包采购业务，企业能够获得哪些竞争优势。</td></tr>
</table>

（续）

第7条　选择采购外包商的评估方法

选择采购外包商的评估方法主要包括经验评价法、综合评分法、招标法、协商选择法及采购成本比较法五种，采购外包管理人员应根据具体的采购外包对象和具体的评估标准选择合适的方法评估采购外包商。选择采购外包商的评估方法如下表所示。

选择采购外包商的评估方法

评估方法	具体做法
经验评价法	采纳有经验的采购外包管理人员的意见，或直接由采购外包管理人员凭经验做出判断
综合评分法	根据具体的采购业务要求，设置评价指标及相应权重，并对所有备选采购外包商进行评分，按照综合评分排名，选择分值最高的采购外包商
招标法	企业根据具体的采购业务要求提出招标条件，经过竞标、开标、评标和定标等环节，选择适宜的采购外包商
协商选择法	企业经过前期筛选，选择条件较好的采购外包商，并通过分别协商选择条件最优的采购外包商作为合作伙伴
采购成本比较法	通过分析采购外包商数据，确定各采购外包商在采购业务中的各项成本支出，选择成本和利润适宜的采购外包商为合作伙伴

第8条　采购外包商的选择评估标准

采购外包管理人员应根据采购外包商的不同类别，确定其选择评估标准，具体如下表所示。

采购外包商的选择评估标准

采购外包商的类别	具体评估标准
采购外包服务商	• 是否具备丰富的外包服务经验 • 适宜的采购成本和服务费用 • 较高的技术和质量管理水平 • 成熟的采购渠道和丰富的供应商人脉 • 已签约外包服务合约的数量
采购外包供应商	参考选择供应商的评估标准

第4章　采购外包商考核管理

第9条　采购外包商考核周期

采购外包商考核与供应商考核同时进行，周期一致。

第10条　采购外包服务商考核标准

采购外包服务商的考核内容要根据其具体的采购外包业务内容和采购外包业务对象制定。

（续）

第 11 条　采购外包供应商考核标准 采购外包供应商的评估内容包括履约情况、价格水平、交货情况、采购质量及服务情况等，具体考核标准可参考供应商考核标准。 第 12 条　考核结果运用 采购外包管理人员应根据考核结果对采购外包商实行分级管理。 **第 5 章　附则** 第 13 条　本制度由行政部负责制定和解释。 第 14 条　本制度自下发之日起执行。					
编制日期		**审核日期**		**批准日期**	
修改标记		**修改处数**		**修改日期**	

第 13 章
资产管理工作

13.1 资产购置、验收、登记、保管

13.1.1 资产购置

资产购置是指行政部、财务部等相关部门根据企业经营发展的需要，按照有关法律、法规和企业规章制度规定的程序，通过购置的方式配备资产的行为。

1. 资产购置申请

企业进行资产购置应符合以下三个条件：现有资产无法满足企业经营发展的需要；企业难以与外部企业或第三方共享、共用相关资产；对于难以通过市场购买的产品或服务或者采取市场购买方式的成本过高且企业生产经营又必需的产品或服务，可通过购置资产自行生产产品或服务来解决。

根据年度资产新增计划及实际使用需要，资产购置需求部门须详细填写资产购置申请表（见表 13-1），提出资产购置申请。

表 13-1 资产购置申请表

序号	名称	规格	型号	数量	单位	参考单价	要求到货时间	购买单价	备注
购置原因									

（续表）

供应商资料	名称		联系人	
	地址		邮编	
	电话		传真	
	开户行		账号	
申请部门	经办人			
	负责人			

2．资产购置报批

行政部汇总资产购置需求部门提出的资产购置申请后按照以下程序报批。

首先，在编制年度部门预算前，行政部会同财务部审核资产存量，提出下一年度拟购置资产的品目、数量，测算经费额度，报主管副总审核。

其次，主管副总根据企业资产存量状况和有关资产配置标准，审核企业资产购置计划，审核通过后，报财务总监审批。

再次，财务总监根据主管副总的审核意见，对资产购置计划进行审批。

最后，资产购置需求部门应将经财务总监审批通过的资产购置计划列入年度部门预算，并在上报年度部门预算时附送批复文件等相关材料，作为财务部批复部门预算的依据。

13.1.2 资产验收

行政部应根据资产到达情况和验收时间会同采购人员、采购申请部门人员等验收人员对资产进行严格验收。

1．一般物资财产的验收

验收人员应在规定的时间内及时完成资产验收工作并出具资产验收结果报告，以保证物资财产的尽快入库、及时供应，并在规定期限内处理有关纠纷。

当所采购的物资财产被运抵公司时，验收人员要仔细核对到货通知单和送货清单，根据各项验收凭证实地过磅、检尺、点数，验收无误后，开具物资收单，双方在物资收单上签字确认。验收的主要内容包括但不限于名称、规格型号、数量、质量、交货时间。这其中最重要的是对数量和质量进行验收。

（1）数量验收

① 根据供货单位规定的计量方法进行数量验收或过磅或检尺换算，以准确测定出物资财产的全部数量。

② 除规格整齐、包装完整的物资财产可抽验 5%~15% 外，其他物资财产应采取全验

的方法，以确保入库物资财产数量准确。

（2）质量验收

① 凡使用一般测试仪器就能检验出物资财产质量的，可由验收人员自行检查，检查物资财产外观是否符合规范、是否完整，标识是否清晰、有无损坏。

② 对于技术复杂、技术性能高、重要设备及与供应商有争议的物资财产，应由验收人员会同使用单位共同进行验收。

2．特殊物资财产的验收

对于技术复杂、技术性能高及采购合同中明确规定需要检验的物资财产，当物资财产被运抵公司时，验收人员应会同使用单位共同进行验收，并做好验收记录。

（1）在验收过程中，如果发现数量不符、超出允许误差，以及规格、质量不符，数量短缺的情况，应做好详细记录，及时通知行政部，由行政部主管领导会同资产购置需求部门、使用单位与供应商交涉并查明原因，将处理结果报行政总监审批。

（2）对于到货物资，一定要及时组织验收，不允许不验收物资而办理入库手续，若出现此种情况，由验收人员负责。验收人员在验收物资时，一定要严格把关，防止不合格的物资通过验收。

企业资产验收单如表 13-2 所示。

表 13-2　企业资产验收单

<table>
<tr><td>验收时间</td><td colspan="2"></td><td>验收部门</td><td></td></tr>
<tr><td>名称</td><td colspan="2"></td><td>规格型号</td><td></td></tr>
<tr><td>数量</td><td colspan="2"></td><td>单价</td><td></td></tr>
<tr><td>总价</td><td colspan="2"></td><td>发票号码</td><td></td></tr>
<tr><td>生产厂家</td><td colspan="2"></td><td>出厂日期</td><td></td></tr>
<tr><td>厂牌号码</td><td colspan="2"></td><td>供货商</td><td></td></tr>
<tr><td>购置日期</td><td colspan="2"></td><td>到货时间</td><td></td></tr>
<tr><td rowspan="5">外包装验收</td><td>外包装数量</td><td colspan="3">外包装情况</td></tr>
<tr><td rowspan="4">附件明细</td><td>附件名称</td><td>数量</td><td>完好程度</td></tr>
<tr><td></td><td></td><td></td></tr>
<tr><td></td><td></td><td></td></tr>
<tr><td></td><td></td><td></td></tr>
<tr><td colspan="5">验收和调试情况记录</td></tr>
<tr><td colspan="5"></td></tr>
<tr><td>验收部门意见</td><td colspan="4">签名：　　　　　　　　日期：　　年　月　日</td></tr>
</table>

（续表）

采购部意见	签名： 日期： 年 月 日
使用部门意见	签名： 日期： 年 月 日
行政部意见	签名： 日期： 年 月 日
财务部意见	签名： 日期： 年 月 日
总经理意见	签名： 日期： 年 月 日

13. 1. 3 资产登记

资产登记是对企业占有、使用的资产进行登记。无论以何种方式、何种渠道（含捐赠）获得的资产，均应将其登入企业资产账，进行集中管理。行政部在进行资产登记的过程中，必须真实、准确地填写资产登记表（见表13-3）。

表13-3 资产登记表

填表时间： 年 月 日

资产编号	资产类型	名称	单位	数量	规格	原值	取得日期	取得方式	现值	使用年限	备注

为加强资产管理，防止资产流失，让资产更好地服务企业各项工作的开展，行政部应认真负责企业资产的登记申报、审核和办理工作，做好资产登记管理工作。

企业资产登记的内容主要包括：使用或存放部门名称、住所、负责人及成立时间；部门资产利用性质、上级主管部门；部门资产总额、主要实物资产额及其使用状况、对外投资情况；其他需要登记的事项。

在部门分立、合并、改制，以及隶属关系、部门名称、住所和部门负责人等产权登记内容发生变化的情况下，行政部需要办理变更资产登记。

行政部和财务部应在资产动态管理信息系统和变更产权登记的基础上，对企业资产登记实行定期检查。

13. 1. 4 资产保管

1. 编制资产目录

为了便于保管资产，行政部应对资产进行编号，制定适合本企业的资产目录。行政部通常采用两节编号法对资产进行编号，两节各用两位数字，每个数字代表不同的类别和编号，具体如表 13–4 所示。

表 13–4　资产编号表

<table>
<tr><th>编号数字</th><th>各数字代表意义</th><th>示例</th></tr>
<tr><td>第一节的两位数</td><td>• 第一位数表示“类”，例如，“1”表示房屋建筑物，“2”表示专用设备
• 第二位数表示“类”下的“项”，例如，在“房屋建筑物”类下，“1”表示房屋，“2”表示构造物</td><td rowspan="2">• 第一号办公楼可编号为“11–11”
• 第二号办公楼可编号为“11–12”</td></tr>
<tr><td>第二节的两位数</td><td>• 第一位数表示“固定资产名称”，例如，在“房屋”项下，“1”表示办公楼，“2”表示宿舍楼
• 第二位数表示“固定资产在企业的内部顺序”，例如，在“办公楼”项下，“1”表示第一栋，“2”表示第二栋</td></tr>
</table>

行政部在编制资产目录及统一编号时应注意：资产编号一经编定，不能随意变动；新增资产应从现有编号依次续编，且只有出现资产调出、报废等情况时，才能将资产编号注销。

2．管理资产台账

行政部和资产使用部门应根据资产的不同特点，设立账、卡进行登记，记录所有需要使用和管理的资产，以便查对。资产管理卡如表 13–5 所示。

表 13–5　资产管理卡

（正面）

<table>
<tr><td>资产名称</td><td></td><td>编号</td><td></td><td>使用部门</td><td></td></tr>
<tr><td>规格</td><td></td><td>原值</td><td></td><td>存放地点</td><td></td></tr>
<tr><td>生产厂家</td><td></td><td>购入时间</td><td></td><td>出厂号</td><td></td></tr>
<tr><td>使用年限</td><td></td><td>预计残值</td><td></td><td>折旧情况</td><td></td></tr>
<tr><td colspan="6">用途：</td></tr>
<tr><td colspan="6">附件名称及件数（包括零配件、备件）：</td></tr>
</table>

（反面）

<table>
<tr><td>维修保养记录</td><td colspan="3"></td></tr>
<tr><td>调拨清理记录</td><td colspan="3"></td></tr>
<tr><td>性能检查周期</td><td colspan="3"></td></tr>
<tr><td>附记</td><td colspan="3"></td></tr>
<tr><td>保管部门</td><td></td><td>保管人</td><td></td></tr>
</table>

13．2 资产投资、出租、出借、担保

13．2．1 资产投资

1．资产投资计划

各部门要在充分发挥和挖掘现有资产效能的基础上，编制可行性较强的资产投资计划。资产归口管理部门首先编制资产投资计划草案，接着财务部负责汇总，资产投资计划经企业决策层研究确定后，由董事会审批。

企业决策层应根据本企业日常经营管理的实际需要，按本企业当年资产原值的一定比例确定下一年度的资产计划投资额。

2．资产投资审批

（1）企业生产性基本建设投资额在500万元以上时，报总经理办公室审批后，必须报董事会审批。

（2）企业非生产性基本建设投资额在50万元以上时，必须报总经理办公室审批。

（3）企业购买的施工设备、机器、机械、运输设备等固定资产的单位价值在5万元以上时，必须报总经理办公室审批。

3．资产投资可行性分析

企业进行资产投资前，必须进行资产投资可行性分析，其主要目的在于论证投资项目的技术可行性和经济效益，降低投资决策失误的风险，保证实现投资效益目标。

可行性分析的主要内容包括以下四个方面。

（1）对所投资项目或购置设备进行调查，预测投资项目或购置设备的未来发展潜力。

（2）选择先进的生产工艺，按现代化生产流程方案选择设备。

（3）按照工程进度，编写工程建设进度表，计算并划分年度投资概算。

（4）进行经济评价和投资效果分析，估算生产成本和经营收入，预测资金需要量和盈利水平，计算投资方案的经济效益。

财务部和行政部应加强对资产投资行为的风险控制，应将对外投资取得的收入纳入企业预算，由企业进行统一核算和管理。

13．2．2 资产出租

外部企业租用本企业资产时，行政部统一办理对外出租手续，各部门和员工不得私自向外部企业出租企业资产。外部企业归还本企业资产时，行政部要仔细清点并验收。

行政部应将出租的资产作为本企业的资产进行管理，建立资产台账，财务部应建立资

产明细账和固定资产卡片，并定期提取折旧。

1．资产出租程序

资产出租包括以下五个程序。

（1）行政部与承租方协商达成租赁意向后，报企业财务部经理和资产使用部门审批。

（2）审批通过后，行政部相关人员与承租方签订《出租出借资产合同》。

（3）行政部办理对外出租手续，承租方缴纳租金。

（4）行政部按照《出租出借资产合同》的规定移交资产。

（5）财务部进行账务处理。

2．资产出租控制

（1）出租合同

资产出租业务必须由行政部相关人员与承租方签订《出租出借资产合同》，出租资产的期限原则上不超过三年。

《出租出借资产合同》中应附出租资产明细表，详尽登记资产出租时的状况，该明细表可作为回收出租资产的验收依据。当出租资产移交完成时，租赁双方法定代表人或委托代理人应在出租资产明细表上签章。

《出租出借资产合同》须包括安全责任条款及提前收回出租资产责任条款。

除续租外，出租资产必须先办理租赁手续，再移交资产。在租期内，若因故对《出租出借资产合同》进行变更或中止，财务部相关人员应将变更合同或中止协议报总经理审批后备案。

（2）资产租金

出租资产的租金项目包括折旧费、大修理费、管理费、税费。最低年租金标准如下。

① 折旧费：按照企业现行的资产折旧收取。其中，对于提足折旧和计提减值准备的资产，折旧继续按资产原值和规定的折旧年限计算收取。

② 大修理费：设备类资产大修理费按资产原值的 5% 收取，房屋及建筑物的大修理费按资产原值的 2.5% 收取。

③ 管理费：依据资产质量、区位优势，按资产原值的 5% ~ 8% 收取。

④ 税费：按出租资产应承担的税费及租赁行为产生的税费收取。

企业应按租赁合同的规定及时结清租金。其中，资产出租租期在 1 年以内的，租借方应在租赁合同签订生效时缴清租金；租期在 1 年以上的，租金以 1 年为收缴期间，租借方应在每个期间的首月缴清本期租金。

企业必须加强出租资产管理，及时收取租金，防止资产效益流失，必须将租金收支纳入财务核算。对不履行合同的情况，企业要及时终止资产租赁，及时收回资产。

（3）出租监督与合同到期

企业必须加强对出租资产的监督，监督承租方及时维护和保养所租资产，确保出租资产完好，不得只租不管。如果发生因监管不力造成出租资产有重大损失的情况，企业要追究相关人员的管理责任和经济责任。

对未经企业批准，擅自对外出租资产的员工，企业要让员工限期收回出租资产，并要求员工将所收租金全额上缴至财务，同时相关人员要承担由此带来的后果。

当租期到期要续租时，企业要及时办理租赁合同；当不续租时，企业要及时收回出租资产。在验收过程中，如果发现出租资产质量严重下降、结构变动或部件缺损等情况，企业要依据合同向承租方追缴必要的恢复费用。

13.2.3 资产出借

资产出借包括内部调拨和外部出借。

1．内部调拨

各部门只能使用资产，不得对其进行转出和处理，如需转出，必须通过行政部办理手续。

（1）资产调拨范围

资产调拨范围包括土地、房屋及建筑物、运输设备、机械设备、机电设备等。

（2）资产调拨审批

资产调拨审批包含以下四个步骤。

① 资产调拨单经使用部门经理审核签字后，再由相关人员提交给行政部。

② 行政部对使用部门提交的资产调拨单进行审核，并核对年度资产购置预算，对预算外的采购须在调拨单上注明，行政部经理在调拨单上签字批准，行政部审核调拨单后，将其提交给财务部。

③ 财务部审核调拨单，将经审核的调拨单呈报财务总监审批。

④ 财务总监要在权限范围内审批，若无最终审批权，财务总监应附上自己的审核意见，报总经理审批。

2．外部出借

资产外部出借须由借用人提出书面申请，行政部审阅后报总经理核准。资产外部出借事项经过核准后，行政部会同财务部等相关部门拟订合同。

资产外部出借合同应详细说明资产的型号、规格、数量、用途、借用期限、租金和押金的金额及支付方式等事项。

资产外部出借合同应明确资产出借期间的修缮保养、税赋缴纳、运杂费的支付、损害赔偿等事宜。

行政部签订资产出借合同之前应经过总经理审批。行政部根据经过审批的外部出借合同办理资产移出手续，并会同财务部根据合同修改资产目录。

资产外部出借到期时，行政部应及时催促借用人归还资产。对于借用到期而迟迟不还的情况，行政部应及时向管理高层报告，必要时以书面方式催交，并依约要求赔偿。

13. 2. 4 资产担保

1. 资产担保合同审查与订立

(1) 资产担保合同审查

经董事会或股东大会审议通过后，相关人员方可订立资产担保合同。在董事会或股东大会做出担保决定前，与资产担保相关的部门及责任人不得在主合同中以担保人的身份签字或盖章。

任何资产担保均应订立书面合同，资产担保合同必须符合《中华人民共和国民法典》等有关法律法规，保证合同事项明确。

任何人不得越权签订资产担保合同，也不得签订超过董事会或股东大会授权数额的担保合同。

(2) 资产担保合同订立

在订立资产担保合同时，法律事务部必须对资产担保合同的有关内容进行审查。

资产担保合同应明确以下六项条款。

① 被担保的主债权的种类、金额。

② 债务人履行债务的期限。

③ 担保的方式。

④ 担保的范围。

⑤ 担保的期间。

⑥ 双方认为需要约定的事项。

2. 资产担保风险监控

订立资产担保合同后，财务部应指定专人保管合同，逐笔登记，并注意担保时效期限。在企业所担保债务到期前，财务部应积极督促被担保人按约定时间履行还款义务。同时，财务部、法律事务部要随时监控抵押、质押的资产。

财务部应关注被担保人的生产经营情况，资产负债变化，对外担保和其他负债、分立、合并、法定代表人的变更，对外商业信誉的变化及主合同的变更情况，要求被担保人按时提供必要的会计报表及相关材料。

财务部应于还款日前30日就被担保人的还款情况（含利息）发函告知，催促其按时还款；对可能出现的风险进行预研、分析，并根据实际情况及时报告总经理。企业有关部门应及时将其掌握的情况告知财务部。

财务部应根据上述情况，采取有效措施，对有可能出现的风险，提出相应的处理办法。风险处理办法经总经理办公室审定后，由财务部报董事会批准。

当发现被担保人在债务到期前15日未履行还款义务，或被担保人面临破产清算、债权人主张担保人履行担保义务等情况时，财务部应及时将这些情况报告董事会。

当确认被担保人不能履约时，企业应立即启动反担保追偿的法律程序，同时将情况报告董事会，并予以公告。

对于对外担保合同中的担保人为两人以上且与债权人约定按份额承担担保责任的情况，担保人应拒绝承担超出企业份额外的担保责任。

如果被担保债务到期后需延期，且需要继续由企业提供担保，应将其视为新的对外担保，新对外担保必须按照规定程序履行担保申请审核批准程序。

13．3 资产评估、清查、监督、处置

13．3．1 资产评估

企业出现下列情形之一的，应对相关资产进行评估：以非货币性资产对外投资；分支机构合并、分立、解散或破产清算；资产被拍卖、转让、置换；整体或部分资产被租赁给外部企业；确定涉讼资产价值；法律、法规规定的其他需要进行资产评估的事项。

1．资产评估方法

资产评估方法如表13-6所示。

表13-6 资产评估方法

评估方法	具体说明
成本法	通过计算替代或重建某类资产所需的成本，确定无形资产的价值
市场价值法	根据市场交易确定资产的价值
收益法	根据资产的经济利益或未来现金流量的现值，计算资产价值

2．资产评估过程

（1）资产评估委托

① 企业寻找资产评估机构，资产评估机构接收资产评估项目委托，双方沟通、交流评估目标。

② 企业和资产评估机构确定本次资产评估的目的、范围与对象，确定评估基准日期，签订业务约定书。

③ 资产评估机构进行资产评估前期准备工作，制订资产评估前期工作计划。资产评估组正式进驻现场，开展资产评估工作。

（2）资产清查

按照国家对资产评估的有关规定和规范要求，资产清查主要涉及以下两项工作。

① 清查资产、检查核实资产与验证资料，填写资产评估申报明细表。

② 评估人员对委估资产进行现场盘点、勘察。

（3）评定估算

① 向资产所在区域相关人员了解资产情况，收集评估资料。

② 选择评估方法，开展市场调研和询价工作，评定估算。

（4）评估汇总

① 整理评估工作底稿，汇总资产评估结果，进行评估结论分析，撰写资产评估说明书。

② 对评估全过程进行三级复核，出具资产评估报告书。

（5）提交评估报告

在上述工作的基础上，资产评估机构起草资产评估报告书，企业与资产评估机构就评估结果交换意见。在全面考虑有关意见后，资产评估机构按内部资产评估报告三审制度和程序对报告进行反复修改、校正，最后出具正式资产评估报告书。

13．3．2　资产清查

企业应对资产进行定期清查，做到账账、账卡、账实相符，同时加强对自身的专利权、商标权、著作权、土地使用权、非专利技术、商誉等无形资产的管理，预防各类资产流失问题。

企业出现下列情形之一的，应进行资产清查。

（1）企业实际业务需要或行政监察需要时。

（2）进行重大改革或组织结构发生重大变化时。

（3）遭受重大自然灾害等不可抗力事件造成资产严重损失时。

（4）会计信息严重失真或资产出现重大流失时。

（5）会计政策发生重大变化，资产核算方法发生重要变化时。

资产清查主要包括基本情况清理、账务清理、财产清查、损溢认定、资产核实和完善制度等。

资产清查的具体办法和执行流程由财务部根据企业的实际情况另行制定。

13.3.3 资产监督

财务部、行政部与内部监察等相关部门应严格执行资产监督的相关规章制度，建立健全科学合理的资产监督管理责任制，将资产监督、管理的责任落实到具体的部门、团体和个人，维护企业资产的安全完整，提高资产使用效益。

资产监督应坚持财务监督、审计监督、纪律监察等内部方式与社会监督等外部方式相结合，事前监督与事中监督、事后监督相结合，日常监督与专项检查相结合。

资产负责部门及其日常管理使用人员出现下列行为之一的，企业应依据资产管理制度的相关规定对其进行处罚、处理、处分。

（1）以虚报、冒领等手段骗取财务资金。

（2）擅自占有、使用和处置企业资产。

（3）擅自提供担保。

（4）未按规定缴纳企业资产收益。

（5）其他侵害企业有关资产正常合法权益的行为。

对于违反企业资产管理规定的严重行为，特别是涉嫌违法犯罪的行为，企业要依据国家有关法律、法规及规章制度的要求上报公安机关处理。

13.3.4 资产处置

资产处置是指企业对其占有、使用的资产进行产权转让或注销产权的行为。资产处置方式包括出售、出让、转让、对外捐赠、报废、报损及货币性资产损失核销等。

资产处置应严格履行处置审批手续，任何部门或个人未经批准都不得自行处置企业资产。

1．资产处置程序

资产处置程序包括以下四个步骤。

（1）资产使用部门根据论证和考察情况提出资产处置申请，填写资产处置申请表。

（2）行政部会同财务等相关部门组织针对待处置资产的技术鉴定。

（3）行政部将技术鉴定结果和对资产处置申请的意见报总经理审批。

（4）行政部根据总经理的审批意见，会同资产使用部门合理处置资产。

2．资产处置方式

拟出售或投资转出的资产应由有关部门或人员提出处置申请，列明该项资产的原价、已提折旧、预计使用年限、已使用年限、预计出售价格或转让价格等，报行政部和财务部批准后予以出售或转让。

使用期满、正常报废的资产应由资产使用部门填写资产报废单（见表 13-7），报行政部和财务部批准后对其进行报废清理。

表 13-7　资产报废单

所属部门：　　　　　　　　第　联　　　　　　　　填写日期：　年　月　日

编号	名称	规格	单位	单价	数量	总价	购买日期	规定使用期限	已使用时间	报废原因	审核意见	备注
申请人签字				申请部门经理签字								
财务部意见				行政部意见								

备注：本单一式四联。

使用期未满、非正常报废的资产应由资产使用部门提出资产报废申请，注明资产报废理由、估计清理费用和可回收残值、预计出售价值等。

如果资产处置涉及产权变更，行政部要会同归口管理部门组织资产核算清查，督促相关人员及时办理资产的产权确认手续。

第 14 章 法务管理工作

14．1 知识产权

14．1．1 商标权办理

商标是指由文字、图形、字母、数字、三维标志和颜色组合而成，由自然人、法人或其他组织对其生产、制造、加工、拣选、经销的商品，或对其提供的服务项目使用的用于区别于其他自然人、法人或其他组织的可视性标志。

商标种类包括商品商标、服务商标、集体商标和证明商标四种。

1．商标注册申请

企业对商标注册申请的审批包括以下五个步骤。

（1）根据产品运营需要，有关部门将已使用或准备使用的图形或文字向总经理提出商标注册申请，并确定商标申请人和该商标所使用的商品或服务的类别。

（2）总经理审批通过后，提出部门向国家商标注册机构申请商标注册。

（3）商标负责人依据国家法律法规的有关规定对所申请的商标标识进行初步审核后，应对所申请的商标标识的文字、图案或其组合进行检索查询。在检索查询时，提出部门需提供商品名称、商标名称及图样，以及该商标所使用的商品或服务的类别。

（4）待检索结论出来后，若无注册冲突，商标负责人提出商标注册申请报告，经行政部审核通过后，报总经理审批。若存在注册冲突，商标负责人应将结果迅速反馈给提出部门，提出部门重新设计商标标识。

（5）申请报告被批准后，商标负责人将相关申请文件递交到国家知识产权局商标局商标注册大厅（或国家知识产权局商标局委托地方工商和市场监管部门设立的商标受理窗口），也可以通过网上申请系统提交相关申请文件。

2．商标申请材料

行政部应严格按照国家知识产权局商标局的规定准备商标注册申请必备文件。

国内法人或其他组织直接办理商标注册申请时，应提交以下文件：按照规定填写的加盖申请人公章的打印出来的商标注册申请书、商标图样、身份证明文件复印件。

3．商标办理跟踪

提交商标注册申请后，商标负责人应实时跟踪商标注册进度，及时向行政部反馈商标注册进程。

跟踪阶段和相关操作如下。

（1）在形式审查阶段，若申请不通过，行政部须按照要求及时提交补正材料。

（2）在实质审查阶段，若申请不通过，行政部要根据驳回与复审情况安排重新注册事宜。

（3）在初步审定公告阶段，若有异议，行政部要根据公告内容向商标局进行咨询。

（4）在注册公告阶段，若认定商标评审结果有异议，行政部可向相应知识产权法院提出审理申请。

14．1．2 专利权办理

企业产品管理部、产品开发部等可以提出专利申请的草案，专利申请内容包括：设计或研发的产品，产品、方法或改进的技术方案，产品的形状、图案、色彩，具有新颖性、创造性、实用性的内容等。

1．专利注册申请

企业审批专利注册申请时，应遵循以下四个步骤。

（1）行政部安排专职人员对所申请专利的发明创造进行专利文献检索和专利性审查，并将检索的情况及专利三项审查意见填入发明创造专利申报表。

（2）行政部领导审查发明创造专利申报表并签字。

（3）行政部将发明创造专利申报表报主管副总审批。

（4）主管副总审批通过后，行政部将发明创造专利申报表的复印件返回申请部门，准备办理专利申请的后续相关手续。

2．专利申请形式

如果经过审查确定的创新点符合申请专利的条件，企业可以让行政部负责专利自主申请，也可以委托专利代理机构办理申请手续。

行政部应以电子文件形式或书面形式提交专利申请。

（1）如果以电子文件形式申请专利，行政部应事先办理电子申请用户注册手续，通过专利局专利电子申请系统提交申请文件及其他文件。

（2）如果以书面形式申请专利，行政部可以将申请文件及其他文件当面交到专利局的受理窗口或寄交至国家知识产权局专利局受理处（以下简称专利局受理处），也可以将申请文件当面交到设在地方的专利局代办处的受理窗口或寄交至国家知识产权局专利局当地代办处。

3．专利申请材料

行政部应明确了解企业所申请专利的类型，专利一般分为三类：发明专利、实用新型专利、外观设计专利。不同类型专利的申请材料不尽相同。

（1）发明专利的申请文件应包括发明专利请求书、说明书摘要（必要时应提交摘要附图）、权利要求书、说明书（必要时应提交说明书附图）。

（2）实用新型专利的申请文件应包括实用新型专利请求书、说明书摘要及其摘要附图、权利要求书、说明书、说明书附图。

（3）外观设计专利的申请文件应包括外观设计专利请求书、图片或照片（要求保护色彩的，应提交彩色图片或照片），以及对该外观设计的简要说明。

4．专利办理跟踪

发明专利申请的审批程序包括受理、初审、公布、实审及授权五个阶段。实用新型或外观设计专利申请的审批程序只有受理、初审和授权三个阶段。

在申请专利的过程中，行政部要及时关注审批进度，对需要修改的地方进行补正，初审通过后要按时交费，获得专利证书。

14.1.3 著作权办理

行政部应对企业运营过程中所产生的设计图纸、科技资料、专著、声像制品、手册、说明书，以及自行开发的（设计和管理）计算机软件等进行管理和保护，对有重大经济利益、有可能被他人盗用的含有著作权的作品，要报法务部审批，审批通过后，方可办理著作权登记。

1．著作权登记申请

行政人员可前往中国版权保护中心（Copyright Protection Center of China，CPCC）版权登记大厅办理作品著作权登记申请，或通过邮寄方式向 CPCC 作品著作权部提交登记申请材料。

作品著作权的登记办理步骤为：行政部提交登记申请材料、登记机构接收材料、行政部按规定缴费、登记机构受理并审查申请材料、行政部查询网站公告、行政部领取登记证书。

2. 著作权登记材料

行政部准备作品著作权登记材料时，应注意线上线下材料的相关要求，需要准备的著作权登记材料如下。

（1）作品著作权登记申请表。

（2）申请人身份证明文件。

（3）权利归属证明文件（个人作品不需要提供该项）。

（4）委托他人代为申请时，代理人应提交申请人的授权书（代理委托书）及代理人身份证明文件。

（5）作品样本。

需要注意的是：（1）至（4）项均需在线打印，其中（1）项需提交签章原件，（2）至（4）项需在线上上传原件，在线下提交打印件；（5）项需在线上上传原件，在线下提交纸介质或电子介质作品样本。

3. 著作权登记办理流程

著作权登记办理流程如下。

（1）注册。行政部登录国家版权登记门户网站，注册身份。

（2）在线填报。行政部登录账号，选择著作权登记类型，在线填写登记申请表。打印登记申请表，签字盖章后邮寄材料。

（3）等待受理。行政部检查登记材料，按登记机构的要求补充材料，材料经检查合格后，由行政部缴费并领取凭证。

（4）领取通知。行政部领取著作权登记受理通知书。

（5）审查补正。行政部根据登记机构的初审意见，对尚未齐备的材料进行补齐，补齐材料后提交复审。

（6）领取证书。著作权登记成功后，行政部领取证书，并查阅网站公告。

14．2　合同管理

14．2．1　合同起草

在通常情况下，常规业务的合同起草采取企业或工商管理部门制定的标准合同文本，有时则根据业务情况需要采取自行起草的合同。

合同的内容一般主要以条款形式呈现，条款主要分为一般条款与其他条款。一般条款的主要内容包括表 14–1 所示的七个方面。

表 14–1　合同一般条款的内容与撰写要求

条款项目	内容与撰写要求
当事人的名称（或姓名）与住所	• 个人姓名应与身份证一致，不能用绰号 • 个人住址应与身份证或户口本一致，如个人常住地与身份证或户口本中登载的地址不一致，可以用常住地的地址 • 企业要用全称，不能用简称，企业法人的名称及住址应与营业执照一致
标的	标的要体现订立合同的目的，没有标的或标的不明确时，合同不能成立，例如，财务担保合同的标的为所担保的金额
费用	• 实行市场价格，按公平、合理的原则确定价格 • 要明确保证金数额，明确违约费及履行合同的其他费用（滞纳金）由谁来承担 • 要明确货币种类、支付时间和方式
权利与义务	合同中要明确各方应遵循的权利与义务
履行期限地点	• 要明确合同的履行期限；对于需分期或分批履行的合同，要对每一期的履行期限做出规定 • 在履行地点前要写上省、市、县名称，要写准确地名，避免重名或地名错误造成履行错误
违约责任	• 这是合同中必须具备的条款之一，其目的是促使当事人自觉、全面履行合同 • 条款内容不能太笼统，一项义务就要对应一条违约责任。对于重要义务，违约责任应较重；对于次要义务，违约责任应较轻 • 法律法规中对违约责任有规定的，按规定执行；无规定的，双方协商承担责任方式和比例 • 法律法规中对违约责任比例幅度或限额有规定的，约定的违约金或赔偿金数额不得高于或低于相关规定
解决争议方法	• 主要在仲裁和诉讼中二选一，即选了仲裁就不能选诉讼、选了诉讼就不能选仲裁 • 专业性比较强、双方合作关系一直较好、涉及商业秘密、希望尽快解决争议的合同纠纷可以选择仲裁 • 如果选择仲裁，必须写明仲裁地点和仲裁机构全称 • 如果选择诉讼，由己方所在地法院管辖更为有利

除一般条款外，根据《中华人民共和国民法典》的相关规定，企业还需结合具体的业务合同类型，另行起草一些此类合同应具备的条款。

另外，企业也可将与合同另一方约定的某些条款，如担保条款、定金条款、公证条款等，加入相应的业务合同。需要注意的是，这些自行约定的条款不得违反法律法规的强制性规定。

14.2.2 合同审查

1. 审查内容

（1）法务审查内容

① 合同缔约方主体、企业资质的时效与合法性。

② 合同标的合法性。

③ 合同条款的合法性、完整性及存在的法律漏洞。

④ 与合同业务有关的其他法律问题。

⑤ 需审核的其他内容。

（2）承办审查内容

① 从事本项合同业务的必要性。

② 从事本项合同业务的可行性（包括经济利益、技术条件与安全保障）。

③ 从事本项合同业务对我方利益的综合影响。

④ 合同缔约方主体、企业资质的时效与合法性。

⑤ 合同缔约方资信、履约能力。

（3）财务审查内容

① 履行合同所需资金或所涉及资产的合法性及资金安排的可行性。

② 合同中有关价款、酬金条款及结算条款的合法性、适当性及对我方的影响。

③ 认为需要审核的其他内容。

（4）审计审查内容

① 资金、资产的合法性。

② 企业资金使用和资产动用审批手续的合法性。

③ 价款、酬金和结算的正确、合理性。

④ 资金、资产的用途及使用方法的合理性。

⑤ 认为必须审查的其他内容。

2. 执行审查

在签订合同前，承办部门应将合同文本、立项意见书或审查表及与合同有关的证明材料一并提请财务部、审计部、法务部审核。

财务部、审计部、法务部在审查合同时，可根据需要，要求承办部门提供与合同有关的补充证明材料和有关情况说明，承办部门应对其提供的材料和说明的情况的真实性负责。

审查意见应明确、具体，禁止使用“原则同意”“基本可行”等模糊性语言，一旦使用上述语言，视为对合同草案的不同意。

承办部门提交审查时，应预留至少 2~3 个完整工作日，审查人员因特殊情况需延长会签审核时间的，应向承办部门申明理由。

审查人员应在规定的审查时限内提交书面审查意见或法律意见，逾期未提交书面审查意见或法律意见，又不申明延期理由的，视为完全同意合同。

审查人员在审查合同时发现重大错误、遗漏或不妥的情况，应在审查意见或法律意见中予以明示并提出修改意见；如果需要退改合同，应连同全部文件退还承办部门。

14. 2. 3 履行监督

订立合同后，企业与合同对方当事人遵循诚实信用的原则，根据合同的性质、目的和交易习惯履行通知、协助、保密等义务。

企业应按照相关内部控制规定成立或指定独立的合同协议监督部门，确保合同协议能够被有效履行。

1. 合同履约监督

为规避合同履约过程中的风险，企业可采取以下两项监督措施。

（1）强化对合同履行情况及效果的检查、分析和验收，全面适当执行本企业义务，敦促对方积极执行合同，确保合同被全面有效地履行。

（2）对合同对方的履行情况实施有效监控，一旦发现有违约可能或违约行为，应及时提示风险，并立即采取相应措施将合同损失降到最低。

2. 合同变更监督

行政部应根据履约需要及时补充、变更甚至解除合同，相关监督事项如下。

（1）对于合同中未约定或约定不明确的内容，通过双方协商一致对原有合同进行补充。

（2）无法达成补充协议的，按照国家相关法律法规、合同有关条款或交易习惯确定。

（3）对于显失公平、条款有误、存在欺诈行为，以及因客观因素已经或可能导致企业利益受损的合同，要按规定程序及时报告，并经双方协商一致办理合同变更或解除事宜。

（4）对方当事人提出中止、转让、解除合同造成企业经济损失的，应向对方当事人书面提出索赔。

3. 合同到期监督

合同协议到期的监督主要包含以下三种情况。

（1）因合同协议显失公平、条款有误或对方有欺诈行为等情形的，合同协议承办管理部门应负责处理。

（2）因合同协议无法履行，对企业造成大的经济损失的，企业可以请求仲裁机构或法院对原合同协议予以变更或解除。

（3）凡未按合同协议条款履约的，或应签订书面合同协议而未签订的，或有验收未通过的业务，行政部有权拒绝对方的结算请求。

14.3 纠纷处理

14.3.1 纠纷调解

1. 安抚涉事双方情绪

行政部在调解纠纷时，首先应注意安抚涉事双方情绪，通过使用恰当、得体的语言安抚相关人员情绪，降低纠纷事件进一步恶化的风险。

2. 纠纷调解的资料证据

如果纠纷较为复杂，行政部可将其交由企业法律顾问处理，凡由法律顾问处理的经济合同纠纷，有关部门必须主动提供以下证据材料（原件或影印件）。

（1）合同的文本（包括变更、解除合同的协议），以及与合同有关的附件、文书、电报、图表等。

（2）发货、交运、验收、发票等有关凭证。

（3）货款的承付、托收凭证，有关财务账目。

（4）产品的质量标准、封样、样品或鉴定报告。

（5）有关违约的证据材料及其他资料。

3. 纠纷调解处理

（1）纠纷调解的处理原则

① 纠纷调解的根本原则是以事实为依据，依法依规地文明处理纠纷。

② 发生纠纷后，行政人员应及时与对方当事人友好协商，在既维护本企业合法权益，又不侵犯对方合法权益的基础上，互谅互让，达成协议，解决纠纷。

（2）纠纷责任认定

纠纷分为对方不履行合同或不正确履行合同、己方未能正确履行合同和双方都有责任三种情况。

① 属于对方不履行合同或不正确履行合同的情况，在对方的违约行为发生后，法律

顾问应提出法律意见书，并由行政部和合同承办部门以企业的名义起草致对方的信函，经总经理批准盖章后，以传真或特快专递方式通知对方，并应取得对方收到信函的确认件。

② 属于己方未能正确履行合同的情况，行政部和合同承办部门应积极联系对方，提出解决问题的建议，做好协调工作，同时，要注意收集相关证据，为应诉做好准备。

③ 属于双方都有责任的情况，行政部和合同承办部门要做好协调工作，并注意收集证据材料，做好起诉或应诉的准备。

（3）纠纷处理程序

根据不同情况，行政部要联合法务部提出对应的调解处理意见。需要特别注意的是，行政部应在法律规定的时效内处理合同纠纷，且必须为申请仲裁或起诉留出足够的时间。

若纠纷双方经过协商能够达成一致意见，纠纷双方应签订书面协议，由双方代表签字并加盖双方法人公章或合同专用章。

14.3.2 纠纷调解处理规范

<table>
<tr><td rowspan="2">规范名称</td><td colspan="2" rowspan="2">纠纷调解处理规范</td><td>受控状态</td><td></td></tr>
<tr><td>编　　号</td><td></td></tr>
<tr><td>执行部门</td><td></td><td>监督部门</td><td>编修部门</td><td></td></tr>
<tr><td colspan="5">
第 1 条　目的
为了维护企业的合法权益不受损害，且能够有效、快速和合理地解决本企业发生的合同纠纷，特制定本规范。
第 2 条　本规范一般适用于以下三类合同纠纷
1. 经济合同纠纷，包括购销合同纠纷、加工承揽合同纠纷、仓储保管合同纠纷、承包合同纠纷、联营合同纠纷、运输合同纠纷、借款合同纠纷、财产保险合同纠纷、财产租赁合同纠纷、融资租赁合同纠纷等。
2. 技术合同纠纷，包括技术开发合同纠纷、专利权转让合同纠纷、专利申请权转让纠纷、专利实施许可合同纠纷、非专利技术转让合同纠纷、技术咨询合同纠纷、技术服务合同纠纷等。
3. 劳动合同纠纷，包括劳动关系纠纷、集体劳动合同纠纷、劳务派遣合同纠纷、非全日制用工纠纷、追索劳动报酬纠纷、经济补偿金纠纷、福利待遇纠纷、劳动争议的解决等。
第 3 条　纠纷调解原则
调解合同纠纷应遵守以下三大原则。
1. 实事求是的原则，要以事实为依据，依法依规地文明处理纠纷。
2. 双方协商为先的原则，在既维护本企业合法权益，又不侵犯对方合法权益的基础上，促进双方友好协商。
3. 情绪安抚原则，注意安抚相关人员的情绪，降低纠纷事件进一步恶化的可能性。
第 4 条　收集相关资料证据
发生经济纠纷时，相关人员应及时报告行政部和上级领导。具体的上报内容如下。
1. 合同纠纷产生的原因与过程，合同文本、履约证据、来往资料等文件的保存情况。
2. 合同承办部门与发生合同纠纷的另一方当事人针对合同纠纷问题做出的情况判断。
3. 合同纠纷事项的直接负责人针对合同纠纷提出的意见或看法。
</td></tr>
</table>

（续）

第5条 成立纠纷调解处理小组

纠纷调解处理小组的成员及其职责如下表所示。

纠纷调解处理小组成员及其职责

小组成员	担任人员	职责
组长	行政总监	• 负责审批小组成员拟定的合同纠纷解决措施和合同纠纷处理报告 • 指导小组成员进行合同纠纷处理活动 • 向企业高层上报合同纠纷的处理情况
副组长	行政部经理	• 组织小组相关成员进行合同纠纷调查，确定合同纠纷的具体原因 • 根据合同纠纷发生的原因，拟定发生合同纠纷的处理措施 • 及时对合同纠纷处理措施和处理报告提出审核意见，并让其他小组成员修改，修改完毕后，将其提交给行政总监
成员	法务主管	• 根据合同纠纷调查结果编写处理措施，并将其报行政部经理审核 • 负责应诉和起诉，以及律师的委托等工作 • 在合同纠纷处理完毕后，撰写合同纠纷处理报告
	法务专员	负责具体的合同纠纷调查工作，并为法务主管拟定合同纠纷处理措施收集资料
	相关人员	协助法务专员进行合同纠纷调查，并提供相关资料

第6条 情绪安抚

纠纷调解处理小组要明确可控性要求，在纠纷调解前期注意安抚纠纷当事人的情绪，避免事态的进一步恶化，争取通过和平协商的方式解决纠纷问题，使纠纷带来的风险充分可控。

第7条 协商调节

1. 纠纷调解处理小组在维护企业合法利益的前提下与纠纷当事人进行协商调解解决，避免因直接提起诉讼导致时间损失和经济损失。

2. 经协商调解后，若双方最终能够达成一致意见，要签订合同纠纷协商处理意见书，通过纸质文件的形式确定协商调解结果。

第8条 仲裁

若几经协商调解双方都无法达成和解，合同纠纷处理小组要做好进行合同仲裁的准备，积极收集、固定与纠纷相关的有利证据资料。

第9条 诉讼

1. 若企业不服合同仲裁的结果，合同纠纷处理小组要做好进行诉讼的准备，填写民事起诉书，由法务人员着手起诉，或聘请外部专业律师委托处理。

2. 若企业对合同仲裁结果无异议，合同纠纷处理小组要就仲裁结果及时与另一方进行沟通，积极履行义务、行使权利，必要时做好随时应诉的准备。

第10条 总结汇报

合同纠纷经仲裁或诉讼解决后，合同纠纷处理小组及法务人员要编写合同纠纷处理报告，以便总结某类合同纠纷处理的相关经验。合同纠纷处理报告应在上报领导审阅后由行政部统一归档管理。

第11条 附则

1. 本规范由行政部制定和修改。

2. 本规范自下发之日起执行。

编制日期		审核日期		批准日期	
修改标记		修改处数		修改日期	

14．4　诉讼管理

14．4．1　起诉业务处理

企业经济利益纠纷主要集中在民法领域，一般提起民事诉讼。民事起诉状是指公民、法人或其他组织，在认为自己的合法权益受到侵害，与他人发生争议时或需要确权时，向人民法院提交的请求人民法院依法裁判的法律文书。

民事起诉书的内容结构如图 14-1 所示。

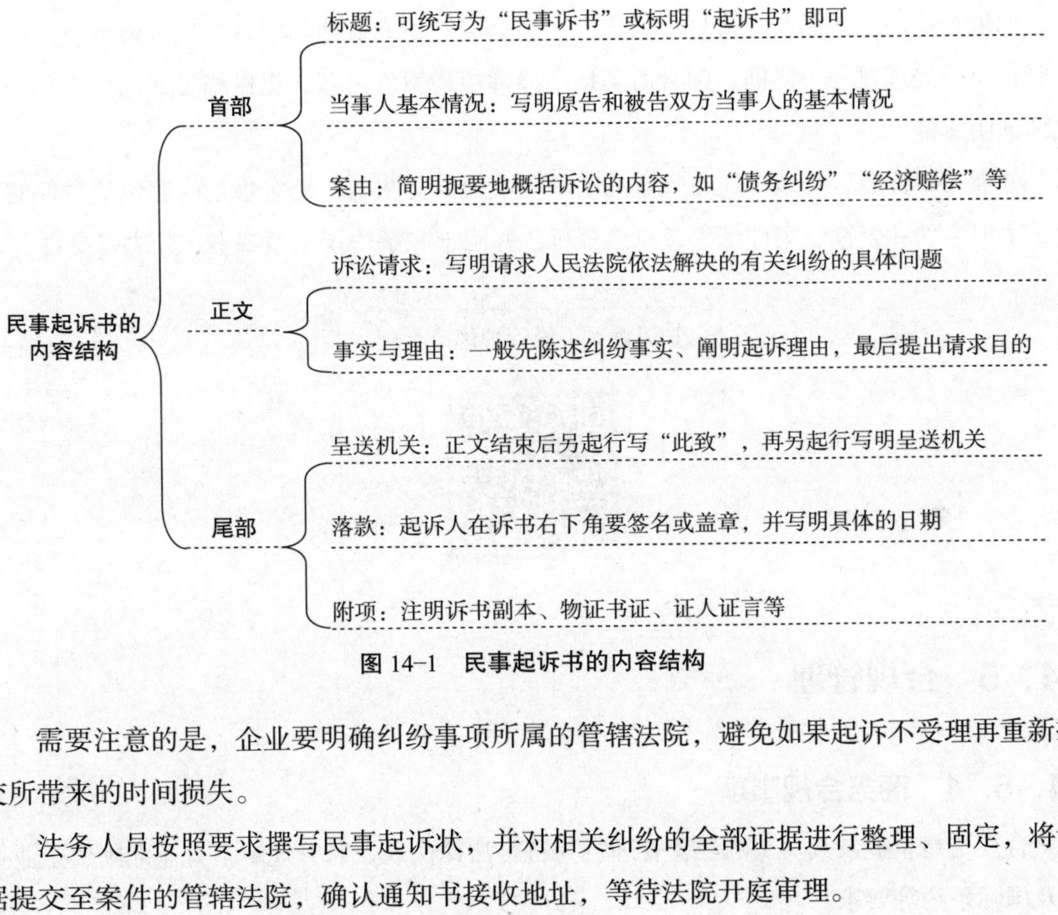

图 14-1　民事起诉书的内容结构

需要注意的是，企业要明确纠纷事项所属的管辖法院，避免如果起诉不受理再重新提交所带来的时间损失。

法务人员按照要求撰写民事起诉状，并对相关纠纷的全部证据进行整理、固定，将证据提交至案件的管辖法院，确认通知书接收地址，等待法院开庭审理。

14．4．2　应诉业务处理

企业在接到对方的律师函或法院送达的起诉书、应诉通知书等文件后，应第一时间确定应诉方式。企业一般采取两种处理方式进行应诉：自行应诉、委托代理。

1．自行应诉

如果企业确定自行处理应诉，要由法务人员根据案件性质、可能损失和危机程度实行分级管理，针对不同级别的案件安排相应的应诉处理人员。一般的自行应诉流程如下。

（1）分析研究原告的起诉事项，及时整理、固定证据和证明等资料。

（2）根据法院送达的起诉书、应诉通知书等文件，撰写并提交企业自身的答辩状。

（3）法务人员明确有反诉因素的，可以在答辩中提出反诉。

（4）如果认为受诉法院对该案没有管辖权，可以在答辩期内提出管辖异议申请。

（5）按照法院的传唤，参加庭审，出示证据，反驳对方的主张，维护企业的合法权益。

2．委托代理

如果企业确定采用委托代理方式应诉，那么需聘请专业律师团队处理应诉事务。行政部要在应诉处理过程中协助、配合所聘请的律师梳理案件过程，提供相关证据，出具委托代理证明文件。

处理完案件后，行政部应在规定的时间内上交结案报告。结案报告内容包括案件的产生、争议事项和金额、案件结果、总结分析，并附上和解协议、调解书、判决等文件。

扫码查看诉讼管理规范示例

14．5　合规管理

14．5．1　商务合规事项

合规是指企业及其员工的经营管理行为符合法律法规、监管规定、行业准则、企业章程及国际条约等要求。

企业应根据外部环境变化，结合自身实际，在全面推进合规管理的基础上，突出重点领域、重点环节和重点人员，切实防范合规风险。

商务合规管理领域的重要事项主要包括以下六大部分。

1．市场交易

完善交易管理制度，严格履行决策批准程序，建立健全自律诚信体系，突出反商业贿赂、反垄断、反不正当竞争，规范资产交易、招投标等活动。

2. 产品质量

完善质量体系，加强过程控制，严把各环节质量关，提供优质产品和服务。

3. 劳动用工

严格遵守劳动法律法规，健全完善劳动合同管理制度，规范劳动合同签订、履行、变更和解除，切实维护劳动者的合法权益。

4. 财务税收

健全完善财务内部控制体系，严格执行财务事项操作和审批流程，严守财经纪律，强化依法纳税意识，严格遵守税收法律政策。

5. 知识产权

及时申请注册知识产权成果，规范实施许可和转让，加强对商业秘密和商标的保护，依法规范使用他人知识产权，防止侵权行为。

6. 商业伙伴

对重要商业伙伴开展合规调查，通过签订合规协议、要求做出合规承诺等方式促进商业伙伴行为的合规性。

14. 5. 2　合规管理规范

<table>
<tr><td rowspan="2">规范名称</td><td colspan="2" rowspan="2">企业合规管理规范</td><td>受控状态</td><td></td></tr>
<tr><td>编　号</td><td></td></tr>
<tr><td>执行部门</td><td></td><td>监督部门</td><td>编修部门</td><td></td></tr>
<tr><td colspan="5">
第 1 章　总 则
第 1 条　为推动企业全面加强合规管理，加快提升依法合规经营管理水平，着力打造法治企业，保障企业持续健康发展，根据国家有关法律法规规定，制定本规范。
第 2 条　术语解释
1. 本规范所称合规是指企业及其员工的经营管理行为符合法律法规、监管规定、行业准则、企业章程及国际条约等要求。
2. 本规范所称合规风险是指企业及其员工因不合规行为，引发法律责任、受到相关处罚、造成企业经济或声誉损失及其他负面影响的可能性。
3. 本规范所称合规管理是指以有效防控合规风险为目的，以企业和员工经营管理行为为对象，开展包括制度制定、风险识别、合规审查、风险应对、责任追究、考核评价、合规培训等有组织、有计划的管理活动。
第 3 条　行政部负责企业合规管理牵头工作，法务、风险管理等相关部门协助工作，董事会、监事会指导监督工作。
第 4 条　企业应按照以下原则加快建立健全合规管理体系
1. 全面覆盖。坚持将合规要求覆盖各业务领域、各部门、各级子公司和分支机构、全体员工，贯穿决策、执行、监督全流程。
2. 强化责任。把加强合规管理作为企业主要负责人履行职责的重要内容。建立全员合规责任制，明确管理人员和各岗位员工的合规责任并督促其有效落实职责。
</td></tr>
</table>

（续）

3．协同联动。推动合规管理与法律风险防范、监察、审计、内控、风险管理等工作相统筹、相衔接，确保合规管理体系有效运行。

4．客观独立。严格依照法律法规等规定对企业和员工的行为进行客观评价和处理。合规管理牵头部门独立履行职责，不受其他部门和人员的干涉。

第2章　合规管理职责

第5条　董事会的合规管理职责主要包括以下六项内容

1．批准企业合规管理战略规划、基本制度和年度报告。

2．推动完善合规管理体系。

3．决定合规管理负责人的任免。

4．决定合规管理牵头部门的设置和职能。

5．研究决定合规管理有关重大事项。

6．按照权限决定有关违规人员的处理事项。

第6条　监事会的合规管理职责主要包括以下四项内容

1．监督董事会的决策与流程是否合规。

2．监督董事和高级管理人员的合规管理职责履行情况。

3．对引发重大合规风险负有主要责任的董事、高级管理人员提出罢免建议。

4．向董事会提出撤换企业合规管理负责人的建议。

第7条　经理层的合规管理职责主要包括以下六项内容

1．根据董事会决定，建立健全合规管理组织架构。

2．批准合规管理具体制度规定。

3．批准合规管理计划，采取措施确保合规制度能够得到有效执行。

4．明确合规管理流程，确保合规要求融入业务领域。

5．及时制止并纠正不合规的经营行为，按照权限对违规人员进行责任追究或提出处理建议。

6．经董事会授权的其他事项。

第8条　企业设立合规委员会，与法务工作组或风险管理工作组等合署，承担合规管理的组织领导和统筹协调工作，定期召开会议，研究决定合规管理重大事项或对其提出意见建议，指导、监督和评价合规管理工作。

合规委员会的主要工作职责包括以下六项内容

1．研究起草合规管理计划、基本制度和具体制度规定。

2．持续关注法律法规等规则变化，组织开展合规风险识别和预警，参与企业重大事项合规审查和风险应对。

3．组织开展合规检查与考核，对制度和流程进行合规性评价，督促违规整改和持续改进违规工作。

4．指导各下属部门的合规管理工作。

5．受理职责范围内的违规举报，组织或参与对违规事件的调查并提出处理建议。

6．组织或协助业务部门、人事部门开展合规培训。

第9条　企业各业务部门负责本领域的日常合规管理工作，按照合规要求完善业务管理制度和流程，主动开展合规风险识别和隐患排查，发布合规预警，组织合规审查，及时向合规管理牵头部门通报风险事项，妥善应对合规风险事件，做好本领域合规培训和商业伙伴的合规调查等工作，组织或配合进行违规问题调查并及时对其整改。

第10条　监察、审计、财务、内控、风险管理、安全生产、质量环保等相关部门，在职权范围内履行合规管理职责。

（续）

第 3 章　合规管理重点

第 11 条　企业应根据外部环境变化，结合自身实际，在全面推进合规管理的基础上，突出重点领域、重点环节和重点人员，切实防范合规风险。

第 12 条　加强对以下重点领域的合规管理

1．市场交易。完善交易管理制度，严格履行决策批准程序，建立健全自律诚信体系，突出反商业贿赂、反垄断、反不正当竞争，规范资产交易、招投标等活动。

2．安全环保。严格执行国家安全生产、环境保护法律法规，完善企业生产规范和安全环保制度，加强监督检查，及时发现并整改违规问题。

3．产品质量。完善质量体系，加强过程控制，严把各环节质量关，提供优质产品和服务。

4．劳动用工。严格遵守劳动法律法规，健全完善劳动合同管理制度，规范劳动合同签订、履行、变更和解除，切实维护劳动者合法权益。

5．财务税收。健全完善财务内部控制体系，严格执行财务事项操作和审批流程，严守财务纪律，强化依法纳税意识，严格遵守税收法律政策。

6．知识产权。及时申请注册知识产权成果，规范实施许可和转让，加强对商业秘密和商标的保护，依法规范使用他人知识产权，防止侵权行为。

7．商业伙伴。对重要商业伙伴开展合规调查，通过签订合规协议、要求其做出合规承诺等方式促进商业伙伴的行为合规。

8．其他需要重点关注的领域。

第 13 条　加强对以下四个重点环节的合规管理

1．制度制定环节。强化对规章制度、改革方案等重要文件的合规审查，确保文件符合法律法规、监管规定等要求。

2．经营决策环节。严格落实相关决策制度，细化各层级决策事项和权限，加强对决策事项的合规论证把关，保障决策依法合规。

3．生产运营环节。严格执行合规制度，加强对重点流程的监督检查，确保生产经营过程中照章办事、按章操作。

4．其他需要重点关注的环节。

第 14 条　加强对以下四类重点人员的合规管理

1．管理人员。促进管理人员切实提高合规意识，带头依法依规开展经营管理活动，认真履行承担的合规管理职责，强化考核与监督问责。

2．重要风险岗位人员。根据合规风险评估情况明确界定重要风险岗位，有针对性地加大培训力度，使重要风险岗位人员熟悉并严格遵守业务涉及的各项规定，加强监督检查和违规行为追责。

3．海外人员。将合规培训作为海外人员任职、上岗的必备条件，确保其遵守我国和所在国法律法规等相关规定。

4．其他需要重点关注的人员。

第 15 条　强化海外投资经营行为的合规管理内容如下

1．深入研究投资所在国法律法规及相关国际规则，全面掌握禁止性规定，明确海外投资经营行为的红线、底线。

2．健全海外合规经营的制度、体系、流程，重视开展项目的合规论证和尽职调查，依法加强对境外机构的管控，规范境外机构的经营管理行为。

3．定期排查梳理海外投资经营业务的风险状况，重点关注重大决策、重大合同、大额资金管控和境外附属企业在企业治理等方面存在的合规风险，对合规风险进行妥善处理、及时报告，防止风险扩大蔓延。

（续）

<table>
<tr><td colspan="6">

第4章　合规管理运行

第16条　建立健全合规管理制度，制定全员普遍遵守的合规行为规范，针对重点领域制定专项合规管理制度，并根据法律法规变化和监管动态，及时将外部有关合规要求转化为内部规章制度。

第17条　建立合规风险识别预警机制，全面系统梳理经营管理活动中存在的合规风险，对风险发生的可能性、影响程度、潜在后果等进行系统分析，对具有典型性、普遍性和可能产生较严重后果的风险及时发布预警。

第18条　加强合规风险应对，针对发现的风险制定预案，采取有效措施，及时应对处置。对于重大合规风险事件，由合规委员会统筹领导，合规管理负责人牵头，相关部门协同配合，保证最大限度地化解风险、降低损失。

第19条　建立健全合规审查机制，将合规审查作为规章制度制定、重大事项决策、重要合同签订、重大项目运营等经营管理行为的必经程序，及时对不合规的内容提出修改建议，未经合规审查不得实施有关行为。

第20条　强化违规问责，完善违规行为处罚机制，明晰违规责任范围，细化惩处标准。畅通举报渠道，针对反映的问题和线索，及时开展调查，严肃追究违规人员的责任。

第21条　开展合规管理评估，定期对合规管理体系的有效性进行分析，对重大或反复出现的合规风险和违规问题，要深入查找根源，完善相关制度，堵塞管理漏洞，强化过程管控，对相关工作进行持续的改进和提升。

第5章　附则

第22条　本规范由行政部负责制定和修改。

第23条　本规范自下发之日起执行。

</td></tr>
<tr><td>编制日期</td><td></td><td>审核日期</td><td></td><td>批准日期</td><td></td></tr>
<tr><td>修改标记</td><td></td><td>修改处数</td><td></td><td>修改日期</td><td></td></tr>
</table>

第 15 章 协助协同工作

15．1 管理协助

15．1．1 人力协助

行政人员在人力资源管理方面的协助事项及工作内容如表 15-1 所示。

表 15-1 人力资源管理协助事项

协助事项	工作内容
制定人事管理制度	运用刚柔并济的管理模式，制定一套符合企业自身的人事管理制度
制定考勤管理制度	协助人事部门制定考勤管理制度，明确规定打卡、加班、出差、病假、事假、婚假、产假、丧假、旷工等规则
规范员工行为	规范员工工牌佩戴、员工仪表、着装管理等
	规范员工公共区域行为和办公行为
档案管理	通过填写员工资料表和专项调查等方式获取员工基本资料
	按员工性质和员工的等级标准进行划分，并进行分级管理
人员考核	协助完成工作考核、满意度调查，研究工作绩效考核系统和满意度评价系统，制定纪律奖惩制度

15．1．2 营销协助

行政人员在营销业务方面的协助事项及工作内容如表 15-2 所示。

表 15-2 营销业务协助事项

协助事项	工作内容
计划、方案与预算	协助市场营销部制定各阶段的市场营销计划、方案与预算
营销活动协助	协助开展各项公关、营销活动，扩大市场占有率，保证各项活动能够顺利进行
服务沟通协助	协助市场营销部的日常业务电话、邮件，以及来访接待
后勤支持	协助市场营销部筹备所需的物料、资源
文档管理协助	负责销售合同及其他营销文件资料的管理、归类、整理、建档和保管工作

15．2 业务协助

15．2．1 生产协助

行政人员在生产业务方面的协助事项及工作内容如表 15-3 所示。

表 15-3 生产业务协助事项

协助事项	工作内容
会议协助	协助组织召开各部门生产调度及相关部门调度例会、生产部门全体例会，检查、分析生产情况
生产计划制订协助	协助生产部研究制订年度、季度、月度生产计划
信息协助	协助生产部获取行业最新资讯和技术革新信息
突发问题处理协助	协助生产部处理紧急的突发事件，降低生产事故发生率，挽救损失
文档管理协助	协助生产部办理各类手续文件，传递订单信息

15．2．2 采购协助

行政人员在采购业务方面的协助事项及工作内容如表 15-4 所示。

表 15-4 采购业务协助事项

协助事项	工作内容
协助采购人员制订采购计划	汇总各类采购统计报表，确认每周采购及付款计划；系统中供应商信息建立，订单输入及订单入库的系统管理
协助采购人员制定办公用品与办公设备的质量要求	与现有供应商联系，核定价格、确认交期、下单采购；跟踪订单进展，保证采购任务按时完成，确保产品质量
协助采购人员维护现有供应商	寻找、开发具有竞争力的供应商，维护现有供应商，建立与供应商的良好合作关系
协助采购人员开发新供应商	通过不同渠道收集供应商信息，找到符合企业要求的供应商
协助采购人员验收货物	做好验收准备，相关人员可根据约定的时间、地点进行货物验收。货物验收主要从三个方面进行，即清点数量、检验品质和检验交货手续

15.2.3 销售协助

行政人员在销售业务方面的协助事项及工作内容如表 15–5 所示。

表 15–5　销售业务协助事项

协助事项	工作内容
熟悉企业产品	熟悉企业的产品分类、系列及单品的编号，以及每个产品的卖点和价格
资料整理	协助销售部对销售合同及其他营销文件资料进行管理、归类、整理、建档和保管
接待工作	协助销售人员做好上门客户的接待工作和电话来访工作
	在销售人员缺席时，及时转告客户信息，进行妥善处理
店面理货	协助了解渠道商的产品是否断货、进货渠道是否畅通
	协助进行产品摆放，使其位置合理
	协助了解竞争对手的产品情况
	通过协助理货发现问题，提出合理的改进建议

15.2.4 仓储协助

行政人员在仓储业务方面的协助事项及工作内容如表 15–6 所示。

表 15–6　仓储业务协助事项

协助事项	工作内容
日常管理	协助仓储部经理做好日常管理工作，提出改进工作的合理化建议
检查与督导	协助仓储部经理对部门人员的业务、劳动纪律、现场管理进行检查与督导
内部管理	协助仓储部经理做好员工的工作安排、调拨工作
制定制度	协助仓储部经理制定、完善各项工作流程、操作规范
	协助仓储部经理制定、修订仓储管理、出入库管理等各项规章制度

15.3 项目协同

15.3.1 专有项目协同

对于专有项目，行政人员要在前期招标阶段、项目进行阶段及项目总结阶段进行协同，具体的协同事项及工作内容如表 15–7 所示。

表 15-7 专有项目协同

协同事项	工作内容
招标	协助招标部门完成项目的前期沟通、文件编制、开标、评标、定标工作
组建项目团队	根据项目需要，协助项目负责人组建项目团队
收集、整理、归档资料	收集、整理标前信息，协助招标部门对招标项目进行可行性、竞争性分析
	协助招标部门完成项目资料的收集、整理、归档工作
	按企业要求进行信息甄选和筛选，挑选出适合企业业务的项目
市场调研	协助招标部门对招标项目进行市场调研
完成项目部分内容	协助招标部门处理各项问题及意见反馈
	协助跟进项目进度中各个阶段的重要节点
	协助项目负责人与各部门之间的合作
同步信息	协助项目负责人进行项目信息的上传下达，确保甲、乙双方在项目进行过程中沟通顺畅
完成报告	协助项目负责人完成项目总结报告、项目分析报告
商务接待	协助招标部门进行商务活动的接洽，以及客户接待工作

15. 3. 2 临时项目协同

临时项目是不在企业计划内的项目，行政人员要在建立项目组织、进行项目沟通、进行资源配置及与其他部门的职能协同这四个方面进行协同，具体的协同事项及工作内容如表 15-8 所示。

表 15-8 临时项目协同

协同事项	工作内容
寻找相关业务专家	当临时项目产生时，协助项目部寻找相关业务专家，保证项目顺利进行
整合资源	根据项目部的规划与项目经理对资源的请求，统筹安排资源的复用、配置与调度，充分整合企业资源
建立项目组织	协助项目部门建立项目组织
	定义管控接口和沟通计划
	明确工作与技术接口
疏通通道	保证项目总监与项目经理之间沟通顺畅
	确保各项目经理之间、项目经理与资源经理之间的沟通渠道畅通
	明确各项目实施过程中工作与技术上的接口界面与进度配合
评价	协助评价项目的进度、过程、质量